Enzyklopädie der
griechisch-römischen
Antike

Enzyklopädie der griechisch-römischen Antike

Herausgegeben
von
Aloys Winterling

in Verbindung mit
Kai Brodersen, Martin Jehne
und Winfried Schmitz

Band 1

Haus und Familie im antiken Griechenland

Von
Winfried Schmitz

R. Oldenbourg Verlag München 2007

Bibliografische Information der Deutschen Nationalbibliothek
Die Deutsche Nationalbibliothek verzeichnet diese Publikation in der Deutschen
Nationalbibliografie; detaillierte bibliografische Daten sind im Internet über
<http://dnb.d-nb.de> abrufbar.

© 2007 Oldenbourg Wissenschaftsverlag GmbH, München
Rosenheimer Straße 145,
D-81671 München
Internet: oldenbourg.de

Das Werk einschließlich aller Abbildungen ist urheberrechtlich geschützt. Jede
Verwertung außerhalb der Grenzen des Urheberrechtsgesetzes ist ohne Zustimmung
des Verlages unzulässig und strafbar. Dies gilt insbesondere für Vervielfältigungen,
Übersetzungen, Mikroverfilmungen und die Einspeicherung und Bearbeitung in
elektronischen Systemen.

Umschlagentwurf: Dieter Vollendorf
Umschlagabbildung: Brautpaar im Hochzeitszug, Ausschnitt. Attische rotfigurige
Schale, Antikenmuseum Berlin, F 2530. Foto: Bildarchiv Preußischer Kulturbesitz.
Gedruckt auf säurefreiem, alterungsbeständigem Papier (chlorfrei gebleicht)
Satz: primustype R. Hurler GmbH, Notzingen,
gesetzt in UltraXML
Druck: Grafik + Druck, München
Bindung: Thomas Buchbinderei, Augsburg

ISBN brosch. 978-3-486-58376-2
ISBN Leinen 978-3-486-58529-2

Vorwort

Die „Enzyklopädie der griechisch-römischen Antike" richtet sich an Studierende, Lehrende und Forschende der Geschichte, an interdisziplinär interessierte Wissenschaftlerinnen und Wissenschaftler benachbarter Fächer sowie an historisch interessierte Laien. Ihnen soll ein praktisches Hilfsmittel an die Hand gegeben werden, das auf knappem Raum einen forschungsnahen, problemorientierten Zugang zu zentralen Themenfeldern des griechisch-römischen Altertums eröffnet. Die einzelnen Bände orientieren sich an der bewährten Konzeption der Reihen „Grundriss der Geschichte" und „Enzyklopädie deutscher Geschichte" des Oldenbourg Verlags: Zunächst wird jeweils eine einführende Überblicksdarstellung des Gegenstandes gegeben. Es folgt eine Analyse der wissenschaftsgeschichtlich wichtigsten sowie der aktuellen Probleme, Diskussionen und Kontroversen der Forschung. Den Abschluss bildet eine auf den Forschungsteil bezogene, ausgewählte Bibliographie.

Die thematische Gliederung des Gesamtwerks geht aus von der strukturgeschichtlichen Bedeutung städtischer Bürgerschaften für Gesellschaft und Kultur der klassischen griechisch-römischen Antike. Behandelt werden daher – teils gemeinsam, teils getrennt für Griechenland und Rom – Haus und Familie als Grundeinheiten der Stadt, soziale Strukturen und politische Organisationsformen, die auf der Basis städtischer Siedlung entstanden, schließlich außerstädtische und stadtübergreifende politische Strukturen (Reiche, Monarchien) sowie Themenfelder, die auf mehreren der drei Ebenen in Erscheinung traten (Militär, Wirtschaft, Geschlechterrollen, Religion). Methodisch sind die Bände einer Sichtweise verpflichtet, die an der Besonderheit der griechisch-römischen Antike gegenüber anderen vormodernen und gegenüber modernen Gesellschaften interessiert ist und die daher mit der Übertragung von Begriffen und Konzepten, die für moderne Sachverhalte entwickelt wurden, auf antike Phänomene vorsichtig umgeht. Entsprechend werden die begriffsgeschichtliche Dimension gegenwärtigen wissenschaftlichen Sprachgebrauchs und die kulturelle Dimension der behandelten Themen – die aus der Antike überlieferten symbolischen Sinnzuschreibungen und sprachlichen Selbstdeutungen – in die Überlegungen einbezogen.

Eine systematische Enzyklopädie, die in dieser Weise dem heutigen Bild der Antike eine kritische Bestandsaufnahme der vergangenen und gegenwärtigen wissenschaftlichen Beschäftigung mit ihr an die Seite stellt, wird in unterschiedlichen Kontexten von Nutzen sein: Studierende bekommen Überblickswissen zur Einführung geboten und zugleich einen schnellen diskursiven Zugang zu den unterschiedlichen Positionen der Forschung, die sich sonst erst nach längerer Einarbeitung in das jeweilige Thema erschließen. Lehrenden wird ein Arbeitsinstrument für modernen akademischen Unterricht an die Hand gegeben, das nicht nur die Ergebnisse historischer Forschung, das „gesicherte Wissen", sondern auch die Entstehung dieses Wissens vorstellt und das daher bestens geeignet ist für das exemplarische Erlernen der Methoden historischen Arbeitens durch Beobachtung konkreter Forschungsdiskurse. Zweifellos werden die Bände der Enzyklopädie auch in der althistorischen Wissenschaft selbst willkommen sein. Die zunehmende Spezialisierung und die steigende Quantität der Publikationen hat auch hier den Überblick über das Fach längst zum Problem gemacht und das Bedürfnis nach Orientierung über herrschende Meinungen, aber auch über Desiderate und offene Fragen wachsen lassen. Im Kontext wissenschaftlicher Arbeit erleichtert eine systematische Aufarbeitung der Forschung zudem stets auch die kritische Reflexion der Prämissen, Fragen, Begriffe, Theorien und Methoden der bisherigen Beschäftigung mit der Antike. Orientierung über vorhandenes Wissen und Selbstbeobachtung der Forschung aber sind nicht nur Voraussetzung für die Fortentwicklung einer modernen Alten Geschichte, sie erleichtern auch den Zugang zum Fach für benachbarte Disziplinen und für eine breitere, in den letzten Jahren verstärkt an der Antike interessierte Öffentlichkeit.

In gemeinsamen Treffen der beteiligten Wissenschaftlerinnen und Wissenschaftler wurden methodisch-theoretische Fragen und der Zuschnitt der einzelnen Bände diskutiert; die Manuskripte wurden von den Herausgebern vor der Drucklegung kritisch kommentiert. Trotz seines Bezugs auf das Gesamtwerk stellt gleichwohl jedes Buch eine unabhängige und eigenständige Abhandlung der jeweiligen Autorinnen und Autoren dar.

Aloys Winterling

Inhalt

Vorwort... V

I. Enzyklopädischer Überblick.. 1

   1. Einleitung.. 1

   2. Demographische Grundlagen... 3
      2.1 Lebenserwartung und Sterbealter 4
      2.2 Fertilität und Kinderzahl... 7

   3. Haus und Familie im archaischen Griechenland................ 9
      3.1 Die wirtschaftliche Grundlage des Hauses 9
      3.2 Die Hausgemeinschaft 10
      3.3 Sklaven und Gesinde 15
      3.4 Tod und Bestattung... 16
      3.5 Das Haus. Wohnung und Arbeitsstätte......................... 18
      3.6 Die Integration des Hauses in die Gesellschaft.............. 19

   4. Haus und Familie in Athen in klassischer Zeid 21
      4.1 Die wirtschaftliche Grundlage des Hauses 21
      4.2 Kindheit, Jugend und Erziehung 23
      4.3 Heirat und Ehe. Die Stellung der Frau im Haus 27
      4.4 Erbrecht und Besitzweitergabe 32
      4.5 Die alten Eltern... 35
      4.6 Sklaven im Haus 38
      4.7 Tod und Bestattung... 40
      4.8 Das Haus. Wohnung und Arbeitsstätte......................... 41
      4.9 Die Integration des Hauses in die Gesellschaft 42

   5. Haus und Familie in Sparta 45
      5.1 Die wirtschaftliche Grundlage des Hauses 45
      5.2 Kindheit, Jugend und Erziehung 46
      5.3 Heirat, Ehe und Besitzübertragung 48
      5.4 Die Syssitien und die Stellung der Alten....................... 52
      5.5 Sparta in hellenistischer Zeit 53

   6. Haus und Familie im hellenistischen Griechenland.............. 55
      6.1 Die wirtschaftliche Grundlage des Hauses 55
      6.2 Die Familienstruktur... 56
      6.3 Kindheit, Jugend und Erziehung 58
      6.4 Heirat und Ehe. Die Position der Frau im Haus............ 59

6.5	Besitzübertragung und die Stellung der Alten	62
6.6	Sklaven im Haus	64
6.7	Das Haus. Wohnung und Arbeitsstätte	65

II. Grundprobleme und Tendenzen der Forschung 67

1. Einleitung 67

2. Demographische Grundlagen 70
   - 2.1 Lebenserwartung und Sterbealter 70
   - 2.2 Fertilität und Kinderzahl 74

3. Haus und Familie im archaischen Griechenland 76
   - 3.1 Die wirtschaftliche Grundlage des Hauses 76
   - 3.2 Die Hausgemeinschaft 78
   - 3.3 Sklaven und Gesinde 85
   - 3.4 Tod und Bestattung 87
   - 3.5 Das Haus. Wohnung und Arbeitsstätte 89
   - 3.6 Die Integration des Hauses in die Gesellschaft 90

4. Haus und Familie im klassischen Athen 93
   - 4.1 Die wirtschaftliche Grundlage des Hauses 93
   - 4.2 Kindheit, Jugend und Erziehung 95
   - 4.3 Heirat und Ehe. Die Stellung der Frau im Haus 97
   - 4.4 Erbrecht und Besitzweitergabe 103
   - 4.5 Die alten Eltern 105
   - 4.6 Sklaven im Haus 108
   - 4.7 Tod und Bestattung 111
   - 4.8 Das Haus. Wohnung und Arbeitsstätte 113
   - 4.9 Die Integration des Hauses in die Gesellschaft 115

5. Haus und Familie in Sparta 118
   - 5.1 Die wirtschaftliche Grundlage des Hauses 119
   - 5.2 Kindheit, Jugend und Erziehung 122
   - 5.3 Heirat, Ehe und Besitzübertragung. Frauen in Sparta 127
   - 5.4 Die Syssitien und die Stellung der Alten 133
   - 5.5 Sparta in hellenistischer Zeit 135

6. Haus und Familie im hellenistischen Griechenland 136
   - 6.1 Die wirtschaftliche Grundlage des Hauses 136
   - 6.2 Die Familienstruktur 137
   - 6.3 Kindheit, Jugend und Erziehung 140
   - 6.4 Heirat und Ehe. Die Position der Ehefrau im Haus 142
   - 6.5 Besitzübertragung und die Stellung der Alten im Haus 147

	6.6	Sklaven im Haus	149
	6.7	Haus und Siedlung	151

III. Literatur 153

   1. Einleitung 153

   2. Demographische Grundlagen.. 154

   3. Haus und Familie in archaischer Zeit 156

   4. Haus und Familie im klassischen Athen 163

   5. Sparta 174

   6. Haus und Familie im hellenistischen Griechenland............ 178

   Abkürzungen 183

Register.. 185

   Personenregister 185

   Orts- und Sachregister... 189

I. Enzyklopädischer Überblick

1. Einleitung

Haus und Familie bilden die wichtigste Grundeinheit einer Gesellschaft. Dies gilt nicht nur für die westlichen Gesellschaften in der Moderne, sondern auch und in besonderem Maße für vormoderne Gesellschaften. Eine vom Haus losgelöste, unabhängige Existenz hatte in der griechischen Antike allenfalls marginale Bedeutung, begegnet fast ausschließlich bei Söldnern und war auch dort meist zeitlich beschränkt. Wer ohne Geschlecht (d. h. Familienverband), ohne Gesetz und „ohne Herd" (also ohne Haus) war, über den war das Verdikt des sozialen Todes gesprochen. Das Haus, griechisch der *oîkos*, war die primäre Instanz, die die soziale Stellung eines jeden Individuums markierte. Durch einen rituellen Akt nahm der Vater das Neugeborene in die Hausgemeinschaft und damit in die Gesellschaft auf. Von der materiellen Grundlage des Hauses war abhängig, ob der Hausvater Angehöriger der adeligen, bäuerlichen oder unterbäuerlichen Schicht war. Mit der Hausübergabe folgte der Sohn dem Vater in dessen sozialer Position, innerhalb des Hauses ebenso wie in der Gesellschaft. Ihm kam fortan die Entscheidung über die wirtschaftlichen Grundlagen des Hauses, über die Arbeit der Hausangehörigen und über die Heirat der Töchter zu. Die Hausgemeinschaft war also eine komplexe und multifunktionale Gemeinschaft, war Produktions- und Konsumtionsgemeinschaft, sorgte durch die generative Abfolge für langfristigen Bestand, war die Basis für die Sozialisation der Kinder und Ort emotionaler Beziehungen, sowohl zwischen Eltern und Kindern als auch zwischen den Eheleuten. Allerdings hatte sich die Emotionalität den wirtschaftlichen Bedürfnissen des Hauses unterzuordnen und gestaltete sich daher gegenüber den modernen Gesellschaften innerhalb anderer Rahmenbedingungen. Sinnbild für die Hausgemeinschaft war der Herd im Haus bzw. das Haus als Wohnstätte, das in seiner Binnenstruktur (Arbeitsräume, Vorratskammern, Räume, die den Frauen vorbehalten waren etc.) die Struktur der häuslichen Gemeinschaft in Vielem widerspiegelt.

Bereits in archaischer Zeit waren die Häuser in vielfältiger Weise vernetzt. Vorherrschend war eine Siedlungsweise in geschlossenen Dörfern und kleineren stadtähnlichen Siedlungen, in denen es gemeinsame, öffentliche Räume mit Heiligtümern und Versammlungsstätten gab. Gemeinschaftliche Regeln prägten das Zusammenleben. An diese Regeln waren insbesondere die mittleren Bauern gebunden, die auf nachbarliche Unterstützung angewiesen waren. Die adeligen Häuser waren demgegenüber unabhängiger,

Bedeutung des Hauses

Adelige und bäuerliche Häuser

bildeten eigenständigere wirtschaftliche Einheiten. Auch zwischen adeligen Häusern aber bestanden Vernetzungen, wenngleich der Bindungscharakter weniger stark ausgeprägt war. Angehörige adeliger Familien scharten Gefolgschaften um sich, mit denen sie zu Beutezügen aufbrachen; sie kamen zu Symposien zusammen, bei denen beim Wein Lyrik vorgetragen wurde und man sich der adeligen Werte versicherte.

<small>Verhältnis von Haus und Polis</small>

Seit etwa 600 v. Chr. veränderten sich die Rahmenbedingungen für die Häuser erheblich. Die Verschriftung des Rechts führte zu einer verbindlicheren Regelung von Heirats- und Erbformen, der Form der Hausübergabe und der rechtlichen Stellung der Frau. Diese Verbindlichkeit galt fortan für alle sozialen Schichten. Indem die Polis als übergreifende Institution über die Häuser und deren vorherige informelle Vernetzung trat, wurde ein neuer Handlungsrahmen geschaffen, in den sich die Häuser einzufügen hatten. Forderungen wurden erhoben, die Sozialisation junger Menschen auf die Integration in die Polis auszurichten, zum Beispiel durch körperliches Training für eine spätere Bewährung im Kampf. Der Reichtum großer Häuser sollte der Polis zugute kommen, und so wurden die Vermögenden zu besonderen finanziellen Beiträgen in Kriegen und zu persönlichen Diensten im Kult und als Kommandanten von Kriegsschiffen herangezogen. Durch Beschlüsse der Volksversammlung wurde festgelegt, wer Bürgerrecht besitzen sollte; eine politische Institution wachte darüber, ob die in die Bürgerliste Aufzunehmenden das vorgeschriebene Alter erreicht hatten und aus einer rechtmäßigen Ehe stammten. Dies konnte zu vielfältigen Konflikten führen,

<small>Sparta</small>

wenn familiale und politische Interessen kollidierten. Am weitesten vorangetrieben wurde die Einbindung der Häuser in die Belange der Polis in Sparta. Sie ging so weit, dass die Häuser als eigenständige Einheiten, insbesondere als Lebensgemeinschaft, weitgehend aufgelöst wurden. Die Erziehung der Kinder wurde ganz vom Haus abgetrennt, die Inhalte der Erziehung auf die politischen Ideale ausgerichtet, auf Gehorsam, militärisches Training, Unterordnung. An die Stelle der Häuser trat als grundlegendes Gliederungsprinzip eine allein auf das Alter ausgerichtete Ordnung der Gesellschaft. Fortan galt in Sparta ein striktes Senioritätsprinzip, in dem sich der Jüngere dem jeweils Älteren unterzuordnen hatte.

<small>Hellenistische Zeit</small>

In hellenistischer Zeit, also vom späten 4. Jh. an, erhielten die Häuser wieder ein größeres Gewicht, zumindest die der Honoratioren. Erneut hatten sich mit der Entstehung hellenistischer Königreiche und der Veränderung der politischen Strukturen in den Städten, die zu einer aristokratisch-oligarchischen Ordnung tendierten, grundlegende Rahmenbedingungen gewandelt. Angehörige von Häusern, die wichtige politische Aufgaben zu übernehmen bereit waren, Gesandtschaften zum König anführten, in ihren Städten Gymnasien errichteten oder ausschmückten oder Stiftungen ins Leben riefen, erhielten zum Dank Ehrenstatuen und -inschriften aufgestellt und waren so in der Öffentlichkeit in einem Maße präsent, wie dies für die klassische Zeit unbekannt war. Setzten Frauen nach dem Tod ihrer Männer deren öffentliche Aufgaben fort, wurden auch sie geehrt. Die stärkere Sichtbarkeit von Angehörigen einzelner Häuser im öffentlichen Raum wirkte auf die baulichen Strukturen des Hauses zurück: In hellenistischer Zeit entstanden großzügige, teilweise mehrstöckige Häuser mit reicher Innenausstattung, Mosaiken, Statuenschmuck und Peristylanlagen. Die restriktiven Regeln im Vermögens- und Erbrecht wurden aufgeweicht, Heiratspraktiken veränderten sich, und Emotionalität wurde größerer Raum zugestanden. Wirtschaftlich aber blieb das Haus als zentrale Einheit bestehen. Selbst in größeren Manufakturen waren die dort eingesetzten Unfreien Sklaven, die dem Hausvater unterstanden. Vom Haus losgelöste Produktionseinrichtungen bildeten sich nicht heraus.

Durch die Quellen bedingt konzentriert sich die Darstellung zur klassischen Zeit ganz auf Athen und Sparta, wohl wissend, dass beide Poleis Ausnahmen darstellen. Um ein kohärentes Bild auch für andere Städte zu zeichnen, fehlen aber die Quellen. So kann in Einzelfällen nur eine Übereinstimmung oder eine Abweichung von der – meist athenischen – Praxis konstatiert werden. Die moderne Familienforschung hat aber gezeigt, dass Heiratsstrategien und Modelle der Hausübergabe, Erbteilung und Vermögensfähigkeit der Frau, die Position der Alten im Haus und eine Verehrung der verstorbenen Ahnen in vielfältigen Beziehungen stehen und sich nur in der Gesamtschau adäquat verstehen und beschreiben lassen. Daher muss – zumal in einem einführenden Werk – die Beschreibung der Familie in klassischer Zeit auf Sparta und Athen beschränkt bleiben.

Athen und Sparta

2. Demographische Grundlagen

Die durchschnittliche Lebenserwartung, die Zahl der Geburten, die Kindersterblichkeit und der Altersaufbau einer Gesellschaft prägen auch das Leben in der Familie. Demographische Grundbedingungen wirken sich unmittelbar auf die Größe der Familie aus, auf die Form der Besitzübertragung, auf die Stellung der Frau oder der alten Eltern im Haus. Eine stark ansteigende Bevölkerung kann eine zunehmende Parzellierung von Anbauflächen und damit eine Verarmung der Bauern zur Folge haben. So wichtig diese Aspekte für die antike Sozial- und Familiengeschichte sind – verlässliche demographische Daten sind kaum zu gewinnen, da unseren Statistiken vergleichbare, systematische Aufzeichnungen in der Antike nur selten geführt wurden oder überliefert sind. Die demographische Forschung muss daher indirekte Hinweise nutzen, deren Auswertung mit zahlreichen methodischen Problemen behaftet ist. Aufgrund der gravierenden Unterschiede zu modernen westlichen Gesellschaften sollen aber zumindest Rahmenbedingungen skizziert werden.

Bedeutung der Demographie

2.1 Lebenserwartung und Sterbealter

Lebenserwartung Die durchschnittliche Lebenserwartung liegt in antiken Gesellschaften erheblich unter der Rate moderner Gesellschaften. Eine von der Forschung zugrunde gelegte Lebenserwartung zwischen 20 und 30 Jahren bei der Geburt ist zunächst wenig aussagekräftig, denn natürlich kannte die Antike auch alte und sehr alte Menschen. Bei den Schätzungen ist in Rechnung zu stellen, dass es eine sehr hohe Kindersterblichkeit gab und viele Frauen und Männer in jugendlichem Alter starben. Kinder, die ein Lebensalter von drei oder fünf Jahren erreicht hatten, hatten eine deutlich höhere durchschnittliche Lebenserwartung als bei der Geburt. Daher unterscheidet die Forschung zwischen durchschnittlichem Sterbealter (das entspricht der durchschnittlichen Lebenserwartung bei der Geburt) und der durchschnittlichen Lebenserwartung in einem bestimmten, bereits erreichten Alter. Ausschlaggebend für die insgesamt geringe Lebenserwartung waren begrenzte medizinische Kenntnisse, das Risiko für Frauen, bei der Geburt von Kindern zu sterben, die vielen Kriegs- und Kampfhandlungen, unzureichende Ernährung und geringe sanitäre Standards. Indirekte Hinweise auf das durchschnittliche Sterbealter und die durchschnittliche Lebenserwartung in einem bestimmten Alter geben Grabinschriften, Steuerquittungen, Zensusdokumente und anthropologische Untersuchungen von Skeletten antiker Friedhöfe.

Grabinschriften Aus der griechisch-römischen Antike sind Tausende von Grabinschriften erhalten geblieben. Während griechische Inschriften und solche aus der Zeit der römischen Republik nur selten das Sterbealter nennen, vermerken Grabinschriften aus Kaiserzeit und Spätantike in sehr vielen Fällen auch das erreichte Lebensalter. Schätzungen gehen von ca. 43 000 Lebensalterangaben aus, von denen etwa 25 000 auf den westlichen, europäischen Teil des Imperium Romanum, 18 000 auf Nordafrika entfallen. Zu berücksichtigen ist, dass die Funde solcher Steindenkmäler zeitlich und regional ungleich verteilt und insgesamt nur von einem Bruchteil der Gesamtbevölkerung erhalten sind, dass sie eher Aussagen über höhere und mittlere Schichten und soziale Aufsteiger (wie in Rom die Freigelassenen) zulassen und eher eine städtische als eine ländliche Bevölkerung repräsentieren, dass Altersangaben häufig gerundet sind (Geburtsregister, die das Geburtsjahr amtlich erfassten, gab es nicht) und bestimmte soziale Gruppen deutlich unter- oder überrepräsentiert sind. Kleinkinder, die im ersten Lebensjahr verstarben, erhielten nur in Ausnahmefällen einen Grabstein aufgestellt. Bei Kindern und Jugendlichen wurde häufiger das Alter angegeben, weil sie zur Unzeit gestorben, aus der Blüte der Jugend gerissen worden waren, während der Tod bei älteren Menschen eher zu erwarten war. Deren genaues Alter war den Angehörigen oft unbekannt. Der Anteil der Grabsteine, die für Frauen aufgestellt wurden, ist deutlich geringer, steigt aber bei Todesaltern zwischen 12 und 30 Jahren markant an, sei es, weil diese Frauen bei einer Geburt verstorben waren, sei es aufgrund der ihnen zukommenden Position im

Haus gerade in dieser Lebensphase. In Nordafrika finden sich auffallend wenige Grabsteine für Kinder, viele dagegen für alte Menschen, deren Sterbealter stark übertrieben sind. Altersangaben auf Grabinschriften lassen also keine verlässlichen und repräsentativen Daten über das durchschnittliche Sterbealter und die Lebenserwartung gewinnen.

Bei den Altersangaben, die in der antiken Literatur überliefert sind, bestehen ähnliche Schwierigkeiten. Kinder und Frauen sind deutlich unterrepräsentiert, ebenso Sklaven und ärmere Schichten der Bevölkerung. Skepsis rufen unglaubhaft hohe Lebensalter hervor, die von den antiken Autoren gerade wegen ihrer Außergewöhnlichkeit festgehalten wurden. Auch diese Angaben können also keine Repräsentativität beanspruchen.

<small>Altersangaben in der Literatur</small>

Unsicher bleiben auch die Ergebnisse, die auf einer Auswertung mehrerer Tausend kaiserzeitlicher, auf Tonscherben (*óstraka*) erhaltener Steuerquittungen aus dem ägyptischen Theben beruhen. Sie lassen nur Aussagen über die männliche Bevölkerung zu und geben keine Hinweise zur Kindersterblichkeit, da die Steuerpflicht erst im Alter von 14 Jahren begann. Die Berechnungen beruhen auf der Reihung von Quittungen, die Jahresdatierungen aufweisen und für jeweils dieselben Personen erhalten sind. Bricht die Reihe der jährlich erstellten Quittungen ab, wird diese Person wenig später verstorben sein. Nach den auf diesen Angaben beruhenden Schätzungen liegt die durchschnittliche Lebenserwartung im Alter von 15 Jahren bei (weiteren) 14,4 Jahren. Eine Alterskohorte hätte sich alle zehn Jahre etwa halbiert. Diese Daten liegen niedriger als die durch andere Quellengattungen ermittelten Werte.

<small>Steuerquittungen</small>

Als relativ verlässlich werden Auswertungen eingeschätzt, die auf ägyptischen Zensusdeklarationen beruhen. Die römische Provinzialverwaltung führte periodisch alle 14 Jahre einen Zensus der Bevölkerung durch. Anzugeben waren pro Haushalt alle Bewohner, der Hausvater, dessen Frau, Kinder, Sklaven und die dem Haus zugehörenden Lohnbauern, evt. alte Eltern, Schwestern oder eine Amme. Die etwa 300 auf Papyrus erhaltenen Zensusdeklarationen, die überwiegend aus dem mittleren Ägypten stammen und in die Zeit zwischen 11/12 und 257/58 n. Chr. datiert werden, umfassen Angaben zu mehr als 1100 Personen. Die Angaben weisen bemerkenswert selten Rundzahlen auf und werden daher als relativ zuverlässig angesehen. Sie führen zu einem durchschnittlichen Sterbealter von etwa 22 bis 25 Jahren. Ob diese Daten indes repräsentativ für das römische Ägypten oder gar die Antike insgesamt sind, ist zu bezweifeln.

<small>Zensusdeklarationen aus Ägypten</small>

Von Ausgrabungen antiker Friedhöfe liegen nur wenige medizinisch-anthropologische Untersuchungen vor. Demographische Aussagen über die Altersstruktur einer Gesellschaft erlauben sie nur dann, wenn das gesamte Friedhofsareal freigelegt wurde, da frühverstorbene Kinder separat bestattet worden sein könnten. Zu berücksichtigen ist auch, dass Knochen von Kindern und alten Menschen schneller verfallen als die von jungen Erwachsenen. Der Erhaltungszustand der Knochen variiert darüber hinaus je nach

<small>Skelettuntersuchungen</small>

Bodenart, Art der Bestattung (Körperbestattung oder Verbrennung) und Grabbehältnis (Sarkophag, Holzsarg, Bestattung in Amphoren oder ohne Behältnis). Auch können Knochen älterer Menschen nicht so genau altersmäßig bestimmt werden wie die junger Menschen.

Modellhafte Sterbetafeln Aufgrund der zahlreichen methodischen Probleme bei der Auswertung dieser Quellen und Befunde werden von der demographischen Forschung modellhafte Sterbetafeln herangezogen, die auf Daten aus besser dokumentierten Gesellschaften beruhen und mit computergesteuerten Methoden bearbeitet wurden. Die Daten stammen aus Gesellschaften vor dem demographischen Übergang in die Moderne. Die griechische und römische Gesellschaft soll dabei dem niedrigsten Level vormoderner Gesellschaften entsprechen; es ist dies das am stärksten generalisierte und vielfach zugrunde gelegte ‚Model West', das in ‚level 3' von einer Lebenserwartung bei der Geburt von 25 Jahren bei Frauen und 22,9 Jahren bei Männern ausgeht. Dies entspricht Daten, die für Indien und das ländliche China im frühen 20. Jahrhundert galten. Eine weitere Differenzierung nach Regionen, Epochen oder Zeitumständen verbieten sich bei der Verwendung solcher modellhafter Sterbetafeln.

Auswirkungen auf die Altersstruktur Nimmt man die mit großen methodischen Schwierigkeiten behafteten indirekten Hinweise aus der Antike und die modellhaften Sterbetafeln zusammen, dürfte das durchschnittliche Sterbealter zwischen 20 und 30 Jahren gelegen haben. Diese Schätzung bleibt relativ vage und erlaubt keinen exakten Ausgangspunkt für die Fertilitätsrate. Wenn das durchschnittliche Sterbealter nahe dem Wert von 20 Jahren gelegen hätte, würde dies bedeuten, dass die antiken Gemeinwesen ihren Bewohnern keine längere Lebenserwartung bereiten konnte als diejenigen politischen Systeme im frühmodernen Europa, die die niedrigsten Werte aufweisen. Demnach wäre ein Drittel aller Kinder im ersten Lebensjahr verstorben. Nur etwa die Hälfte aller Kinder hätte das zehnte Lebensjahr erreicht. Die durchschnittliche Lebenserwartung sei von einem Wert von 22–25 Jahren bei der Geburt auf (weitere) etwa 40 Jahre im Alter von 5 Jahren gestiegen, dann abgesunken und habe im Alter von 20 Jahren bei weiteren etwa 30 Jahren, im Alter von 30 Jahren bei weiteren etwa 25 Jahren gelegen. Charakteristisch für die demographische Struktur vormoderner Gesellschaften ist außerdem ein hoher Anteil an Kindern und jungen Menschen. Der Anteil der unter 15 Jahre alten Menschen wird auf etwa ein Drittel geschätzt, der Anteil an Menschen über 60 Jahren auf 5–10, vielfach auf etwa 6–8 Prozent. Antike Gesellschaften waren also junge Gesellschaften.

Epidemien Nach neueren Untersuchungen waren in der Antike in erster Linie Infektionskrankheiten für den Tod vieler Menschen verantwortlich. Die Verbreitung von Krankheiten wie Malaria oder Tuberkulose hängt dabei stark von klimatischen Bedingungen ab. Je nach Region, geographischer Lage und Siedlungsdichte schwankt die Mortalität erheblich. Hinzu kommt, dass bestimmte Infektionskrankheiten einzelne Altersgruppen unterschiedlich stark treffen. Dies nährt Zweifel, ob Quellen aus eng begrenztem Raum repräsentativ für ein weiteres Gebiet sein können, ja ob es überhaupt sinnvoll ist, eine durchschnittliche Lebenserwartung der Antike insgesamt bestimmen zu wollen. Diese neueren Erkenntnisse machen einmal mehr deutlich, dass die Lebenserwartung in der Antike nicht durch eine ‚natürliche' Mortalität gesteuert wird; sie unterliegt vielmehr ‚catastrophic mortality conditions' (STOREY/PAINE). Naturkatastrophen und epidemische Krankheiten treffen verschiedene Bevölkerungen in unterschiedlichem Maße, so dass eine durchschnittliche Lebenszeit nicht zu bestimmen ist.

Antike Quellen lassen mitunter eine Vorstellung zu, welche Auswirkungen eine geringe Lebenserwartung und eine hohe Kindersterblichkeit hatten. Im Roman *Daphnis und Chloë* berichtet der Vater, dass er in jungen Jahren geheiratet hatte, ihm ein Sohn, dann eine Tochter, schließlich ein zweiter Sohn geboren wurde. Als seine Frau einen weiteren Sohn gebar, wurde dieser ausgesetzt. Aber der älteste Sohn und die Tochter starben, an einer ähnlichen Krankheit am selben Tag. Zurück blieb ein einziger Sohn. Cornelia, die Mutter von Tiberius und Caius Gracchus, gebar 12 Kinder, von denen nur drei die frühe Kindheit überlebten. In Euripides' Tragödie *Alkestis* gelingt es dem König Admetos, den ihm vorbestimmten Tod hinauszuschieben, wenn eine andere Person seines Hauses für ihn den Tod auf sich nimmt. Sein alter Vater indes lehnt dies ab. So findet sich schließlich seine Frau, Alkestis, bereit, für ihren Mann in den Tod zu gehen, obwohl sie zwei Kinder hat, die der Mutter bedürfen. Herakles, der als Gastfreund im Haus des Admetos weilt, lauert indes Thanatos am Grab auf und entreißt ihm Alkestis. In der Tragödie wird personifiziert – und damit dramatisiert –, was harte Realität war. In antiken Gesellschaften starben viele Menschen eines vorzeitigen Todes, so dass die noch lebenden alten Eltern ihre erwachsenen Kinder begraben mussten, kleine Kinder ihre Eltern verloren. Das schwer fassbare Schicksal, dass ein Mensch mitten aus dem Leben herausgerissen wurde, war eine sehr verbreitete, bittere Erfahrung. Viele Waisen und verwitwete Personen und eine hohe Zahl von Wiederverheiratungen waren eine Folge dieser demographischen Grundbedingungen.

<small>Konsequenzen für die Familien</small>

2.2 Fertilität und Kinderzahl

Die hohe Sterblichkeit gerade von Kindern musste durch eine hohe Fruchtbarkeit ausgeglichen werden. Insofern zeichnen sich vormoderne Gesellschaften durch eine hohe Sterblichkeit *und* eine hohe Fertilität aus. Abhängig ist die Fertilitätsrate vom Heirats- und Zeugungsalter der Frau, von der Verbreitung von Kontrazeption, Abtreibung und Aussetzung, von epidemischen Krankheiten, Kriegseinwirkungen und Zu- oder Abwanderung durch Migration und Einbürgerung.

<small>Verhältnis von Sterblichkeit und Fertilität</small>

Um eine stabile oder leicht ansteigende Bevölkerungszahl zu erreichen, musste jede Frau bis zur Menopause mindestens 5–6 Kinder gebären. Stellt

<small>Zahl der Geburten</small>

man die hohe Kindersterblichkeit in Rechnung, werden Familien durchschnittlich 2–3 Kinder gehabt haben, die das Säuglings- und Kleinkindalter überlebt hatten. Das Heiratsalter von Frauen lag in der Antike relativ niedrig, und man kann davon ausgehen, dass nahezu alle freien Frauen spätestens im Alter von 20 bis 25 Jahren verheiratet waren. Mutterschaft begann unmittelbar danach. Frauen werden im fruchtbarsten Alter zwischen 20 und 29 Jahren in einem von drei Jahren ein Kind geboren haben. Anders als in modernen Gesellschaften, in denen die Geburt von Kindern auf die ersten Jahre der Ehe konzentriert ist, haben Frauen in vormodernen Gesellschaften mit einer ‚natürlichen Fertilität' auch im Alter zwischen 30 und 50 Jahren häufiger Kinder geboren.

Abtreibung Wie verbreitet Kontrazeption und Abtreibung in der Antike waren, lässt sich den antiken Belegen nicht entnehmen. Die medizinische Literatur der Antike erläutert zwar entsprechende pharmakologische und physische Methoden. Da die demographischen Daten aber den in vormodernen Gesellschaften verbreiteten Raten einer ‚natürlichen Fertilität' entsprechen, scheinen Kontrazeption und Abtreibung demographisch nicht ins Gewicht gefallen zu sein. Verbreitung fanden diesbezügliche Kenntnisse – wie wirksam diese auch gewesen sein mögen – in erster Linie bei außerehelichen *Aussetzung* Verhältnissen. Auch die Zahl ausgesetzter Kinder kann nicht eingeschätzt werden. Die demographische Forschung geht aber davon aus, dass die Kindesaussetzung auf die langfristig berechneten Fertilitätsraten kaum einen *Kriege* Einfluss ausgeübt hat. Dasselbe gilt für Kriegseinwirkungen. Lediglich tiefgreifende und langandauernde Kriege werden sich demographisch in markanteren Schwankungen niedergeschlagen haben. Auf lange Zeiträume hin wird die Fruchtbarkeitsrate zwischen 0,25 und 0,45 Prozent pro Jahr eingeschätzt; die Gesellschaft hätte sich dann etwa alle 200–400 Jahre verdoppelt.

Schwierigkeiten einer Familienplanung Die aus allgemeinen demographischen Schätzungen errechneten Fertilitätsraten mit durchschnittlich 5–6 Geburten stehen in einem gewissen Widerspruch zu einzelnen Quellenzeugnissen. Kinderreichtum ist nirgends als erstrebenswertes Ziel belegt. Da antike Gesellschaften vorwiegend bäuerliche Gesellschaften waren, in denen der Hof unter den Söhnen aufgeteilt wurde, wurde in der Regel eine geringe Kinderzahl angestrebt. Diese Tendenz zu einer geringen Zahl männlicher Erben drückt sich z. B. in bäuerlichen Sprichwörtern aus. In einer bewussten Reduzierung der Zahl der Kinder lag aber das Risiko, dass sie vorzeitig starben, der Hausvater im Alter niemanden hatte, der ihn versorgte, und das Haus nach seinem Tod unter den Verwandten aufgeteilt wurde. Im Erbrecht, insbesondere durch Regelungen hinsichtlich Adoption und Erbtöchtern, schufen die antiken Gesellschaften Möglichkeiten, ein Fehlen oder eine zu hohe Zahl von Erben innerhalb einer Abstammungsgruppe oder zwischen zwei Familien auszugleichen. Binnenkolonisation und Abwanderung in auswärtige Kolonien trugen ebenfalls dazu bei, bäuerliche Besitzgrundlagen zu stabilisieren.

3. Haus und Familie im archaischen Griechenland

3.1 Die wirtschaftliche Grundlage des Hauses

Die griechische Gesellschaft war in archaischer Zeit (700–500 v. Chr.) trotz der Verbreitung städtischer Siedlungsformen agrarisch geprägt. Der weit überwiegende Teil der Bevölkerung lebte von Ackerbau und Viehzucht. Es gab eine breite Schicht mittlerer Bauern, die Subsistenzwirtschaft betrieben, also die Nahrungsmittel zum eigenen Unterhalt selbst produzierten. Kennzeichnend für die archaische Zeit ist also die Hauswirtschaft, bei der die Hausgemeinschaft die Nahrungsmittel erwirtschaftete und Kleidung, Gebrauchsgegenstände und Geräte weitgehend selbst herstellte. Dies prägte die Struktur der Familie, die Arbeit und das Zusammenleben in Dorf und Stadt. Agrarische Grundlage

Die Bauern hatten hart zu arbeiten, mussten ihre Arbeitskraft voll und ganz einsetzen, um den Unterhalt über das Jahr hin zu sichern, waren aber persönlich frei und zu keinen Abgaben gegenüber reichen Landbesitzern verpflichtet. Allerdings musste das im Falle der Not ausgeliehene Nahrungs- und Saatgut aus der kommenden Ernte zurückerstattet werden. Geschah dies nicht, konnte der Gläubiger Zugriff auf das Land und sogar auf die Person des Schuldners nehmen, ihn in eine Hörigkeit zwingen oder in die Sklaverei verkaufen. Der Gesetzgeber Solon (594 v. Chr.) setzte für Athen eine Aufhebung aller Schulden (*seisáchtheia*) durch und verbot einen Zugriff auf die Person des Schuldners. Er sicherte damit in Athen ein freies Bauerntum. Bauern

Ärmere Bewohner ohne eigenen Hof oder mit geringem Besitz traten bei mittleren Bauern oder reichen Landbesitzern in Gesindedienst oder boten ihre Arbeitskraft als Tagelöhner oder Erntehelfer an. Die Zahl dieser als Theten bezeichneten Personen war beträchtlich. Die soziale Oberschicht, die sich als ‚Bessere' (*áristoi*) begriffen, lebte ebenfalls überwiegend von Landwirtschaft und Viehzucht. Sie steigerten ihren Reichtum darüber hinaus durch Beutezüge. Handwerker und Händler hatten in archaischer Zeit nur marginale Bedeutung. Bäuerliche Unterschicht

Oberschicht

Aufgrund der gebirgigen Landschaft konnte vom gesamten Territorium einer dörflichen oder städtischen Siedlung nur ein Teil, besonders die fruchtbaren Alluvialböden, intensiv ackerbaulich genutzt werden. Die Gebiete jenseits der Fruchtebenen dienten der Weidewirtschaft, abgelegene Gebirgsregionen als Sommerweiden. In den Ebenen wurde in erster Linie Getreide angebaut, vor allem Weizen und Gerste, die die wichtigsten Nahrungsmittel darstellten. Auf den Getreidefeldern wurden zusätzlich Olivenbäume angepflanzt, eine Form der Interkultivation, die für manche Gebiete Griechenlands noch heute typisch ist. Verbreitet war darüber hinaus der Anbau von Wein. Bei den Gemüsearten spielten Bohnen eine besondere Rolle, die als Nahrungsmittel und Düngepflanzen dienten. Hinzu kamen Feigen, Zwiebeln und Kohl. Aufgrund der verbreiteten Zweifelderwirtschaft, bei der die Felder ein Jahr lang brach lagen, konnte auf einen Fruchtwechsel verzichtet Anbauprodukte werden. Auf dem brachliegenden Feld wurden Bohnen angebaut; Vieh weidete auf grünem Brachland. In küstennahen Regionen trat Fisch zur Ernährung hinzu. Fleisch wurde meist nur bei Opferfesten gegessen. Schafe lieferten vorrangig Wolle, Ziegen Milch, aus der Käse hergestellt wurde. Rinder wurden als Pflug- und Zugtiere gehalten und zum Ausdreschen des Getreides eingesetzt. Bienen lieferten Honig. Aufgrund des Mangels an Futterpflanzen war eine Stallviehhaltung nicht möglich. Lediglich Ochsen und Maultiere standen im Stall. Der Dung der Tiere und abgeschnittene Halme wurden zur Düngung auf die Felder gebracht. Landwirtschaft und Weidewirtschaft prägten den jahreszeitlichen Arbeitsrhythmus: Gepflügt und gesät wurde im Herbst vor Beginn des Winterregens, im Winter das Gerät instand gesetzt, im Frühjahr (Mai/Juni) das Getreide geerntet. Im Herbst schlossen sich Weinlese und Olivenernte an. Arbeitsspitzen lagen also im Frühjahr und im Herbst.

Viehwirtschaft

3.2 Die Hausgemeinschaft

Zusammensetzung des Hauses

Das Haus (*oíkos*, Plural: *oíkoi*) war sowohl eine soziale als auch eine wirtschaftliche Einheit. Zur Hausgemeinschaft gehörten die Familie im engeren Sinne (Bauer, Bäuerin und die ehelichen Kinder), die alten Eltern, unverheiratete Schwestern, freies Gesinde und Sklaven, mitunter auch verwandte Waisen und Witwen. Da sich die Hausgemeinschaft in ihrer Zusammensetzung von der modernen Kleinfamilie erheblich unterscheidet, vermeidet die Forschung den Begriff Familie, um Missverständnissen vorzubeugen, und gebraucht stattdessen die Begriffe Haus, Hausgemeinschaft, Haushalt oder Oikos. Die wirtschaftliche Grundlage bildeten das Haus als Gebäude, die Felder, die Tiere und das landwirtschaftliche Gerät. Der frühgriechische Dichter Hesiod definiert geradezu den bäuerlichen Oikos in dem Spruch: „Erst einmal ein Gehöft, eine Frau, einen Ochsen zum Pflügen, … dann [sollst du] das Gerät auf dem Hof, gut tauglich alles, dir schaffen“ (erga 405/7).

Struktur der Familie

Die Hausgemeinschaft basierte also auf der Kernfamilie mit Hausvater (*kýrios*), Ehefrau und ehelichen Kindern. Groß- oder Klanfamilien gab es nicht bzw. waren auf Ausnahmefälle beschränkt. Die eheliche Gemeinschaft war aufgrund der geschlechtsspezifischen Arbeitsteilung eine notwendige Voraussetzung für bäuerliches Wirtschaften und zielte auf die Zeugung von Kindern, die das Haus übernehmen und die Eltern im Alter ernähren konnten. Abgesehen von wenigen Ausnahmen war die monogame Ehe die Regel.

Hausübergabe

Der Vater verblieb in der Position des Hausherrn, solange er körperlich in der Lage war, die bäuerlichen Arbeiten zu verrichten. Im Alter von etwa 60 Jahren übergab er die Hausgewalt an den Sohn oder die Söhne und trat auf das Altenteil. Aufgrund der Übergabe des Hofs zu Lebzeiten (‚inter vivos‘) war das Heiratsalter beim Haussohn relativ hoch, der Generationenabstand groß, wodurch die Zahl der ‚Esser‘ im Haus gering gehalten wurde, was der prekären Versorgungssituation entgegenkam. Aufgrund der geringen Lebenserwartung wird der Anteil der Familien, in denen drei Generationen zusammenlebten, gering gewesen sein. Bezeichnend ist, dass in der frühgriechischen Literatur Großeltern kaum eine Rolle spielen. Starb der Vater vorzeitig, übernahm der Sohn den Hof früher.

Da bei der Hausübergabe der Wechsel in der hausväterlichen Gewalt, nicht die Übertragung von Besitz im Vordergrund stand, folgten allein Söhne dem Vater. Töchter waren ausgeschlossen, weil sie einem Oikos nicht vorstehen konnten. Hatte der Hausvater mehrere Söhne, wurde das Haus zu gleichen Teilen aufgeteilt. Um bei dieser Form der Realteilung Bruderzwist zu vermeiden, wurden die Erbteile verlost. Daher bezeichnet *kléros* (eigentlich ‚Los') auch das Landgut. Erst wenn der Sohn den Hof oder seinen Anteil übernommen hatte, warb er um eine Frau. Die Übernahme der Hausgewalt und die Heirat fielen also zusammen. Realteilung führt bei einem Bevölkerungswachstum zu einer zunehmenden Parzellierung der Felder und damit zu einer Verarmung der kleinen und mittleren Bauern. Um dem entgegenzuwirken, wurden Erbstrategien praktiziert, die den Besitz zusammenhielten und geteilten Besitz wieder zusammenführten. Grundsätzlich wurde eine geringe Kinderzahl angeraten. Um das Risiko, kinderlos zu sterben, klein zu halten, konnte ein Hausvater ohne Sohn eine andere Person ins Haus einsetzen, wobei man in der Regel einen (zweiten) Sohn des Bruders oder einen anderen jungen Mann aus der väterlichen Verwandtschaft adoptierte, um so die Besitzgrundlage innerhalb der verwandtschaftlichen Gruppe zu stabilisieren. Starb ein Hausvater ohne Sohn, fiel der Oikos zurück an den nächsten Verwandten väterlicherseits; hatte er ‚nur' eine Tochter, wurde sie innerhalb der väterlichen Familie verheiratet. In Athen wurde durch ein Gesetz Solons festgeschrieben, dass die ‚Erbtochter' (*epíkleros*) verpflichtet war, den nächsten Verwandten väterlicherseits zu heiraten. Dadurch wurde verhindert, dass strategischer Besitz an ein anderes Haus gelangte. Diese Regelung hatte zur Konsequenz, dass die Frau ihre Position in der Ehe nicht stärken konnte. Der Mann verdankte nicht ihr den Besitz, sondern hatte ihn *mit* der ‚Erbtochter' vom Erblasser erhalten. Insgesamt waren Kinderzeugung und Erbstrategien darauf ausgerichtet, die Besitzgrößen stabil zu halten und die Fortführung des Oikos in der Manneslinie (Patrilinearität) zu sichern.

Als Übergang in eine neue soziale Position war die Hochzeit durch eine rituelle Feier besonders herausgehoben. In der Regel wurden Ehen zwischen dem Brautvater und dem Brautwerber vereinbart. So konnte ein Vater auf einem Beutezug einem jungen Mann seine Tochter in die Ehe versprechen, ohne dass sie dagegen sprechen konnte. Oft aber dürfte ein Einverständnis zwischen Mädchen und jungem Mann bzw. Vater und Tochter bestanden haben. Liebesheiraten wird es nicht gegeben haben, wiewohl eine enge, auch emotionale Beziehung und ein einträchtiges Zusammenleben während der Ehe positiv gewertet wurden. War der Brautwerber vom Brautvater unbilligerweise abgelehnt worden, konnte er die Frau zu rauben versuchen. Allerdings war der Brautraub mit hohem Risiko verbunden. Eine Witwe, die bereits Kinder für die Nachfolge im Haus geboren hatte, konnte selbst die Entscheidung treffen, ob sie im Haus der Kinder bleiben, zurück in ihr elterliches Haus gehen oder erneut heiraten wollte.

Brautgaben Bei der Heirat war die Frau deutlich jünger als der Ehemann. Die meisten Frauen waren in einem Alter von etwa 20 Jahren bereits verheiratet. Zumindest in der Oberschicht wurden aus Anlass der Hochzeit Geschenke ausgetauscht. In der Regel übergab der Brautwerber dem Vater der Braut Güter, insbesondere Rinder, Schafe und Ziegen. Diese Brautgaben (*hédna* oder *éedna*) waren in ein System des Gabentauschs eingebunden. Der Brautwerber hatte die Güter aufzubringen, um ein Anrecht auf die Arbeitsleistung der Frau in seinem Oikos zu gewinnen. Außerdem werden die Brautgüter ein Mittel sozialer Distinktion gewesen sein. Darüber hinaus erhielt die Braut vom Ehemann Hochzeitsgaben, z. B. Gewänder oder Schmuck. Bei einem Vergehen der Ehefrau, z. B. einem Ehebruch, konnte der Ehemann vom Brautvater die Brautgüter zurückverlangen. Im Laufe des 7. Jh. endete diese Form des Geschenketauschs. Brautgaben sind für die spätere Zeit nicht mehr belegt. In Athen war in den Gesetzen Solons (594 v. Chr.) ausdrücklich festgelegt, dass Töchter bei der Heirat nur Gegenstände von geringem Wert mit in die Ehe nehmen durften. Auf diese Weise wurde ein Besitztransfer zwischen zwei Häusern unterbunden.

Hochzeit Der Ablauf der Hochzeitsfeier lässt sich aufgrund von zahlreichen fragmentarisch erhaltenen Hochzeitsliedern und archaischen Vasenbildern gut rekonstruieren. Nachdem sich der Brautwerber mit dem Brautvater, bekundet durch einen Handschlag, geeinigt hatte, erfolgte am Vortag der Hochzeit ein den Schutzgottheiten der Ehe dargebrachtes Opfer. Nach dem rituellen Brautbad am Morgen wurde im Haus der Braut eine Mahlzeit abgehalten, an der der Bräutigam teilnahm. Abends wurde das Paar unter den Klängen von Flöten und Leiern, dem Gesang von Hochzeitsliedern und im Schein von Fackeln zum Haus des Bräutigams geleitet. Vor dem Brautgemach trieben Freunde und Freundinnen allerlei Schabernack. Mit der Heirat trat die Frau in den (ihr fremden) Oikos des Mannes ein (patri- bzw. virilokale Ehe). Die virilokale Ehe und das unterschiedliche Heiratsalter trugen dazu bei, die Autorität des Ehemannes im Haus abzusichern.

Nebenfrauen Vorherrschend war die monogame Ehe. In den homerischen Epen sind aber auch bei einigen reicheren Häusern polygame Lebensverhältnisse belegt, bei denen der Mann eine oder mehrere Nebenfrauen ins Haus geholt hatte, um Allianzen zu mehreren anderen Familien herzustellen oder durch eine hohe Zahl von Kindern das Haus gegenüber konkurrierenden Häusern abzusichern. Eine Nebenfrau konnte aber auch ins Haus geholt werden, wenn die Ehefrau keine oder keine weiteren Kinder mehr bekam. Ein Gesetz Drakons belegt, dass auch noch am Ende des 7. Jh. eine *pallaké*, die dem Hausvater Kinder gebären sollte, demselben Schutz unterstand wie die Ehefrau.

Frauen, die bei Beutezügen gewonnen wurden, hatten ihrem neuen Herrn – meist waren dies *áristoi* – auch sexuell zur Verfügung zu stehen. Der Herr konnte solche Frauen auch zu seiner Ehefrau machen; die Kinder wurden als rechtmäßige Nachkommen akzeptiert. Auch die von einer dienenden Frau (*doúle*) geborenen Kinder des Hausherrn konnten, wenn eheliche Söhne fehlten, die Nachfolge im Haus übernehmen. Auch wenn die rechtlich angetraute Ehefrau (*álochos*) von der Nebenfrau und die ehelichen Kinder (*gnésioi*) von Bastarden (*nóthoi*) begrifflich unterschieden wurden, so gab es doch keine strikten, rechtlich bindenden Regeln, die erst mit der Kodifikation des Rechts am Ende des 7. und Anfang des 6. Jh. festgeschrieben wurden. Fortan konnten nur die Kinder aus rechtmäßigen Ehen als *gnésioi* Anteil am Erbe erhalten. Durch die Gesetzgebung wurde der Oikosbesitz den ehelichen Kindern gesichert.

Eheliche und uneheliche Kinder

Geprägt war das Leben im bäuerlichen Oikos durch eine relativ strikte geschlechtsspezifische Arbeitsteilung. Der Bauer arbeitete mit dem Knecht auf dem Feld, pflügte, säte, jätete Unkraut, erntete oder hütete das Vieh, die Bäuerin versah mit der Magd die Arbeiten im und um das Haus, kümmerte sich um die kleinen Kinder, wusch Wäsche, zerstampfte und mahlte das Getreide, bereitete Speisen zu und sorgte für die Vorratshaltung (angesichts häufiger Missernten eine existenziell wichtige Aufgabe). Eine besondere Bedeutung spielte die Verarbeitung der Wolle, also die Herstellung von Kleidung. Spindel und Webstuhl waren geradezu Sinnbild für die hauswirtschaftliche Arbeit der Frau. In der Regel führte der Mann Arbeiten außerhalb des Hauses, die Frau Arbeiten im und um das Haus, der Mann die körperlich schwereren, die Frau die leichteren Arbeiten aus. Ein wichtiger Aspekt ist darüber hinaus die Kompatibilität der Arbeiten. So ist die Fingerfertigkeit, die für die Webarbeit notwendig ist, nicht mit schwerer Feldarbeit vereinbar; bei Arbeiten im und um das Haus konnte die Frau die Arbeit kurzzeitig unterbrechen, um sich um die kleinen Kinder zu kümmern. Mit der Trennung der Arbeitsbereiche hängt eine Trennung der Umgangsbereiche zusammen. Doch auch wenn der Bereich der Frau das Haus war, erfüllten die Frauen auch Aufgaben außerhalb des Hauses: Sie nahmen am Leichenzug teil und stimmten die Totenklage an; beim Fest der Stadtgöttin brachten sie ein Gewandopfer oder einen Opferkuchen dar und konnten priesterliche Funktionen wahrnehmen; bei den Festen führen die Mädchen Reigentänze auf.

Geschlechtsspezifische Arbeitsteilung

Die Dichtungen Hesiods und die frühgriechische Lyrik enthalten nicht wenige aggressiv frauenfeindliche Verse. Sie sind Ausdruck einer Angst des Mannes, dass die Frau die Vorratshaltung nicht umsichtig versah, die Vorräte nicht sorgsam und sparsam zuteilte oder dass die Frauen die hausväterliche Autorität beschädigten. So richtet sich die Misogynie vor allem gegen die Frau als „unnütze Esserin" (*deipnolóche*) bzw. gegen schmeichelnde Worte oder die Sexualität der Frau. Die Äußerungen zeigen, wie stark der Bauer von der Arbeit und der Umsicht der Frau abhängig war und in welcher Weise

Frauenspott

die dörfliche Gemeinschaft die Wahrung der hausväterlichen Autorität einforderte. In den homerischen Epen begegnet ein frauenfeindlicher Spott nicht, weil in reicheren Häusern die Abhängigkeit von der Arbeit der Frau deutlich geringer war.

Wertung des Alters   Die Übergabe der hausväterlichen Gewalt an den Sohn war eine konfliktträchtige Situation, denn der Vater versuchte, diesen Zeitpunkt herauszuzögern, weil er mit der Übergabe seine Autorität in Haus und Dorf verlor. Der Sohn hingegen drängte darauf, die Hausgewalt zu übernehmen, weil er erst dann um eine Frau werben konnte. Nach der Übergabe der hausväterlichen Gewalt hatte sich der Vater fortan dem Sohn unterzuordnen, bekam von ihm die Essensrationen zugeteilt. Zwar war der Sohn moralisch verpflichtet, die alten Eltern zu ernähren, doch waren Auseinandersetzungen nicht selten. Hesiod jedenfalls benennt das Alter als „schlimmen Rand des Lebens", an dem der Alte gescholten, mitunter auch geschlagen wurde. Ähnlich beklagt der Dichter Mimnermos mehrfach das schlimme Schicksal im Alter und wünscht sich die Blüten der Jugend zurück. Der Verlust der sozialen Position in Haus und Dorf prägt die vorherrschend negative Sicht des Alters. Der Spruch Hesiods, der die guten Ratschläge dem mittleren Alter, allein die Gebete den Alten zuweist, kennzeichnet den Funktionsverlust im Alter. Die kulturellen Muster folgten also der prekären sozialen Stellung der Alten im Haus. Ihr Rat und ihre Erfahrung stellten keinen eigenen Wert dar. Im Vordergrund stand das Nachlassen der körperlichen Kräfte, die Schwäche des Verstands.

Häuser der Reichen   Höhere Einkünfte aus Ackerbau und Viehzucht und durch Beutezüge erlaubten der Oberschicht, den *áristoi*, eine ‚adelige' Lebensweise. Sie hielten Pferde als Reittiere, gingen der Jagd nach, hielten mit ihresgleichen Gastmähler ab, bei denen Epik und Lyrik vorgetragen wurde. Sie nahmen an überregionalen sportlichen Wettkämpfen teil und ließen sich für ihre Siege feiern. Der Toten wurde in kostbaren Grabdenkmälern gedacht, die auf Grabterrassen aufgestellt waren. Damit setzten sich die *áristoi* von den bäuerlichen und unterbäuerlichen Schichten ab. Die größere materielle Sicherheit trug auch zu einer Entspannung innerfamilialer Konflikte bei. Der alte Vater konnte sich ein kleines Gut als Altenteil vorbehalten, das er selbst bzw. mit Hilfe von Knechten oder Unfreien bewirtschaftete. So konnte er eine gewisse Unabhängigkeit wahren. War der älteste Sohn im üblichen Heiratsalter, konnte für ihn ein Erbteil abgetrennt und ihm so ein eigenständiges Wirtschaften und eine Heirat ermöglicht werden. Auch das Verhältnis zwischen Hausvater und Ehefrau war ein anderes als bei den mittleren Bauern. Die Brautgaben und Brautgüter stärkten die Position der Frau, die freier im Haus agieren konnte und bei den Gesprächen mit Gastfreunden anwesend war. Frauenfeindlicher Spott fehlt in den Epen. Neben patrilokalen Ehen sind auch matrilokale bezeugt, bei denen der Brautwerber in das Haus der Frau überwechselte. Uneheliche Kinder konnten gleich den eigenen Kindern aufgezogen werden, auch wenn sie den ehelichen Kindern nachgeordnet waren. Töchter mit unehelichen Kindern wurden mit Brautgaben umworben; dass Götter die Väter dieser Kinder gewesen sein sollen, ist eine Strategie, den Makel der vorehelichen Geburt zu mildern. All dies sind Hinweise darauf, dass in reicheren Häusern eine starke hausväterliche Gewalt und eine strenge Patrilinearität von geringerer Bedeutung waren.

3.3 Sklaven und Gesinde

Neben den Mitgliedern der Kernfamilie gehörten zum Haus eines *áristos* oder eines mittleren Bauern nichtverwandte Personen, die in die Hauswirtschaft integriert waren. In der Sprache der Epen und der frühgriechischen Lyrik werden sie als *dmóes* (Sing. *dmós*, in der weiblichen Form *dmoaí*, Sing. *dmoé*) oder *oikées* (Sing. *oikeús*) bezeichnet. Diese Begriffe leiten sich von *oíkos* bzw. *dómos* ('Haus') ab und kennzeichnen primär Personen in dienender Funktion, seien es Freie, seien es Unfreie. Die Integration in ein anderes Haus markiert die soziale Stellung dieser 'Häusler', nicht ihr rechtlicher Status als Freie oder Unfreie. Unfreie waren stets Fremde, die durch Beutezüge oder Menschenraub ihre Freiheit verloren hatten. Es galt also bereits im 8. und 7. Jh. 'Exodoulie'. Im Haus ihres Herrn verrichteten die erbeuteten Frauen und Kinder dieselben Arbeiten, die auch das freie Gesinde ausführte, wobei sie in die geschlechtsspezifischen Arbeits- und Umgangsbereiche eingegliedert waren. Wer seinem Herrn viele Jahre treu gedient hatte, konnte darauf hoffen, vom Herrn ein Haus, eine Frau und ein Stück Land zu erhalten. Unfreie, die das Vertrauen des Herrn grob missachtet hatten, konnten gestraft, ja sogar getötet werden.

Freie und Unfreie

Die Lebensverhältnisse der 'dienenden Hausleute' (*dmóes* und *oikées*) hingen von der sozialen Position des Herrn ab. Mittlere Bauern, die über ein eigenes Pfluggespann verfügten – der Pflugochse war geradezu das Signum ihrer sozialen Stellung –, nahmen Knechte und Mägde in Dienst, die aus der unterbäuerlichen Schicht (den Theten) stammten. Aufgrund der prekären wirtschaftlichen Situation mussten die Kinder aus solchen armen Familien in jungen Jahren bei Bauern in Dienst treten. Sie verließen das Elternhaus, arbeiteten, aßen und schliefen auf dem Hof des Bauern (vielleicht nur in Hütten auf dem Feld) und erhielten Anteil an den Erträgen. Knechte und Mägde wurden jeweils für ein Jahr gedungen, um den Arbeitskräftebedarf jeweils neu abstimmen zu können. Hatten sie ihre Arbeit gut erfüllt, verlängerte der Bauer ihre Dienstzeit; sonst wechselten sie den Herrn. Knechte und Mägde blieben oft bis über das 40. Lebensjahr hinaus im Gesindedienst, verließen dann das bäuerliche Haus und verdienten sich ihren Lebensunterhalt neben der Bewirtschaftung einer kleinen Parzelle fortan durch Taglohn und Saisonarbeit. Auch wenn sie dadurch an Unabhängigkeit gewannen, war ihre Versorgungssituation in dieser Phase eher prekärer als vorher. Der Bauer kalkulierte seinen Arbeitskräftebedarf für das kommende Jahr am Ende des landwirtschaftlichen Jahreszyklus'. Daher rät Hesiod, dann einen

Gesinde im bäuerlichen Haus

Theten als Knecht und eine *érithos* als Magd ins Haus zu holen, wenn die Ernte sicher in der Scheuer verwahrt ist. Da der Bauer knapp kalkulieren musste, sollte der Knecht ledig, die Magd ohne Kind sein. Eine Magd mit Kind zu ernähren, bedeutete für den Bauer einen zu hohen Aufwand. Die Magd wurde, war sie schwanger, aus dem Dienst entlassen.

<small>Sklaven und Gesinde in Häusern der Reichen</small> In reicheren Häusern war der Hausvater von den Bürden der harten landwirtschaftlichen Arbeit mindestens teilweise befreit, da die *dmóes* und *oikées* einen wesentlichen Teil der Arbeit übernahmen. Aufgrund der höheren Einkünfte konnten die *áristoi* den Preis für den Kauf eines in Unfreiheit geratenen Menschen aufbringen. In den Epen sind Preise von vier, in einem anderen Fall von zwanzig Ochsen angegeben. In den Häusern der *áristoi* arbeiteten also freie und unfreie Hausleute nebeneinander. Eine stärkere Differenzierung und Hierarchie insbesondere bei der Viehzucht (Oberhirt, Rinderknecht, Ziegenhirt, Schweinehirt) zeugt von einer größeren Zahl von Hausleuten, die nicht nur – wie bei den mittleren Bauern – für ein Jahr, sondern langfristig in den Oikos integriert waren. Dem freien und unfreien Gesinde wurden eheähnliche Beziehungen gestattet; aus diesen Verbindungen hervorgehende Kinder oder Kinder einer Sklavin, deren Vater der Herr war, wurden mit den eigenen Hauskindern großgezogen.

3.4 Tod und Bestattung

Betrauert wurde der Verstorbene im Kreis der Familie. Die Bestattung vollzog sich in drei Schritten, die Aufbahrung des Toten im Haus (*próthesis*), der <small>Aufbahrung des Toten</small> Trauerzug zum Grab (*ekphorá*) und die eigentliche Beisetzung. Für die Aufbahrung im Haus wurde der Leichnam gewaschen, gesalbt und in ein Leichentuch gehüllt. Blumengebinde legte man zu dem auf eine Kline gebetteten Toten, der im offenen Hof oder im Vorraum aufgebahrt wurde. Einen Tag lang nahmen Angehörige und Verwandte Abschied, stimmten die Totenklage an, ihre Hände im Trauergestus erhoben, wie es zahlreiche Darstellungen auf geometrischen und archaischen Vasen zeigen. Gedungene Klagefrauen konnten hinzugezogen werden, deren ekstatische Klage den Betroffenen half, ihrem Schmerz Ausdruck zu verleihen. Am dritten Tag geleitete die <small>Bestattung</small> Trauergemeinde früh am Morgen den Toten zum Friedhof. Der Leichnam wurde verbrannt oder bestattet. Beide Formen bestanden nebeneinander, auch wenn die schriftlichen Quellen, die Epen, von der Brandbestattung ausgehen. Der Tote wurde auf dem Scheiterhaufen verbrannt, dann die Reste des Leichenbrands in einem Gefäß gesammelt und in das Grab niedergelegt. Opfer wurden dargebracht, dem Toten Gefäße und Speisen mit ins Grab gegeben, so dass er symbolisch am Mahl teilhatte. Mahlzeiten, die ursprünglich am Grab selbst stattfanden, wurden in archaischer Zeit vorwiegend im Haus abgehalten. Da der Tod eine Befleckung bedeutete, wurde das Haus nach der Beisetzung mit Wasser rituell gereinigt. Über dem Grab wurde ein Grabhügel aufgehäuft; rechteckige, mit Stuck überzogene Grabbauten lehnten sich daran an. Ein steinernes Grabmal oder ein bemaltes Gefäß aus Ton kennzeichnete das Grab. In bestimmten Abständen versammelten sich die Familienmitglieder am Grab, um dem Toten und den Totengöttern Opfer zu bringen.

Bestattung und Bestattungsbräuche erfüllten mehrere Funktionen. Sie waren Äußerung von Zuneigung und Achtung, die dem Verstorbenen zum letzten Mal bekundet wurde, galten als religiöse Pflicht, die mit Opfern erfüllt wurde. In einem prunkvollen Begräbnis, in aufwändigen Grabbauten und durch kostbare Beigaben wurde die soziale Position der Familie demonstriert. Durch die Einhaltung der Bestattungsbräuche sollte aber auch eine posthume Existenz des Verstorbenen gesichert werden, ein Übergehen der Seele in das Totenreich. Hoch- und Landesverrätern wurde eine Bestattung verweigert, um ein Gedenken an sie zu unterbinden; ihre Seelen irrten nach antiken Vorstellungen ruhelos umher. *Funktionen der Bestattungsbräuche*

Durch Gesetze Solons wurde in Athen der Ablauf bei der Bestattung geregelt. Die *próthesis* hatte im Haus, die *ekphorá* am dritten Tag vor Sonnenaufgang stattzufinden. Der Kreis der Teilnehmer wurde beschränkt; bestimmte Trauersitten wie das Zerkratzen der Wangen oder der Vortrag kunstvoller Trauergesänge (nicht die spontane Trauerklage) wurden verboten. Auch durfte kein Rind am Grab geopfert werden. Damit unterschied sich eine Bestattung im 6. Jh. deutlich von denen homerischer Helden, wie sie in *Ilias* und *Odyssee* besungen sind. In den Epen wurden Pferde oder getötete Feinde mit auf dem Scheiterhaufen verbrannt, als Zeichen der Trauer ließen sich die Hinterbliebenen das Haar wachsen, schütteten Asche aufs Haupt, wälzten sich in Schmutz und Kot, verzichteten auf Speise, Trank und sexuellen Verkehr. Gedungene Klageweiber schlugen sich Wangen und Brust blutig. Zu Ehren des Toten wurden Leichenspiele abgehalten. Die Zeit der Aufbahrung währte 9 oder sogar 17 Tage. Macht, Ansehen und Reichtum des Toten wurden also eindrücklich demonstriert. Ähnlich wie in Athen sind auch aus anderen griechischen Städten Gesetze bekannt, die die Bestattung und die Trauerformen regelten, übergroßen Aufwand und rituelle Klage begrenzten. Am Ende des 6. oder am Anfang des 5. Jh. wurden in Athen zusätzlich zu Solons Gesetzen Größe und Ausstattung des Grabmals festgelegt. Bereits im Laufe des 6. Jh. aber war der Bestattungsbrauch bescheidener geworden: Grabhügel und Grabbauten waren kleiner geworden; Körperbestattungen mit bescheidenen Beigaben überwogen. Die Grabplastik fand im späten 6. Jh. ein vorläufiges Ende. *Bestattungsgesetze*

Einen regelrechten Ahnenkult kennt die griechische Gesellschaft nicht. Schon in den homerischen Epen wird neben dem Namen meist nur der Vatersnamen angegeben; nur in sehr wenigen Fällen lässt sich eine Familie über mehrere Generationen zurückverfolgen. Gentilnamen wie im Römischen, über die Familien über Jahrhunderte hinweg zurückverfolgt werden konnten, kannten die Griechen nicht. So erstaunt es nicht, dass es keinen Kult für die Ahnen gab, die anlässlich des Todes eines Familienmitglieds in Szene *Fehlender Ahnenkult* gesetzt wurden. Beim Trauerzug wurde keines Vorfahren gedacht, keine Masken berühmter Vertreter der Familie mitgeführt. Eine wie ein Triumphzug ausgestaltete *pompa funebris* gab es in Athen nicht. Ein Ahnenkult stützt in der Regel die Position des Hausvaters, der das Bindeglied zwischen den Ahnen und den späteren Generationen ist. Die schwache Position des auf das Altenteil gegangenen Vaters findet also im fehlenden Ahnenkult ihre Entsprechung.

3.5 Das Haus. Wohnung und Arbeitsstätte

Bauweise In archaischer Zeit vollzog sich ein markanter Wandel der Hausformen. Im Laufe des 8. Jh. v. Chr. wurden Häuser aus Lehm-Flechtwerk durch Steinarchitekturen, zumindest im Sockelbereich, abgelöst. Apsis- bzw. Ovalhäuser, die im 8. Jh. verbreitet waren und auch im 7. Jh. noch als Einzelhäuser in den Siedlungen zu finden sind, wurden zunehmend durch Rechteckbauten ersetzt, vielleicht um mehr Häuser auf begrenztem Raum bauen zu können. Die Rechteckhäuser mit nur einem, seit dem 6. Jh. dann zunehmend mit zwei Räumen, stehen teilweise im Verband. So wurden aus Siedlungen mit isoliert stehenden Häusern Konglomeratsiedlungen, die später auch regelmäßig angelegt und in ein orthogonales Straßennetz eingebunden wurden.

Hausformen Die Häuser des 7. und 6. Jh. nehmen eine Grundfläche zwischen 20 und 40 qm ein. Bei den Zweiraumhäusern diente der rückwärtige Raum als Vorratsraum. Herausgehoben sind Antenhäuser, die bei meist größerer Grundfläche zusätzlich über einen offenen Vorraum verfügen. Es könnte sich hierbei um Versammlungshäuser, Kultbauten oder Häuser von *áristoi* handeln. Neben diesen einfachen Haustypen bildeten sich bereits seit dem späten 8. Jh. Hof- und Korridorhäuser aus, wobei dem offenen Hof oder dem gedeckten Korridor eine Verteilerfunktion zu den weiteren, nun vielfach drei Räumen zukam. Wiederum waren die hinteren Räume Vorratsräume, wie an der Wand entlang geführte Bänke deutlich machen, die zum Abstellen von Vorratsgefäßen dienten. Hofhäuser mit einer Grundfläche von 50 bis 160 qm sind die Vorformen der in klassischer Zeit verbreiteten Pastas- und Prostashäuser.

Vorrats- und Arbeitsräume Da in den Häusern der archaischen Zeit die größten Räume als Vorratsräume dienten, wird sich das Leben und die hauswirtschaftliche Arbeit weitgehend auf dem Platz vor dem Haus oder in dem großen offenen Hof abgespielt haben. Webgewichte und handgefertigte Gefäße zeugen von hauswirtschaftlicher Produktion. Werkstätten von Handwerkern lassen sich in den archaischen Siedlungen nur selten nachweisen.

Einfache Wohnverhältnisse Die Wohnverhältnisse waren in archaischer Zeit sehr einfach. Das Einraumhaus mit multifunktionaler Nutzung schloss eine Privatheit der Familie aus. In nur einem Raum wurden Vorräte verwahrt, Kleidung gefertigt, Essen zubereitet. Erst das Wohnen im Mehrraumhaus, das den Platz vor dem Haus in Form eines offenen Hofs integrierte, trennte die Familie von der dörflichen

Gemeinschaft stärker ab. Eine geschlechtsspezifische Trennung der Räume gab es aber noch nicht. Die Hausformen spiegeln den weitgehend bäuerlichen, von Subsistenzwirtschaft geprägten Charakter der Gesellschaft. In dieser Zeit diente das Haus noch kaum dazu, eine höhere soziale Stellung zu demonstrieren.

3.6 Die Integration des Hauses in die Gesellschaft

Die vorherrschende Siedlungsweise in geschlossenen Dörfern oder „Ackerbürgerstädten" (Max Weber) ermöglichte eine Einbindung der Bauern in eine nachbarliche Solidargemeinschaft. Dabei galten alle eigenständig wirtschaftenden Bauern, die einem eigenen Oikos vorstanden, als Nachbarn (*geítones*) im Dorf. So fanden die Bauern in Zeiten der Not viele helfende Hände, die Nahrung und Saatgut, einen Pflugochsen oder einen Wagen ausliehen und bei Feuer oder wilden Tieren herbeieilten. Wer die Hilfe der anderen in Anspruch nehmen wollte, musste aber die Verhaltensnormen der bäuerlichen Dorfgemeinschaft einhalten. In einer speziellen Kommunikationsform, dem mahnenden Spruch bzw. Sprichwort, wurden die Verhaltenserwartungen von Generation zu Generation weitergegeben. Das enge Normengeflecht deckte alle Bereiche des bäuerlichen Lebens und Arbeitens ab. Gegenseitig forderten die Bauern voneinander Arbeitsamkeit, Rechtschaffenheit der Arbeit und Solidarität mit den Nachbarn, aber auch ein konformes Verhalten im Oikos: Sie mussten z. B. die hausväterliche Autorität gegenüber der Frau wahren oder die alten Eltern ernähren. Die bäuerlichen Gemeinschaften stellen also traditionale Gesellschaften dar. Wer die bäuerlichen Normen missachtete und das geordnete Zusammenleben in der Dorfgemeinschaft gefährdete, wurde gestraft. Dabei wandten die Bauern spezifische Strafrituale an, sog. Rügebräuche. An Festtagen, an denen auf symbolische Weise die kultische Reinheit der Gemeinschaft wieder hergestellt wurde, um so die von den Göttern gewährte Fruchtbarkeit der Äcker, Herden und Menschen zu sichern, zog die ledige Dorfjugend zum Haus des Devianten, um ihn durch Einschlagen der Türe, Herausfordern aus dem Haus, Zerstörung des Ofens oder Brunnens oder bei schweren Verstößen auch durch Abdecken des Dachs, Heimsuchung und Ausfressung oder gar eine vollständige Hauswüstung zu rügen.

In Athen baute die solonische Gesetzgebung (um 600 v. Chr.) auf den Normen und Werten, teilweise auch auf den Strafen der bäuerlichen Dorfgemeinschaft auf. Verbindliche Rechtsverfahren wurden eingeführt, und dadurch konnte ein Deviant oder derjenige, der Schaden angerichtet hatte, vor ein Gericht gezwungen werden. Wesentliche Bestandteile der bäuerlichen Ordnung wurden damit verschriftet. Die solonischen Gesetze enthalten viele Bestimmungen über die Heirat, die Form der Hofübergabe, die hausväterliche Gewalt oder den Diebstahl von Hausgut. Eine Vernachlässigung des Hofes durch Faulheit war ebenso unter Strafe gestellt wie die

Bäuerliche Nachbarschaft

Verschriftung des Rechts

Weigerung des alten Vaters, trotz Nachlassens der körperlichen und geistigen Kräfte die Hausgewalt zu übergeben. Durch die Regelung testamentarischer Verfügungen und Adoptionen, die nur möglich waren, wenn eheliche Söhne fehlten, und durch Epiklerosregelungen wurde eine Kumulation von Landbesitz durch Erbschaft verhindert und der Besitz in der männlichen Verwandtschaft gehalten. Zur Aufhebung der Schulden (*seisáchtheia*) trat das Verbot, Zugriff auf den Schuldner zu nehmen. Ein Ausfuhrverbot landwirtschaftlicher Erzeugnisse (mit Ausnahme von Öl) sicherte die Versorgung der Bevölkerung. In einem speziellen Rechtsverfahren (*díke aikeías*) wurden die bäuerlichen Rügebräuche verboten. Öffentlich, auf dem zentralen Platz vollzogene peinliche oder entehrende Strafen, wie das Binden an den Pranger, wurden zwar noch praktiziert, traten aber hinter regulären Rechtsverfahren mit objektivierten Strafen (vielfach Geldstrafen) zurück. An diesen Bestimmungen wird deutlich, wie stark die Polis als Gesamtheit aller Bürger die Belange der Häuser regelte und sich dabei nicht mehr an einer rein bäuerlichen Denk- und Lebensweise orientierte, sondern als eigenständige normsetzende Instanz auftrat.

Oberschicht War für die Bauern die Vernetzung in eine polyadische Nachbarschaft der beste Garant für eine Unterstützung in der Not, so standen die *áristoi* der Dorfgemeinschaft mit ihren einengenden Verhaltensnormen reserviert gegenüber. Sie waren bemüht, sich in ihrer Lebensweise von den Bauern abzusetzen. Statt gute Nachbarschaft zu pflegen, suchten sie den Umgang *Gefährten* mit ihresgleichen, knüpften Freundschaftsbeziehungen. Die Gefährten, *hetaíroi*, konnten Freunde sein, zwischen denen eine enge, auch emotionale Verbindung bestand, die einander guten Rat erteilten, gemeinsam zu Kriegs- und Beutezügen aufbrachen und Freude und Leid teilten (*sympatheín*). In abendlichen Zusammenkünften, den Symposien, vergewisserten sich die *áristoi* ihrer herausgehobenen Stellung und einer eigenen Werteordnung. Mit dem Vortrag von Lyrik und Epik, in Begleitung von Musikinstrumenten vorgetragen, pflegten sie eine Kommunikationsform, die sich markant von der der bäuerlichen Schicht unterschied. Die *hetaíroi* konnten aber auch eine Gefolgschaft bilden und sich aus Personen zusammensetzen, die nicht auf gleicher sozialer Stufe standen. Mit auswärtigen *áristoi* wurden Gastfreundschaften unterhalten, die mitunter vom Vater übernommen worden *Gastfreunde* waren. Die Gastfreunde (*xénoi*) boten Aufnahme in der Fremde, ein Bad und Essen, gaben Geleit, halfen nach einer Flucht oder Vertreibung aus der Heimat. Der Kontakt mit vielen und weit entfernten Gastfreunden und die kostbaren Gastgeschenke steigerten das Ansehen in der eigenen Gemeinschaft.

Heiratsverbindungen Das Heiratsverhalten von Bauern und *áristoi* orientierte sich an diesen unterschiedlichen Formen sozialer Vernetzung. Wurden Bauern in mahnenden Sprüchen dazu angehalten, eine Frau aus dem Dorf zu heiraten (lokale Endogamie), so warben *áristoi* um die Töchter anderer *áristoi* in ihrer Polis oder auswärtiger Familien (Homogamie). Insbesondere in der Zeit der älteren Tyrannis finden sich zahlreiche Beispiele für politische Heiratsverbindungen. So hatte der Athener Kylon die Tochter des Tyrannen Theagenes von Megara, Peisistratos die Tochter eines argivischen Adeligen, Megakles die Tochter des Tyrannen von Sikyon geheiratet.

Die frühgriechische Gesellschaft kannte keine Großfamilien, Klanfamilien oder andere zusammen wohnenden Familienverbände. Die Zugehörigkeit zu den bereits in den homerischen Epen nachgewiesenen ‚Bruderschaften' (*phratríai*) wurde zwar vom Vater auf den Sohn übertragen, doch stellten die Phratrien bereits in dieser Zeit eher fiktive (da im Einzelnen nicht mehr nachvollziehbare) Verwandtschaftsverbände dar. Sie trugen zu einer sozialen Integration bei, indem *phráteres* bei Familienzerwürfnissen eingriffen. Wenn unmittelbare Verwandte fehlten, übernahmen sie die Verpflichtung zur Blutrache. Bei militärischen Unternehmungen war das Heer nach Phratrien und Phylen untergliedert, um die integrative Kraft dieser Institutionen zu nutzen. Kultfeiern von Phratrien sind in archaischer Zeit noch nicht nachzuweisen, aber wohl vorauszusetzen. Phratrien und die übergeordneten Phylen bildeten in vielen Poleis eine Binnengliederung, die in klassischer Zeit an Bedeutung gewann.

<small>Phratrien und Phylen</small>

Neben den Phratrien und Phylen gab es Kultgemeinschaften, deren wichtigste Aufgabe die jährliche Durchführung von Opferfesten zu Ehren eines Heros oder einer Gottheit war. Diese *orgeónes* wurden wie andere Familien- und Geschlechterverbände (*géne*) im Laufe der Zeit in die Phratrien integriert. Gegenüber diesen Institutionen blieb aber der Oikos als Grundelement der Gesellschaft stets dominant. Die relativ geringe Bedeutung solcher Familien- und Geschlechterverbände geht einher mit dem Fehlen eines ausgeprägten Ahnenkults.

<small>Kultgemeinschaften</small>

4. Haus und Familie in Athen in klassischer Zeit

4.1 Die wirtschaftliche Grundlage des Hauses

In klassischer Zeit blieb die Landwirtschaft die wirtschaftliche Grundlage der meisten Häuser. Insofern prägte die Arbeit auf dem eigenen Feld weiterhin die familialen Strukturen und die Werteordnung. Die attischen Bauern waren stolz darauf, *auturgós*, also eigenständig wirtschaftender Bauer zu sein. Viele Charakteristika der archaischen Zeit bestanden fort, so z. B. die geschlechtsspezifische Arbeitsteilung, die dem Mann die Arbeiten auf dem Feld und bei den Tieren, der Frau die Arbeiten im und um das Haus zuwies. Die wichtigsten Anbauprodukte waren Getreide, Hülsenfrüchte, Oliven, Wein und Feigen. Der Anbau von Gerste könnte in klassischer Zeit abgenommen haben, da aus dem Schwarzmeergebiet Weizen in großen Mengen importiert wurde. Obwohl zahlreiche andere Erwerbsformen neben die Landwirtschaft traten, blieb Landbesitz mit einem hohen Sozialprestige

<small>Landwirtschaft</small>

verbunden. Die wirtschaftliche Prosperität, die Athen aufgrund seiner hegemonialen Stellung in der Ägäis und der großen Anziehungskraft für Fremde genoss, sicherte die Existenz auch vieler Bauern ab. Im 5. Jh. erhielten viele Bauern in Kolonien, die Athen in der Ägäis und in Nordgriechenland auf dem Gebiet vertriebener Gegner oder abgefallener Bundesgenossen angelegt hatten, als Kleruchen Landlose. Ließ sich einer von mehreren Brüdern für ein Landlos in einer Kleruchie einschreiben, schützte dies die in Athen verbleibende Familie vor einer zu starken Erbteilung. Auch innerhalb Attikas wurden vorher wirtschaftlich nicht genutzte Gebiete erschlossen, so dass davon auszugehen ist, dass die Anbauflächen in der Antike größer waren als heute. So verwundert es nicht, dass Nachrichten über eine weitverbreitete Verschuldung attischer Bauern für die klassische Zeit fehlen, trotz der weiterhin praktizierten Realteilung. Wie stark in dieser Zeit landwirtschaftlich genutzter Boden den Besitzer wechselte, ist nur schwer einzuschätzen. Vereinzelt gibt es Nachrichten von Verkauf bzw. Verpachtung von Land, sei es im Zuge von Kriegseinwirkungen, sei es nach Besitzkonfiskationen. Gegen die Annahme, dass Land zu einem Spekulationsobjekt geworden war, spricht aber die Tatsache, dass die Bewohner Attikas zu einem hohen Prozentsatz in ihren angestammten Siedlungen, den Demen, wohnen blieben. Im 4. Jh. mag es zwar zu einer gewissen Konzentration von Landbesitz in den Händen reicher Athener gekommen sein, doch blieb Landwirtschaft auf eigenem Boden die Haupterwerbsquelle vieler athenischer Häuser. Das Recht, Land zu besitzen, war weiterhin auf attische Bürger beschränkt. Die in hoher Zahl nach Athen gekommenen, langfristig dort lebenden Fremden (*métoikoi*) oder freigelassene Sklaven konnten nur Land pachten oder sich gegen Lohn als Erntehelfer oder Tagelöhner verdingen.

Handwerk und Handel
Zur relativ gesicherten Existenz der attischen Bauern trug auch bei, dass sich im 5. Jh. in Athen selbst und im Piräus städtische Zentren entwickelt hatten, in denen Handwerk, Handel und Gewerbe florierten. Viele Athener aus niedrigen sozialen Schichten, aber auch Metöken und Freigelassene fanden dort neue Verdienstmöglichkeiten. Die Komödien des Aristophanes und Berufsangaben auf attischen Grabinschriften zeugen von einer sehr weitgehenden Diversifizierung von Tätigkeiten. Genannt sind Gerber, Schuhmacher, Schuhflicker und Sandalenmacher, Gold-, Silber- und Bronzeschmiede, Steinmetze, Zimmerleute und Töpfer, Bettenmacher, Siegelringschneider und Leimkocher, Wollflechter und Wäscher, Bäcker und Metzger, Verkäufer von Brot und Gerste, von Sesam, Nüssen, Hülsenfrüchten, Rosinen, Hanf oder Weihrauch. Stände auf dem Markt und kleine Läden sowie Schankstuben wurden auch von Frauen betrieben. Im Einzelfall lässt sich nicht unterscheiden, ob es sich bei diesen Gewerbetreibenden um attische Bürger, Metöken oder Freigelassene handelt. Auch wenn mancher von ihnen durch Fernhandel, Bankgeschäfte oder als Betreiber einer größeren Manufaktur, in der mehrere Sklaven arbeiteten, zu Reichtum gelangte, so gehörte doch das Gros der Gewerbetreibenden den unteren sozialen

Schichten an. Im 5. und 4. Jh. war also neben der dominierenden bäuerlichen Welt ein städtisches Leben entstanden, geprägt durch buntes Markttreiben. Die frühere Einheitlichkeit einer bäuerlichen Werteordnung bestand damit nicht mehr. Handwerker rühmten sich ihrer technischen Geschicklichkeit und ihres Gewerbefleißes. Gradmesser für die soziale Position waren nicht mehr allein die Größe des Landes und die Zahl der Pflugochsen, sondern der Beruf und der Reichtum.

Ob sich in klassischer Zeit bei Handwerkern und Händlern die familialen Strukturen veränderten, lässt sich mangels aussagekräftiger Quellen nicht beantworten. Möglich wäre, dass eine Hausübergabe zu Lebzeiten nicht durchgängig praktiziert wurde, da körperliche Kraft für die Ausübung vieler Berufe nicht notwendig war. Konkrete Hinweise dafür fehlen allerdings. Besondere Rechtsformen, die es erlaubten, dem Haussohn ein Teilvermögen (analog dem römischen *peculium*) zum eigenständigen Wirtschaften zu übertragen, haben sich nicht herausgebildet. Auch zunft- oder gildeähnliche Einrichtungen, die handwerkliches Können prüften, eine spezielle Ausbildung festschrieben, die Zulassung fremder Gewerbetreibender genehmigten oder einen gesellschaftlichen Komment vorschrieben, fehlen im klassischen Athen. Trotz der starken beruflichen Ausdifferenzierung blieb das Haus die Basis der antiken Wirtschaft. Vom Haus losgelöste Manufakturen, Geldinstitute oder Handelskontore bildeten sich nicht heraus.

<small>Auswirkungen auf die familialen Strukturen</small>

4.2 Kindheit, Jugend und Erziehung

Zeugung und Geburt von Kindern folgten unmittelbar der Eheschließung und waren ausdrückliches Ziel der Ehe. Blieb die Ehe kinderlos, trennte sich der Hausvater von der Frau und adoptierte einen Herangewachsenen, der das Haus fortführen und ihn im Alter pflegen sollte. Für die Frau wurde eine neue Ehe arrangiert, in der Hoffnung, dass sie in dieser Ehe Kinder gebar. Männer und Frauen hatten also unterschiedliche Erwartungen an das Kind: Der Vater sah in ihm Sicherung und Fortexistenz des Hauses. Bei der Mutter stand in stärkerem Maße eine emotionale Beziehung zum Kind im Vordergrund. Dies schlug sich auch in der Anrede nieder: In seiner Beziehung zum Vater wurde das Kind *pais* genannt, worin eine Unterordnung unter die hausväterliche Autorität zum Ausdruck kam, denn auch der Sklave im Haus wurde *pais* gerufen; in seiner Beziehung zur Mutter wurde es *téknon* (das „Geborene") genannt, Ausdruck einer liebevollen Zuneigung.

<small>Kinder als Ziel einer Ehe</small>

Die Geburt von Kindern als Ziel der Ehe wurde in Ritualen zum Ausdruck gebracht. Am Vortag der Hochzeit wurde die Braut im Haus des Bräutigams mit einem kleinen Jungen, der Bräutigam im Haus der Braut mit einem kleinen Mädchen zusammengebettet, wobei es sich um *paídes amphithaleís* handelte, also Kinder, deren beide Eltern noch lebten. Symbolisch kommt dadurch der Wunsch nach Kindern und einer ‚intakten' Familie zum Ausdruck, verständlich angesichts hoher Kindersterblichkeit. Bezeichnend ist

<small>Kinderwunsch</small>

darüber hinaus, dass dieser Brauch wechselseitig vollzogen wurde. Versinnbildlicht wurde nicht nur die Fortsetzung des Hauses des Ehemannes durch einen Sohn, sondern auch eine gesellschaftliche Reproduktion durch ‚Abgabe' einer Tochter an ein anderes Haus. Wenn sich auf der einen Seite kinderlos gebliebene Paare trennten und auf der anderen Seite Belege dafür fehlen, dass eine Ehe geschieden wurde, weil eine gemeinsame Basis nicht mehr vorhanden war, zeugt dies von grundlegenden Unterschieden zu den Auffassungen in modernen westlichen Gesellschaften und verweist darauf, dass die Eltern-Kind-Beziehung in der Antike als primäre gegenüber der ehelichen Beziehung gewertet wurde.

Geburt und Aufnahme in die Familie

Bei der Geburt halfen herbeigerufene Hebammen und Nachbarinnen, die selbst bereits Geburten durchgestanden hatten. Grabsteine mit Reliefs, auf denen eine mit Wehen einsetzende Geburt dargestellt ist, waren für Frauen errichtet, die bei der Geburt verstorben waren. Am 5. oder 7. Tag nach der Geburt wurde beim Fest der *Amphidrómia* das Kind in die Familie aufgenommen, wobei der Säugling um das Herdfeuer als Symbol der Hausgemeinschaft getragen wurde. Im Beisein von Verwandten wurde dem Kind am Fest der *Dekáte*, also am 10. Tag, ein Name gegeben. Einen Familiennamen gab es nicht. Dem Rufnamen wurde vielfach der Vatersname im Genitiv („Sohn des …") beigefügt, um die Zugehörigkeit zu einem bestimmten Haus kenntlich zu machen. Außerdem wurde häufig ein Bestandteil des meist zweigliedrigen Namens an die nächste Generation weitergegeben (z. B. Philo-ktemon als Sohn des Eu-ktemon). Es herrschte also Nachbenennung und Namenvariation vor, wobei es sich vielfach um sprechende Namen handelte, in denen Wertvorstellungen zum Ausdruck kamen (z. B. bei *áristos* oder *démos* als Namensbestandteil).

Namengebung

Kindesaussetzung

Dem Hausvater oblag die Entscheidung, ob er das Neugeborene in die Hausgemeinschaft aufnahm oder es aussetzen ließ. Wenn das Kind ausgesetzt wurde, geschah dies unmittelbar nach der Geburt. Über die Zahl ausgesetzter Kinder liegen keine antiken Angaben vor. Meist waren es missgestaltete Kinder und außerehelich bzw. nach einer Vergewaltigung geborene Kinder. Aber auch ‚überzählige' Kinder, die zu einer starken Aufsplitterung des Besitzes in der nächsten Generation beigetragen hätten oder deren Aufzucht aus wirtschaftlicher Not nicht tragbar schien, wurden ausgesetzt. Da ein Sohn für die Weiterführung des Hauses notwendig war, wurden eher Mädchen als Jungen ausgesetzt.

Gesellschaftliche Bewertung der Aussetzung

Die Haltung der Betroffenen und der Gesellschaft hinsichtlich der Aussetzung war ambivalent. Auf der einen Seite wurde eine Aussetzung in keiner Weise angeprangert, konnte daher auch Erzählmotiv in Komödien sein. Gesetze, die eine Aussetzung (oder eine Abtreibung) verboten oder sie mit einer Kindstötung gleichsetzten, gab es nicht. Die Quellen machen auf der anderen Seite deutlich, dass eine Aussetzung als Grenzsituation erfahren wurde. Orte der Aussetzung waren in der Regel unwegsame Regionen, wo in den Aussetzungsmythen die Neugeborenen von Hirten gefunden oder von Hunden oder Wölfen gesäugt wurden. In den Mythen und in den Komödien Menanders enden die Aussetzungen stets glücklich mit der Auffindung und Aufnahme des Kindes. Dass die Mutter dem ausgesetzten Säugling Erkennungszeichen (*gnorísmata*) beilegte, zeugt von der Hoffnung, dass das Kind gefunden werde, aber auch von der Zwangssituation, in der sich die Mutter befand, die das Neugeborene aus Scham wegen einer unehelichen Geburt und aus Angst vor dem Hausvater aussetzte, statt es aufziehen zu können. Die Begleitumstände und die Ausgestaltung der Mythen und Komödien zeigen, dass die Gesellschaft mit dem qualvollen Tod ausgesetzter Kinder nicht konfrontiert werden wollte; dies war tabu, hätte die Akzeptanz der Aussetzung als Mittel der Familienplanung in Frage gestellt. Daher wurde begrifflich nie von „Tötung", sondern nur von einem am Boden „Liegenlassen" oder „Aussetzen" (*ektithénai*), von einem Verweigern von Nahrung gesprochen. Erst spätere, insbesondere christliche Autoren benennen die Aussetzung als Tötung und kehren die Grausamkeit der Tat nach außen. Während in klassischer und hellenistischer Zeit die Aussetzung als Akt der Gewalt verschleiert wurde, zielten christliche Autoren durch die bewusste Etikettierung als Gewalt auf eine Skandalisierung mit dem Zweck der Anprangerung und einer Moralisierung von Schuld.

Zeugung und Geburt sollten auf die Ehe beschränkt sein. Der Makel einer unehelichen Schwangerschaft wird im Mythos dadurch gemildert, dass ein Gott oder Heros das Mädchen zum Geschlechtsverkehr verführt oder gezwungen hatte. Um eine uneheliche Schwangerschaft zu verhindern, achteten der Hausvater und später der Ehemann streng darauf, dass die Frau keine engeren Beziehungen zu anderen Männern aufnahm. Nach der Geburt von Kindern ließ diese Sorge nach; der Mann brachte seiner Frau größeres Vertrauen entgegen und räumte ihr eine größere Bewegungsfreiheit ein. Bastarde (*nóthoi*) sind zwar in den Quellen belegt, doch ihre Zahl war gering. [Uneheliche Schwangerschaft]

Während des ersten Lebensjahres wurden die neugeborenen Kinder beim Fest der Apaturien den Mitgliedern der Phratrie vorgestellt und in deren Verzeichnis eingetragen. Bei einem Brandopfer musste der Vater einen Eid schwören, dass das Kind aus einer rechtmäßigen Ehe (seit 451/50 mit einer Athenerin) stammte. Adoptivsöhne wurden nach der Adoption ebenfalls der Phratrie vorgestellt. In Athen konnte also der Hausvater nicht allein über das Recht am Erbe und das Bürgerrecht eines Kindes entscheiden; gebunden war dies an eine gemeinschaftliche Kontrolle, zunächst der Phratrie, dann der Dorfgemeinschaft (*démos*). Dadurch wurde verhindert, dass ein Hausvater, der keine rechtmäßigen Kinder hatte oder dessen Kinder verstorben waren, uneheliche Kinder oder fremde Personen in die Hausnachfolge einsetzte. Stärker als in archaischer Zeit waren damit Bastarde von Rechten in Familie und Polis ausgeschlossen. [Anerkennung rechtmäßiger Kinder]

War die Mutter nach der Geburt gestorben oder hatte sie nicht genug Milch, wurde eine Amme ins Haus geholt, die das Kind stillte. Ammen waren in der Regel Sklavinnen oder Frauen aus niedrigen sozialen Schichten. [Ammen]

Politische Denker forderten, freie Frauen anständigen Charakters ins Haus zu holen, denn mit der Milch übertrage sich ihr Charakter auf den des Kindes. Blieben Ammen als Kinderfrauen lange Jahre im Haus, entwickelte sich zwischen ihnen und ihren Zöglingen eine enge und vertraute Beziehung, die häufig bis ins Erwachsenenalter reichte. Aus Dankbarkeit blieben die Ammen bis ins hohe Alter im Haus, erhielten nach ihrem Tod von ihrem Herrn einen Grabstein.

Frühe Kindheit Die Stillzeit war mit zwei bis drei Jahren relativ lang. In dieser Zeit wurde das Kind stockgewickelt, also eng in Wickelbänder gebunden, um so die Glieder zu formen und zu stützen und Verletzungen der Augen zu vermeiden. Mit Armen und Beinen eng umwickelt konnte man die Kinder länger unbeaufsichtigt lassen, der Arbeit am Webstuhl oder im Garten nachgehen. Die ersten Jahre verbrachte das Kind in der Obhut der Frauen im Haus. Kleine Kinder wurden in dieser Phase verwöhnt und gehätschelt. Auch im Verhältnis zum Vater gab es keine bewusste Distanzierung; er gab dem kleinen Sohn zu trinken und zu essen, kaufte ihm Spielzeug. Diese Zeit heiteren, zweckfreien Spielens reichte bis zum siebten Lebensjahr.

Schulen Seit dem Ende des 6. Jh. sind Elementarschulen belegt, die offenbar von sehr vielen Kindern besucht wurden. Eine Schulpflicht gab es nicht. Der Schulbesuch wurde von den Eltern bezahlt, doch dürfte der zu zahlende Betrag gering gewesen sein, da die Schülergruppen sehr groß waren. Vermittelt wurden elementare Kenntnisse im Lesen, Schreiben und Rechnen. Einen großen Anteil nahmen das Musizieren und sportliche Übungen ein. Zur Lyra oder Kithara sangen die Kinder Lieder; der *paidotríbes* unterrichtete sie im Sport in der Palaistra. Mit dem Vortrag und dem Auswendiglernen epischer und lyrischer Dichtung sollten die in diesen Werken enthaltenen Werte und Normen vermittelt werden. Begleitet war dies mit einer strengen Disziplin. Die Kinder hatten gegenüber Eltern und Lehrern Gehorsam zu üben, der notfalls auch mit Schlägen erzwungen wurde. Körperliche Züchtigung als Mittel der Erziehung bedurfte keiner Legitimation. Spätestens mit 14 Jahren endete für die meisten Kinder die Schule. Sie arbeiteten nun auf dem elterlichen Hof mit oder halfen dem Vater in dessen Werkstatt.

Höhere Bildung Kinder aus reichen Familien genossen mehr Freiraum, schlossen ein weiteres sportliches Training im Gymnasion und eine höhere Bildung bei den Sophisten an, von denen sie sich in die Kunst der Rhetorik und in philosophisches Gedankengut einweisen ließen. Ziel war das Erreichen einer *kalokagathía*, ein Streben nach dem „Guten und Schönen". Eine höhere Bildung wurde zu einem Distinktionsmerkmal, mit dem sich Reichere gegenüber Ärmeren absetzen konnten. Die im 5. Jh. entstehende höhere Bildung barg aber auch Konfliktstoff in sich. Ihr wurde vorgeworfen, sich nicht mehr an moralischen Werten zu orientieren, sondern durch geschickte Rhetorik die schwächere (und damit schlechtere) Sache zur stärkeren zu machen. In rhetorischen Übungen wurde alles hinterfragt, in Zweifel gezogen, argumentativ neu begründet. Tradition als solche galt nicht mehr als hinreichende Legitimation. Damit war aus einer relativ einheitlichen Werteordnung archaischer Zeit in klassischer Zeit eine ausdifferenzierte, in vielen Punkten sich widersprechende Ordnung geworden.

Darstellungen von Mädchen mit Schreibtafeln, von Mädchen auf dem Weg zur Schule, beim Tanzunterricht oder beim Sport zeigen, dass auch Mädchen an einer schulischen Ausbildung teilhatten, wahrscheinlich aber zu einem geringeren Anteil als Jungen. Viele Frauen werden also kaum haben lesen und schreiben können. Da Frauen relativ früh heirateten und Kinder gebaren, war ihnen die Teilnahme an einer höheren Bildung verwehrt.

Ausbildung von Mädchen

Päderastische Beziehungen waren im antiken Griechenland verbreitet und gesellschaftlich akzeptiert. Allerdings unterlagen sie einer strengen Reglementierung. Es war stets eine Verbindung zwischen einem älteren Liebenden (*erastés*) und einem jüngeren Geliebten (*erómenos*), wobei der ältere zwischen 20 und 30 Jahre, der jüngere zwischen 15 und 20 Jahre alt war. Spätestens mit der Heirat des älteren Partners hatte die Beziehung zu enden. Die Beziehung war auch eine sexuelle, doch dies bestimmte sie nicht allein. Das Verhältnis zielte auf das Schöne im jugendlichen Körper, auf körperliche Ästhetik und eine Erziehung des Jüngeren, der dem *erastés* nacheifern sollte. Dem Knaben wurden Geschenke überreicht, vor allem Tiere, die Kampf und Jagd symbolisierten (Hähne, Hasen). Zur gesellschaftlichen Akzeptanz wird beigetragen haben, dass das Heiratsalter bei Männern relativ hoch lag. Da junge Frauen bei der Hochzeit sexuell unberührt sein sollten, waren sexuelle Erfahrungen für Männer vor einer Ehe nur mit Hetären möglich. Es ist davon auszugehen, dass päderastische Beziehungen auf die Oberschicht beschränkt waren. Der auf aristokratische Ideale zielende Charakter der Beziehung scheint in klassischer Zeit zunehmend von den körperlichen Aspekten verdrängt worden zu sein, was die gesellschaftliche Akzeptanz beeinträchtigte. Darstellungen auf Vasen mit dem Motiv, dem *erómenos* Geschenke zu überreichen, endeten. Gesetzliche Regelungen verboten Beziehungen, bei denen Zwang angewandt wurde oder die auf Geldzahlungen beruhten; für die Palaistren wurden Regelungen erlassen, die die Jugendlichen vor Begehrlichkeiten Außenstehender schützen sollten. In der Neuen Komödie, also an der Wende vom 4. zum 3. Jh., finden sich keine Hinweise auf päderastische Beziehungen mehr, wozu andere Möglichkeiten, Ehepartner kennen zu lernen, beigetragen haben mögen, die stärker affektive Zuneigung berücksichtigten.

Päderastie

4.3 Heirat und Ehe. Die Stellung der Frau im Haus

Im antiken Griechenland war die Ehe – wie in vielen anderen vormodernen Gesellschaften – nicht auf die Erfüllung emotionaler Erwartungen, Liebe und Partnerschaft ausgerichtet. Die Eheschließung hatte sich den materiellen Interessen des bäuerlichen Hofes bzw. den sozialen oder politischen Interessen eines angesehenen Hauses unterzuordnen. Nicht selten führte ersteres zu Heiraten innerhalb der Verwandtschaft, um so das Hausvermögen in der

Heiratsstrategien

Familie zu halten, nicht durch eine Mitgift zu schmälern. Eine Heirat innerhalb der Verwandtschaft bekundete die starke Solidarität in der Familie. Verboten waren lediglich Ehen unter Vollgeschwistern und unter Halbgeschwistern, die aus einer ersten und einer zweiten Ehe der Mutter stammten. Solche Halbgeschwister hatten zwei verschiedene Väter, hätten also zwei Häuser beerben können. Durch das Verbot solcher Ehen wurde eine Besitzkumulation unterbunden. Heiraten zwischen Halbgeschwistern mit gleichem Vater, zwischen Onkel und Nichte oder zwischen Vetter und Cousine waren hingegen gestattet und sind in den Quellen hinreichend belegt. Darüber hinaus diente die Ehe dazu, Heiratsverbindungen herzustellen, sei es innerhalb der Oberschicht, um die Verbundenheit mit einer Familie zu stärken, deren Unterstützung man suchte, sei es im Kreis der bäuerlichen Nachbarschaft, um sich deren Solidarität zu versichern. Über Heiratsstrategien bei Händlern, Handwerkern und Gewerbetreibenden liegen keine aussagekräftigen Quellen vor. Angehörige reicher athenischer Häuser heirateten häufiger auch nichtathenische Frauen und schufen so persönliche Beziehungen über Athen hinaus. Das perikleische Bürgerrechtsgesetz von 451/50 gewährte nur demjenigen attisches Bürgerrecht, der väter- und mütterlicherseits von Athenern abstammte, und verhinderte fortan solche auswärtigen Eheverbindungen. Auch Ehen mit den in Athen zahlreich lebenden Metöken waren durch dieses Gesetz praktisch ausgeschlossen.

Entscheidung über die Ehe

Die Hauskinder standen (wie die Ehefrau) unter der Hausgewalt (*kyrieía*) des Vaters. Ein Brautwerber wandte sich also, wenn er eine Frau heiraten wollte, an deren Vater. Das Einverständnis der Tochter war nicht notwendig, ja die Entscheidung konnte ohne ihr Wissen getroffen werden, z. B. während eines fernab geführten Kriegszuges. Inwieweit unter normalen Umständen die Tochter dem Vater gegenüber oder über die Mutter Wünsche äußern konnte, entzieht sich unserer Kenntnis. Formell lag die Entscheidung stets beim Hausvater. Lebte der Vater nicht mehr, traf ihr erwachsener Bruder bzw. der nächste männliche Verwandte, der ihr *kýrios* war, die Entscheidung. Lediglich die Frau, die im Haus ihres Mannes Kinder geboren hatte und zur Witwe geworden war, konnte selbst entscheiden, ob sie unverheiratet im Haus des Sohnes bleiben, in ihr Elternhaus zurückkehren oder eine neue Ehe eingehen wollte.

Brautraub

Anders als die Frau traf der Mann die Wahl einer Ehepartnerin in der Regel selbst. Er wandte sich an den Brautvater und versuchte von ihm ein Heiratsversprechen (*engýe*) zu erhalten. Die Möglichkeit des Brautraubs im Falle einer Ablehnung bestand in klassischer Zeit wahrscheinlich nicht mehr; jedenfalls fehlen entsprechende Belege. Durch ein Gesetz Solons war der Brautraub unter Strafe gestellt worden, und die Tatsache, dass dieses Gesetz im 4. Jh. als ein Gesetz über Vergewaltigungen angesehen wurde, zeigt, dass der Brautraub in Vergessenheit geraten war.

4.3 Heirat und Ehe. Die Stellung der Frau im Haus

Über das Heiratsalter liegen nur wenige Quellen vor. Man wird davon ausgehen können, dass wie in archaischer Zeit das Heiratsalter des Mannes bei etwa 30 Jahren, das der Frau bei 15–20 Jahren lag. Der Mann warb um eine Frau, wenn er selbst die Position des Hausvaters übernahm. Wenn der Vater nicht vorzeitig starb, geschah dies, wenn der Mann etwa 30 Jahre alt war. Dieses Alter war auch Voraussetzung dafür, dass der Mann (nun verantwortlich für sein Haus) in Ämter gewählt oder Mitglied des Rates werden konnte. Ob dieses Zusammenfallen von Hausübernahme und Heirat auch für den nichtbäuerlichen Bereich galt, lässt sich nicht beantworten. Das sehr unterschiedliche Heiratsalter von Mann und Frau, das charakteristisch für das „Mediterranean marriage pattern" ist, stärkte die hausväterliche Gewalt des Mannes gegenüber der deutlich jüngeren Ehefrau; nicht selten gehörte der Ehemann eher der Generation des Brautvaters an.

<small>Heiratsalter</small>

Die Eheschließung erlangte nicht durch Beurkundung vor einem Amtsträger oder durch einen von einem Priester vollzogenen Ritus Rechtmäßigkeit, sondern war eine Angelegenheit allein der Häuser. Religiöse Zeremonien spielten zwar in Form von Opfern eine Rolle, wurden aber von den Mitgliedern der beiden Familien selbst ausgeführt. Dennoch ist die Rechtmäßigkeit der Ehe von entscheidender Bedeutung für den Status der Kinder. Kinder, die der Hausvater mit einer Sklavin oder einer Konkubine gezeugt hatte, konnten keinen Hausbesitz erben.

<small>Rechtmäßigkeit der Ehe</small>

Konstituiert wurde eine rechtmäßige Ehe durch eine Abfolge von sozialen Handlungen, deren brauchmäßige Festlegung rechtliche Verbindlichkeit schuf. Voraus ging die *engýe*, das Heiratsversprechen des Brautvaters bzw. des *kýrios* der Frau. Symbolisch wurde dies durch einen Handschlag besiegelt, wie Darstellungen auf Vasen zeigen. Eine gewisse Zeit später erfolgte die Hochzeitsfeier. Am Tag der Hochzeit versammelte sich die Familie im Haus der Braut, das mit Oliven- und Lorbeerzweigen geschmückt war. Im Haus fand ein Opfer am Hausaltar, anschließend ein Festmahl statt. Der Brautvater übergab dem Bräutigam die Braut (*ékdosis*), die mit einem Schleier und einem Kranz geschmückt war. Am Abend setzte sich der Hochzeitszug in Bewegung, unter dem Schein von Fackeln und in Begleitung von jungen Männern und Frauen, die zur Musik tanzten. Nach einem solonischen Gesetz hatte die Braut beim Hochzeitszug ein Gerät zum Rösten von Getreidekörnern tragen müssen. Der jungen Frau wurden also ihre neue Rolle im Haus und ihr Arbeitsbereich symbolisch zugewiesen. Im Haus des Bräutigams umschritt die Braut den Herd; über sie geschüttete Nüsse symbolisieren die Aufnahme in den Oikos. Mit der Hochzeitsnacht begann das ‚gemeinsame Zusammenleben', das *synoikeín*. *Engýe*, *ékdosis* und Beginn des *synoikeín* machten die Rechtmäßigkeit der Ehe aus; die am Hochzeitszug teilnehmenden oder ihm zuschauenden Menschen machten die Hochzeit zu einer öffentlichen Handlung. Alle sind zu Zeugen der neuen Verbindung geworden.

<small>Hochzeitsfeier</small>

Ehelosigkeit und Kinderlosigkeit

Eine Ehe war auf die Zeugung von Nachkommenschaft ausgerichtet. Überhaupt war eine bewusste Entscheidung, nicht zu heiraten (oder keine Kinder haben zu wollen), außergewöhnlich. Dass Heirat und Kinderzeugung als gesellschaftliche Norm aufgefasst wurden, zeigt das Gesetz Solons gegen Ehelosigkeit, über dessen Anwendung wir indes nichts erfahren, da die Heirat zumindest in den mittleren und oberen Schichten eine Selbstverständlichkeit war. Gingen aus einer Ehe keine Kinder hervor, konnte der Mann eine andere Frau als Nebenfrau (*pallakḗ*) ins Haus holen, um mit ihr Kinder zu zeugen. Da diese Lösung offenbar zu Spannungen im Haus führte, wurde in klassischer Zeit ein anderer Weg beschritten. Nach einigen Jahren kinderloser Ehe trennte sich der Ehemann von der Frau und gab sie, im Einvernehmen mit ihrer Familie und unter Auszahlung der Mitgift, einem anderen Mann in die Ehe, damit sie in dieser Ehe Kinder gebären konnte. Der Ehemann adoptierte einen jungen Mann, der sein Haus später übernahm. Eine Versorgung der Frau in einer anderen Ehe war auch deswegen notwendig, weil ein Adoptivsohn zum Unterhalt seines Adoptivvaters und seiner leiblichen Mutter, nicht aber der Frau des Adoptivvaters verpflichtet war.

Aufgaben der Frau im Haus

Mit der Eheschließung trat die junge Frau unter die Hausgewalt des Mannes. Aufgrund der *kyrieía* verwaltete er die Mitgift und vertrat seine Frau in öffentlichen und finanziellen Belangen. Die Frau wohnte fortan im Haus ihres Mannes; die virilokale Ehe war also der Regelfall. Die junge Frau trat in eine neue soziale Position ein, den Status einer verheirateten Frau. Sie war für alle Arbeiten, die in den weiblichen Arbeits- und Umgangsbereich fielen, verantwortlich, vielleicht anfangs angeleitet und unterstützt durch die Mutter des Ehemannes. Sie bereitete das Essen zu, fertigte durch Spinnen und Weben der Wolle Decken und Kleider, wies – wenn es solche im Haus gab – die Sklavinnen an, sorgte im bäuerlichen Haus für die Verarbeitung der landwirtschaftlichen Produkte und eine umsichtige Vorratshaltung. Zumindest in Athen gab es aber auch viele Frauen, die ärmeren oder nichtbäuerlichen Familien angehörten und zum Unterhalt der Familie beitragen mussten, indem sie auf dem Markt Waren feilboten, Gemüse, Obst oder Kräuter, Opferkuchen oder Brot verkauften oder in Garküchen fertig zubereitete Gerichte anboten. Frauen aus den oberen Schichten hatten indes der Erwartung zu entsprechen, ein eher zurückgezogenes Leben im Haus zu führen. Frauen waren aber nicht auf ein Leben innerhalb des Hauses beschränkt. Sie hatten rege Kontakte zu Nachbarinnen und nahmen an Kultfeiern in heiligen Bezirken teil.

Emotionalität in der Ehe

Auch wenn in der attischen Gesellschaft die Einstellung vorherrschte, dass eine Ehe nicht aus Liebe oder Zuneigung geschlossen werden sollte und die Erfordernisse des Hauses Priorität haben sollten, galt dennoch eine in Eintracht geführte Ehe als wünschenswert. Auch Liebe und Sexualität gehörten zu einer Ehe, durften aber die Interessen des Hauses nicht gefährden. Da attische Grabinschriften aus klassischer Zeit lapidar sind, erfahren wir aus ihnen nur selten etwas über typisch weibliche Tugenden oder das Verhältnis zwischen den Eheleuten. Grabsteine mit Reliefs geben immerhin Ausdruck von einer tiefen Trauer um einen verstorbenen Ehepartner.

Starb die Frau vor ihrem Mann, so ging dieser, wenn aus der Ehe Kinder hervorgegangen waren, vielfach keine zweite Ehe ein, um das Erbe der Kinder durch Kinder einer zweiten Ehe nicht zu schmälern. Er konnte indes mit einer Konkubine zusammenleben, ein Lebensverhältnis, das nicht als anstößig angesehen wurde. Eine zweite Ehe der Witwe war unproblematisch, denn aus einer solchen Ehe hervorgehende Kinder hatten keine Erbansprüche gegenüber dem verstorbenen Mann aus erster Ehe. *Wiederverheiratung*

Eine Scheidung war von Seiten des Mannes und von Seiten der Frau möglich; auch der Vater der Frau konnte eine Scheidung durchsetzen. Allerdings berichten die Quellen nur sehr selten von einer Trennung, wahrscheinlich deswegen, weil man von der Ehe nicht die Erfüllung persönlichen Glücks erwartet hatte, emotionale Enttäuschungen also bei einer Trennung keine Rolle spielten. Nicht auszuschließen ist, dass aufgrund des Umstands, dass Ehen ‚arrangiert‘ und nicht aus einer Liebesbeziehung hervorgegangen waren, Ehebruch (*moicheía*) häufiger war, weil man durch ihn sexuelle und emotionale Bedürfnisse zu befriedigen suchte. Ehebruch wird in den Quellen häufig genannt; zumindest war die Befürchtung des Mannes groß, dass die Frau während seiner Abwesenheit auf dem Feld oder bei einer Kultfeier Ehebruch beging. Dies trug zu der Erwartungshaltung bei, dass sich Ehefrauen weitgehend im Haus aufhalten, sich nicht der Öffentlichkeit präsentieren sollten. Ehebruch wurde hart bestraft. Wenn der *kýrios* die Ehefrau beim Ehebruch (oder die Tochter oder Schwester beim vorehelichen Verkehr) ertappte, konnte er den Ehebrecher eigenhändig töten. Er konnte ihn auch zu einem Gremium von Elfmännern abführen, die in einem Schnellverfahren seine Hinrichtung anordnen konnten. Darüber hinaus war es möglich, sich mit dem Ehebrecher auf eine Bußzahlung zu verständigen, ihn auf der Agora ehrmindernden und peinlichen Strafen auszusetzen oder ihn vor Gericht anzuklagen. Die Ehe mit der ehebrecherischen Frau musste getrennt werden. Sexueller Verkehr des Mannes mit einer Sklavin, Hetäre oder Prostituierten galt nicht als Ehebruch. Die Ehefrau bzw. ihr Vater konnte allenfalls eine Scheidung der Ehe erreichen. *Scheidung* *Ehebruch*

Die strenge Bestrafung auch des vorehelichen Geschlechtsverkehrs liegt in Besitzrechten begründet, denn auch die Tochter oder die Schwester konnte (als ‚Erbtochter‘) Rechte am Erbe vermitteln. Sie standen dann in einer ähnlichen Position wie die Ehefrau und unterlagen der gleichen Sorge um die Rechtmäßigkeit der Kinder. Die Einbeziehung auch des vorehelichen Verkehrs unter das Delikt der *moicheía* verhinderte, dass einer Ehe intime Beziehungen vorausgingen.

4.4 Erbrecht und Besitzweitergabe

Grundlegende Prinzipien und Ziele

Erbrecht und Besitzweitergabe folgten in klassischer Zeit weitgehend den gesetzlichen Regelungen, die durch Solon (Archon 594 v. Chr.) geschaffen bzw. verschriftet worden waren. Durch sie sollten soziale Spannungen zwischen Reich und Arm in Grenzen gehalten und eine Kumulation von Landbesitz durch Erb- und Heiratsstrategien verhindert werden. Die Möglichkeit, Besitz an ein anderes Haus zu transferieren, wurde auf ein Minimum beschränkt. Das Interesse der Häuser konzentrierte sich darauf, dass ein Nachkomme vorhanden war, der das Haus fortsetzen konnte, damit es nicht durch fehlende Erben unterging. Auf der anderen Seite war der Hausvater bemüht, dass der Besitz durch Erbteilung nicht zu stark zersplittert wurde und damit der folgenden Generation keine ausreichende Lebensgrundlage mehr bot. Da die gesetzlichen Bestimmungen Solons weitgehend unverändert blieben, wahrte das Erbrecht eine archaisch-bäuerliche Prägung.

Realteilung

Im Regelfall erbte der Sohn aus rechtmäßiger Ehe den Besitz. Waren mehrere Söhne vorhanden, wurde das Erbe zu gleichen Teilen unter ihnen aufgeteilt (Realteilung), und zwar durch Los, um Streit unter den Brüdern zu vermeiden. Bisweilen wurde der Besitz zumindest zeitweise auch gemeinsam von den Brüdern bewirtschaftet, z. B. wenn einer der Söhne noch minderjährig war. Wenn eine Familie keinen Sohn hatte, konnte der Hausvater eine

Adoption

hausfremde Person adoptieren. Da durch die Adoption nicht der Wunsch erfüllt werden sollte, Kinder großzuziehen, wurden nicht Säuglinge oder Kleinkinder, sondern stets junge Männer adoptiert. Bei ihnen ließ sich einschätzen, ob sie ihre Pflichten sorgsam erfüllen würden. Der Adoptivsohn schied aus seiner Herkunftsfamilie aus und war in diesem Haus nicht mehr erbberechtigt. Auch wenn also eine Person von einem Haus in ein anderes wechselte, blieb der Besitz streng getrennt.

Erbtöchter

Hatte eine Familie eine Tochter, aber keinen Sohn, wurde diese ‚Erbtochter' (*epíkleros*). Allerdings konnte sie, da Frauen in Athen nicht vermögensfähig waren, den väterlichen Besitz nicht übernehmen. Sie wurde gleichsam ein Teil des Erbes und hatte, um das Erbe nicht in die Hände von hausfremden Personen gelangen zu lassen, denjenigen zu heiraten, an den das Erbe fiel. Lebte der Vater der ‚Erbtochter' noch, konnte er für seine Tochter einen Ehemann aussuchen. Dieser musste dann aber seine Herkunftsfamilie verlassen und wurde in die Familie der *epíkleros* adoptiert. Hatte der Vater keinen Ehemann (auch nicht testamentarisch) bestimmt, konnte der nächste männliche Verwandte väterlicherseits Anspruch auf das Erbe erheben, war damit aber verpflichtet, die *epíkleros* zu heiraten. So kam es bei ‚Erbtöchtern' also häufig zu Verwandtenehen. Das Recht, Erbe und ‚Erbtochter' zu beanspruchen, hatte zunächst der Bruder des Vaters, war ein solcher nicht vorhanden, dessen Söhne, dann die Söhne der Schwester des Vaters, dann der Bruder des Großvaters väterlicherseits, sodann dessen Söhne und Enkel. Diese konnten das Erbe ihrem Besitz zuschlagen, da

4.4 Erbrecht und Besitzweitergabe

auf diese Weise der in einer früheren Generation aufgeteilte Besitz wieder zusammengeführt wurde. Eine Besitzkumulation lag daher nicht vor. Insgesamt führte also das Erbtochterrecht zu einer Stabilisierung der Besitzverhältnisse. War die Tochter bereits verheiratet und wurde – z. B. durch den Tod des Bruders – zur ‚Erbtochter', wurde ein Sohn aus dieser Ehe in das Erbe eingesetzt. Allerdings verlor dieser damit einen Anspruch auf das Erbe seines leiblichen Vaters. Es war gesetzlich festgelegt, dass dem Sohn das Erbe zwei Jahre nach der Volljährigkeit zu übergeben war. War die Tochter verheiratet und hatte keine Kinder, konnte der nächste männliche Verwandte väterlicherseits Erbe und ‚Erbtochter' beanspruchen; die vorher bestehende Ehe der Tochter wurde dann gelöst.

Testamentarische Verfügungen über seinen Besitz konnte ein Athener nur dann treffen, wenn er keine Söhne hatte. Allerdings konnte er in einem Testament Bestimmungen festlegen, die das Erbe nicht unmittelbar betrafen, z. B. wer die Vormundschaft über unmündige Kinder ausüben oder wen die Witwe oder die Tochter heiraten sollte. Eine Übertragung von Vermögen durch Testament geschah in aller Regel in Form einer Adoption – häufig festgeschrieben für den Todesfall, z. B. wenn man zu einem gefahrvollen Kriegszug aufbrach. In diesem Fall fielen testamentarische Verfügung und Adoption zusammen. Ein Testament war anfechtbar, wenn der Verstorbene es in Wahnsinn, altersbedingter Unzurechnungsfähigkeit, durch Gewalt gezwungen oder unter dem Einfluss einer Frau abgefasst hatte. Letzteres bezieht sich wohl auf Fälle, in denen eine Konkubine den Mann dazu verleiten wollte, Verfügungen zum Schaden der Kinder aus erster Ehe zu treffen. Testamentarische Verfügungen konnten jedenfalls nicht dazu genutzt werden, Land oder andere Vermögenswerte an fremde Personen zu übertragen. Vertikale Übertragungen (an die folgende Generation) standen im Vordergrund gegenüber horizontalen, durch die Netzwerke hätten gebildet oder gefestigt werden können, wie dies in der römischen Oberschicht der Fall war. Söhne zu enterben war nur auf dem Weg einer *apokéryxis*, einer öffentlich verkündeten Lossagung, möglich; sie war also auf Extremfälle beschränkt. Damit fehlte dem Vater eine wichtige Möglichkeit, Söhne zu disziplinieren.

Testament

Hatte ein Erblasser keine Söhne und kein Testament aufgesetzt, galt das Intestaterbrecht. Der Oikos (evt. mit der *epíkleros*) fiel an den nächsten männlichen Verwandten väterlicherseits, also zunächst an den Bruder des Verstorbenen oder dessen Söhne, dann an die Söhne der Schwester, dann an die Brüder des Vaters oder dessen Söhne oder Enkel, schließlich an die Söhne oder Enkel der Schwester des Vaters. Gab es bis zu diesem Grad keine Angehörigen, kam der Besitz unter die Verwaltung eines Angehörigen der mütterlichen Seite, von dem ein Nachfolger in das Erbe eingesetzt wurde. Da die erbrechtlichen Regelungen nicht immer den Wünschen des Erblassers oder der Angehörigen entsprachen, wurden hin und wieder Regelungen unter Absehung des Erbrechts vereinbart, deren Rechtmäßigkeit aber an-

Intestaterbe

greifbar war. Unter den attischen Gerichtsreden sind nicht wenige, bei denen um Erbansprüche gerichtlich gestritten wurde.

Patrilinearität Insgesamt wird deutlich, wie stark das Erbrecht von dem Bemühen geprägt war, das Haus als eigenständige Einheit fortbestehen zu lassen und den Besitz in männlicher Linie zu übertragen. Diesem Anliegen hatten sich persönliche Interessen unterzuordnen. So musste die *epíkleros* einen Adoptivsohn oder die vom Gesetz vorgeschriebene Person heiraten, eventuell sogar nach Auflösung ihrer vorher bestehenden Ehe. Wenn der nach der Erbfolge mit ihr zu verheiratende Mann nicht (mehr) zeugungsfähig war, konnte eine *epíkleros* mit einem anderen Mann der väterlichen Familie Geschlechtsverkehr haben, um Nachkommen zu zeugen. Vorausgesetzt ist offenbar ein Fall, in dem die ‚Erbtochter' mit einem bereits betagten Onkel oder Großonkel eine Ehe eingehen musste. Die Bestimmung, dass man mit einer *epíkleros* mindestens dreimal im Monat verkehren musste, zeigt ein weiteres Mal, dass es nicht darum ging, emotionale Erwartungen zu erfüllen.

Pflichten des Adoptivsohns Ähnliches gilt für die Adoption. Mit der Adoption sollte nicht ein Wunsch nach Kindern befriedigt, sondern die Nachfolge im Haus gesichert werden. Wenn möglich, wurde ein herangewachsener Sohn aus der väterlichen Verwandtschaft, also z. B. ein zweiter Sohn des Bruders, adoptiert. So konnte das Haus des Adoptivvaters ungeteilt fortgeführt werden und musste das Haus des Bruders bei der Weitergabe an die nächste Generation nicht geteilt werden. Der Adoptierte war verpflichtet, seinen Adoptivvater im Alter zu ernähren, für dessen Bestattung und die Totenopfer zu sorgen. Mädchen oder junge Frauen wurden nicht adoptiert. Aussetzung, Erbtochterregelungen, Adoptionen und Intestaterbrecht dienten also insgesamt dazu, eine Aufteilung des väterlichen Besitzes zu vermeiden oder eine bereits erfolgte Aufteilung rückgängig zu machen.

Mitgift Da Hausbesitz streng patrilinear weitergegeben wurde, waren Frauen vom Erbe ganz ausgeschlossen. Von Brautgaben (*hédna*) oder Brautgeschenken (*dóra*) hören wir in nachhomerischen Quellen nichts mehr. Selbst eine ‚Erbtochter' hatte nicht die Möglichkeit, ihre Position in der Ehe mit dem Verweis zu stärken, dass ihr Mann einen Teil des Reichtums ihr verdanke. Der Adoptivsohn oder der nächste männliche Verwandte, der die ‚Erbtochter' heiratete, erhielt das Erbe unmittelbar von dem Vater, nicht von oder über die Tochter. Erst im Laufe des 5. Jh. verbesserte sich die Position der Frau im Haus dadurch, dass ein Mitgiftsystem entstand. Hatte Solon in einer gesetzlichen Bestimmung noch untersagt, dass die Frau bei der Heirat Vermögen mit die Ehe nehmen konnte (außer Hausgerät von geringem Wert), bieten Quellen aus der zweiten Hälfte des 5. Jh. Belege dafür, dass der Brautvater dem Bräutigam bei der Heirat der Tochter eine Mitgift (*proix*) übergab. Die Mitgift ging nicht in das Eigentum des Ehemannes über, er konnte aber über sie verfügen und Einkünfte aus ihr erzielen. Die Frau hatte keine Verfügungsgewalt über die Mitgift. Allerdings musste der Ehemann die Mitgift im Fall einer Auflösung der Ehe an die Familie der Frau zurückgeben. Weigerte er sich, konnte er gerichtlich zu einer Zahlung des Unterhalts oder zur Rückerstattung gezwungen werden. Die Mitgift diente dazu, die Tochter in einer Ehe abzusichern, und sollte dazu beitragen, dass der Ehemann seine Frau angemessen behandelte. Die Mitgift konnte in ihrer Höhe sehr unterschiedlich sein, je nach sozialer Stellung der Familien. Mehrere Fälle sind belegt, in denen erhebliche Vermögen von mehreren Talenten als Mitgift gezahlt wurden. Insofern dienten die Mitgiften auch einer sozialen Distinktion. In den niederen sozialen Schichten wurden den Töchtern wahrscheinlich keine Mitgiften gegeben. Im 4. Jh. haben Mitgiften in Athen eine weite Verbreitung gefunden. Die Übergabe einer Mitgift an den Ehemann steht aber noch in Einklang mit den Gesetzen aus archaischer Zeit (und dem Bemühen, dass kein Land an ein anderes Haus transferiert wurde), weil allein mobile Vermögenswerte (Geld, Kleidung, Schmuck, Sklaven) Bestandteile der Mitgift waren, kein strategischer Besitz in Form von Land, Haus oder Vieh. Konnte der Brautvater die vereinbarte Höhe der Mitgift nicht aushändigen, konnte er Land als Sicherheit gewähren. Nach dem Tod der Frau ging die Mitgift an die aus der Ehe rechtmäßig hervorgegangenen Kinder über; erst damit war eine wirkliche Besitztransferierung zwischen zwei Häusern eingetreten.

4.5 Die alten Eltern

In der Regel bestand die vorherrschende Praxis fort, dass der bäuerliche Hof zu Lebzeiten (*inter vivos*) übergeben wurde. Ließen die Kräfte des alten Vaters nach einem mühseligen bäuerlichen Arbeitsleben nach, übertrug er dem Sohn bzw. den Söhnen die Hausgewalt. Ein Alter von 60 Jahren galt als angemessen für die Übergabe. Nach der Hausübergabe musste sich der alte Vater dem Sohn unterordnen, der ihn anwies, noch die Arbeiten zu verrichten, zu denen er körperlich in der Lage war. Der Vater verlor mit der Hofübergabe seine Autorität im Haus und in der bäuerlichen Dorfgemeinschaft, was wesentlich zu einem negativen Altersbild beitrug. Für die Häuser der Reichen, für Handwerker und Händler bestand keine unmittelbare Veranlassung, mit dem Nachlassen der körperlichen Kräfte die Hausgewalt auf den Sohn zu übertragen. Weil der Sohn sich aber keine eigene wirtschaftliche Grundlage schaffen konnte, ist davon auszugehen, dass auch in diesen Häusern eine Hausübergabe zu Lebzeiten praktiziert wurde. In der Oberschicht konnten unterschiedliche Lösungen gefunden werden, auch solche, die es dem Vater ermöglichten, eine gewisse Unabhängigkeit und damit gesellschaftliche Anerkennung zu wahren. *Hausübergabe*

Eine durch die Gemeinschaft geleistete Altersversorgung in Form von Rentenkassen oder Ähnlichem gab es nicht. Die Versorgung der Alten blieb allein dem Haus überlassen. Die Polis sicherte nur indirekt die Alten, indem sie die Verpflichtung zur Versorgung der alten Eltern gesetzlich verankerte. Söhne, die dem nicht nachkamen, konnten durch eine „Klage wegen schlechter Behandlung der Eltern" belangt werden. Wer den alten Eltern *Versorgung im Alter* weder Unterhalt noch Wohnung gewährte, sie schlug oder die Begräbnispflicht verletzte, dem drohte die Strafe der Ehrlosigkeit. Durch weitere Gesetze wurde versucht, das konfliktträchtige Verhältnis zwischen Vater und Sohn einzuhegen: Bei offensichtlicher Altersdemenz konnte durch ein Gerichtsverfahren (*graphé paranoías*) der Vater aus der Position des Hausvorstands gedrängt werden. Mittels einer Klage wegen Untätigkeit (*graphé argías*) konnte der Hausvater belangt werden, der den eigenen Hof zum Schaden der Nachkommen vernachlässigte. Umgekehrt konnte der Vater den Sohn bei einem schweren Zerwürfnis durch das Verfahren der *apokéryxis* enterbten. Um sich im Alter abzusichern und nicht von den Kindern gänzlich abhängig zu sein, behielten die alten Väter wenn möglich einen Teil des Erbes, der erst nach ihrem Tod auf die Söhne überging. All dies weist auf die prekäre Situation der alten Eltern hin, die aus der Hausübergabe zu Lebzeiten resultiert. In Rom wurden Verpflichtungen, die alten Eltern zu ernähren, erst in der Kaiserzeit rechtlich fixiert. Vorher genügte die lebenslange *patria potestas*, die den *pater familias* aufgrund der ihm zugestandenen Autorität selbst in die Lage versetzte, seine Position im Alter zu sichern.

<small>Negatives Bild des Alters</small> In klassischer Zeit bestehen die Grundbedingungen, die für die archaische Zeit gelten, fort: das prinzipielle Anrecht, im Alter Achtung und Pflege zu erhalten, ebenso wie das Recht des Jüngeren, den Hof in angemessener Zeit übernehmen zu können. Nach wie vor war das Vater-Sohn-Verhältnis stark belastet und wurde daher häufiger in Tragödien und Komödien aufgegriffen. In der *Alkestis* des Euripides meint der Sohn, er könne dem Vater bei schweren Verfehlungen mit Recht die Versorgung im Alter entziehen. Noch deutlicher als in archaischer Zeit werden die Alten als nutzlos dargestellt, die keine tragenden Funktionen mehr haben. Wie in archaischer Zeit geht dies einher mit einem Loblied auf die Jugend, die Zeit der Blüte und Kraft. Das Alter hingegen ist die Zeit der Schwäche und des körperlichen Verfalls. Weiße Haare, Zahnlosigkeit, schleppender Gang, Harndrang und Krankheiten, aber auch alte Kleidung zeichnen das Alter und die Alten aus. Die Alten sind nutzlos wie ein abgetragener Schuh, müssen den Spott der Komödie über sich ergehen lassen. Das Bild des Alters als doppelte Kindheit grenzt die Alten aus; wegen ihrer kindischen Art müsse man die Alten nicht mehr ernst nehmen. Ihre Autorität wurde in der zweiten Hälfte des 5. Jh. zusätzlich dadurch geschmälert, dass neue Formen der Bildung aufkamen. Vornehme junge Athener besuchten die Schulen von Rhetoren, Sophisten und Philosophen und erwarben sich so eine Redegewandtheit, die sie im Rat, in der Volksversammlung und vor Gericht wirkungsvoll einsetzen konnten. Sie lernten, sich mit Argumenten durchzusetzen. In den Komödien des Aristophanes prallen beide Welten aufeinander: Die Alten berufen sich auf Werte und Normen, die durch die Tradition Gültigkeit beanspruchen, aber die Jungen lassen allein Tradition als Argument nicht mehr gelten. Ihnen geht es um die Frage des Sinns, der Funktion, des Nutzens.

4.5 Die alten Eltern

In anderen Bereichen ist aber auch eine Aufwertung zu konstatieren, weil die Alten eine neue Funktion übernahmen. Da seit der Mitte des 5. Jh. die Zahl der Gerichtstage stark zunahm – für das 4. Jh. schätzt man etwa 150 Tage im Jahr –, wurden zahlreiche Geschworene gebraucht, die für diese Aufgabe abkömmlich waren. Es scheinen zu einem hohen Anteil die Alten gewesen zu sein, die es zu den Gerichtsschranken drängte, zumal seit 425 v. Chr. ein Tagegeld von zunächst zwei, später drei Obolen ausgezahlt wurde. In der für Komödien typischen Überzeichnung schildert Aristophanes in den *Wespen*, wie aus den vorher verspotteten Alten hoch angesehene Mitbürger wurden, die von den Angeklagten umgarnt wurden; denn als Geschworene waren sie allmächtig und niemandem Rechenschaft schuldig. Die Geschworenentätigkeit verhalf den Alten zu einem neuen Selbstwertgefühl. Konsequenzen hatte dies für ihre Position im Haus. Durch die Diäten waren sie von den Rationen, die ihnen der Sohn zumaß, unabhängiger. Auch die anderen Mitglieder des Hauses, die Mutter, die Tochter und die Enkelkinder, achteten den alten Vater wieder stärker, da sie an seinem Verdienst partizipieren konnten.

_{Alte als Geschworene}

Aristoteles fasst das verbreitete Bild des Alten am Ende des 4. Jh. noch einmal zusammen. Sowohl die Jugend als auch das Alter seien durch Defizite gekennzeichnet, während das mittlere Alter alle guten Eigenschaften vereine. Den Alten fehle es an Entscheidungsfreudigkeit; sie seien pessimistisch, argwöhnisch und ohne Hoffnung. Aus der Erfahrung heraus seien sie misstrauisch, durch negative Erfahrungen entmutigt, außerdem geldgierig, furchtsam und feige. Beständig redeten sie von dem Vergangenen, und an dieser Geschwätzigkeit hätten sie Freude. Auffallend an dieser Charakterisierung ist, dass Rat und Erfahrung der Alten nichts gelten, ja sogar negativ gekennzeichnet sind. Der Verweis auf die Vergangenheit ist nicht als vorbildliches Exempel für die Jugend anerkannt, sondern nur Geschwätz der Alten.

_{Aristoteles' Bild des Alters}

Über die Situation der alten Mütter im Haus erfahren wir recht wenig. Hinweise sprechen dafür, dass sie sich um die Aufzucht der Enkelkinder kümmerten, ihnen das Laufen beibrachten, Wiegenlieder sangen oder phantasievolle Geschichten erzählten. In der Zeit nach der Menopause war Frauen eine größere Bewegungsfreiheit eingeräumt. Sie konnten sich freier außerhalb des Hauses bewegen, und nicht wenige Marktfrauen waren daher ältere Frauen. Manche kultische Funktionen z. B. in Orakelheiligtümern waren alten Frauen vorbehalten. In Komödien wurden alte Frauen wegen ihrer Hässlichkeit, aber auch wegen ihrer Geilheit oder Trunkenheit verspottet. Bisweilen werden ihnen hexenhafte Charakterzüge zugesprochen, zumal wenn sie sich magischer Praktiken bedienten. Kenntnisse in der Pflege von Kranken oder in der Zubereitung von Heilmitteln aus Pflanzen und Kräutern mögen diese Einstellung verstärkt haben.

_{Frauen im Alter}

4.6 Sklaven im Haus

Arbeitsbereiche Zum Haus gehörende Sklaven waren in allen Bereichen eingesetzt, die die wirtschaftliche Existenz des Hauses sicherstellten, in Ackerbau und Viehzucht, in Handwerk und Gewerbe. Sklaven waren in diesen Arbeitsbereichen vergleichsweise häufig anzutreffen, da abhängige Arbeit von Freien keine Verbreitung fand, sieht man einmal von Tagelöhnern ab, die z. B. für Erntearbeiten gegen Lohn gedungen wurden. Abhängige Arbeit wurde als sklavische Tätigkeit angesehen; Selbständigkeit hatte daher einen hohen Stellenwert. Die Konsequenz war eine breite Diversifizierung von Berufen. Die oft sehr kleinteiligen Gewerbe blieben eng mit dem Haus verbunden. Eine klare Trennung zwischen Wohnen und Arbeiten, zwischen Haussklaven und gewerbsmäßig eingesetzten Sklaven gab es nicht.

Landwirtschaft Es ist davon auszugehen, dass auf den Gütern der landbesitzenden Oberschicht Sklaven eingesetzt wurden. Sie pflügten die Felder, jäteten Unkraut, holten die Ernte ein und hüteten Vieh. Bei einer hohen Zahl von Sklaven wurde ein Verwalter aus dem Sklavenstand eingesetzt. Genaue Zahlen über den Umfang der Sklavenarbeit in der Landwirtschaft lassen sich nicht angeben, vor allem deswegen nicht, weil umstritten ist, ob auch mittlere Bauern ein oder zwei Sklaven besaßen. Die wenigen Anhaltspunkte dafür werden in ihrer Bedeutung kontrovers diskutiert.

Handel und Handwerk Auch für den Bereich von Handel und Handwerk lassen sich keine konkreten Zahlen angeben. Es ist kaum vorstellbar, dass Verkäufer von Käse, Sesam oder Nüssen über Sklaven verfügten – wozu sollten sie sie auch einsetzen? Die höchste Zahl von Sklaven im gewerblichen Bereich, von der wir wissen, ist für die Schildmanufaktur des Kephalos nachgewiesen (120 Sklaven). In einer dem Vater des Redners Demosthenes gehörenden Manufaktur für Liegebetten (Klinen) arbeiteten 20 Sklaven, in einer ihm gehörenden Werkstatt für Messerklingen knapp über 30 Sklaven. Wie groß der Anteil solcher größerer und wie groß der Anteil kleinerer, mit nur wenigen Sklaven betriebener Werkstätten war, ist unbekannt. Hatte ein Herr Vertrauen zu seinen Sklaven, erlaubte er ihnen, außerhalb des Hauses zu wohnen (*chorís oikúntes*) und mit einem ihnen zur Verfügung gestellten Vermögen eigenständig zu wirtschaften. In diesen Fällen stand dem Herrn ein Teil der Einkünfte zu, der ihm als *apophorá* zu entrichten war. Hatten Sklaven ausreichend Geld angesammelt, konnten sie sich freikaufen. Der Herr erhielt dadurch einen weiteren beträchtlichen Teil der vom Sklaven erwirtschafteten Erträge.

Freigelassene Wie groß in Athen die Bereitschaft zur Freilassung war, lässt sich nicht einschätzen. Freigelassene bildeten in der athenischen Gesellschaft keine geschlossene Gruppe mit bestimmten Rechten und Pflichten, so dass sie von Metöken, die nach Athen übergesiedelt waren, nicht zu unterscheiden sind. Über Verpflichtungen der Freigelassenen ihren ehemaligen Herren gegenüber erfahren wir aus den Quellen nichts. Auch die Freilassung durch

Testament war möglich. Inschriften aus der Zeit um 330 v. Chr. listen Silberschalen auf, die anlässlich von Freilassungen mittels Scheinprozessen gestiftet wurden. Die etwa 375 Einträge nennen die Namen des Herrn und des Freigelassenen, den Wohnort sowie die Tätigkeit, der der Freigelassene nachgeht. Es dominieren handwerkliche und gewerbliche Berufe. Freigelassene Frauen bestritten aus Kleinhandel ihren Unterhalt oder waren „Wollweberinnen", was nicht auf eine umfangreiche Wollmanufaktur in Athen schließen lässt, sondern die Tätigkeit bezeichnet, der Frauen im Haus nachgingen. Die meisten der Freigelassenen lebten in den Wohnvierteln der Stadt Athen oder im Piräus. Der Typ des Freigelassenen als neureichen Aufsteigers begegnet in Athen nicht.

Die Lebensverhältnisse der Sklaven waren sehr unterschiedlich, hingen vor allem vom Arbeitsbereich ab, in dem sie eingesetzt waren. Sklaven, die unmittelbar im Haus arbeiteten (z. B. *paidagogoí*, Ammen, Türwächter oder in der Wollarbeit eingesetzte Frauen), hatten eine Nähe zu ihrem Herrn, die eine von Menschlichkeit geprägte Beziehung möglich machte. Gegenüber den Sklaven, die schwere und gefährliche Arbeiten im Bergbau verrichten mussten, waren auch diejenigen begünstigt, die in einer Werkstatt arbeiteten, für ihren Herrn Handels- oder Bankgeschäfte führten oder eigenständig wirtschaften konnten, auch wenn dies an ihrer prinzipiell rechtlosen Stellung nichts änderte. Sklaven konnten verkauft und vererbt werden, erbrachten ansehnliche Summen, wenn es spezialisierte Sklaven waren. Die Herren werden in der Regel bemüht gewesen sein, die Arbeitsfähigkeit und -kraft ihrer Sklaven zu bewahren, so dass sie ihnen medizinische Versorgung gewährten und sie durch Anreize und Belohnungen zu motivieren suchten. So konnten den Sklaven eheähnliche Gemeinschaften und die Zeugung von Kindern gestattet werden, größere Bewegungsfreiheit und schließlich die Einwilligung zum Freikauf. Eine stärkere Kontrolle ist in Häusern mit einer größeren Zahl von Sklaven anzunehmen. Über Nacht wurden die Sklaven eingeschlossen, um Diebstähle oder unerlaubten Geschlechtsverkehr zu verhindern. Bei mangelhafter Leistung drohten den Sklaven Schläge oder andere Strafen, die sie zur Flucht bewegen konnten. Sklaven erhielten häufig einen Namen zugesprochen, der ihre Herkunft erkennen ließ (z. B. Syros, Thraitta); eine eigene Identität im Namen wurde ihnen damit verwehrt. Vom Herrn wurden sie vielfach *pais* („Kind") gerufen, was ihre Unterordnung unter die hausväterliche Autorität zum Ausdruck bringt.

Behandlung der Sklaven

Wenig bekannt ist über die Situation alter Sklaven. Äußerungen wie der Ratschlag Catos, alte Sklaven freizulassen, um nicht für ihre Versorgung im Alter aufkommen zu müssen, fehlen für das antike Griechenland. Es ist davon auszugehen, dass alte Sklaven weiterhin im Haus bleiben konnten, zumal wenn ein besonderes Vertrauensverhältnis bestand. In reicheren Häusern wurden alte Sklaven als Türhüter oder Pädagogen eingesetzt.

Alte Sklaven

4.7 Tod und Bestattung

Ablauf der Bestattung

Der Ablauf der Bestattung blieb in klassischer Zeit weitgehend unverändert. Aufbahrung (*próthesis*) und Trauerzug mit Beisetzung (*ekphorá*) blieben die charakteristischen Bestandteile, wie Darstellungen auf rotfigurigen *lutrophóroi* (Gefäße zum Schöpfen von Wasser) zeigen. In klassischer Zeit treten weißgrundige *lékythoi* (Salbgefäße mit hohem Hals) hinzu, die vielfach Trauerszenen am Grab und mythisch-allegorische Bilder vom Tod zeigen. Um 500/480 v. Chr. verschwanden die aufwändigen Grabmale für Angehörige der Oberschicht; doch seit etwa 430 nahmen Größe und künstlerischer Aufwand bei der Anfertigung von Grabstelen wieder zu. Die darauf angebrachten Bilder geben Ausdruck von einer familialen Verbundenheit und tiefen Trauer. Ein häufiges Motiv ist die *dexíosis*, wobei ein Angehöriger dem Verstorbenen zum Abschied die Hand reicht. Von der Form her blieb der Grabhügel vorherrschend, der vielfach durch Steinquader eingefasst und damit monumental ausgestaltet wurde. Grabreliefs, große steinerne Gefäße, Wächter- oder Pfeilerfiguren wurden auf Grabterrassen gestellt, wie sie sich an vielen Plätzen Griechenlands erhalten haben. Es handelt sich dabei um Familiengrabstätten. In größeren Gräberfeldern zeichnen sich zusammengehörige Grabgruppen ab, die offenbar ebenfalls von Familien angelegt wurden. Auf dem wichtigsten Athener Friedhof, dem *Kerameikos*, wurden hochwertige Grabreliefs gefunden, aus dem 4. Jh. regelrechte Prachtgräber von Bürgern, aber auch von Metöken. Diese Grabanlagen und Grabdenkmäler reichen bis an das Ende des 4. Jh. In dieser Zeit wurde der Bau von prachtvollen Grabdenkmälern durch gesetzliche Regelungen des Demetrios von Phaleron erneut eingeschränkt.

Grabinschriften

Anders als in Rom blieben die athenischen Grabinschriften stets lapidar. Sie nennen lediglich Name und Demenzugehörigkeit, nie aber ein Amt, die Mitgliedschaft im Areopag oder besondere Ehrungen. Eine Ämterlaufbahn oder Amtsinsignien kannte die attische Demokratie sowieso nicht. Aufwändige Leichenspiele mit musischen und sportlichen Wettkämpfen sind nur für die archaische Zeit überliefert. Die Grabmale weisen aber auf die rechtlich-soziale Position hin, denn der Verstorbene ist als athenischer Bürger kenntlich gemacht. In idealisierter Darstellung wird der Verstorbene im ‚Bürgermantel', dem *himátion*, wiedergegeben, auf einen Stock gestützt, der Attribut des Mannes und Hausvaters ist. Auch wenn sich in der Größe und der künstlerischen Qualität der Reichtum einer Familie zeigte, galt doch prinzipiell, dass die politische Gleichheit der Bürger die soziale Ungleichheit durchbrach. Dargestellt ist der Tote vorrangig als Bürger, erst in zweiter Linie als Angehöriger einer sozialen Elite.

Religiöse Bezüge

Auf den Grabdenkmälern fehlen auch weitgehend religiöse Bezüge. Zwar ist hin und wieder der personifizierte Thanatos oder Hermes Psychopompos („die Seele begleitend") dargestellt, doch die Beisetzung war kein religiöser Akt. Ein Priester wirkte nicht mit; der Tote ging in die Unterwelt über, eine

Welt, die die Götter meiden, die von ihrer Sphäre grundsätzlich geschieden ist. Auch die Grabepigramme und die Trostschriften sind von aller Theologie frei.

4.8 Das Haus. Wohnung und Arbeitsstätte

Bereits seit spätarchaischer Zeit war der den Wohnräumen vorgelagerte offene Hof zum prägenden Element des mehrgliedrigen Hauses geworden. Im 6./5. Jh. bildeten sich bei den innerhalb der Siedlung gelegenen Häusern zwei Grundtypen heraus: das Pastas-Haus und das Prostas-Haus. Das Pastas-Haus hatte in der Regel einen quadratischen Grundriss und war meist zweigeschossig. Der Hof war durch eine Mauer von der Straße getrennt. Durch eine Eingangstür gelangte man also zunächst in den Hof, an den sich auf der gegenüberliegenden Seite eine quergelagerte, korridorartige, zum Hof hin offene Vorhalle (die *pastás*) anschloss. An den Seiten des Hofes lagen der *andrón*, also der Raum, in dem Fremde empfangen und Gastmähler gefeiert wurden, sowie Vorrats- und Wirtschaftsräume. Über die Vorhalle erreichte man die eigentlichen Wohnräume im hinteren Teil des Hauses, also Schlafräume und einen *oíkos* genannten Raum, in dem auf offenem Herd das Essen zubereitet wurde. In der *pastás* führte eine Treppe ins Obergeschoss, in dem sich in der Regel der *gynaikón* (oder die *gynaikonítis*), ein den Frauen vorbehaltener Bereich, befand. Zur Straße hin orientierte Läden verfügten über einen separaten Eingang und hatten keinen direkten Zugang zum Haus. Das Prostas-Haus war ähnlich aufgebaut, hatte aber in der Regel einen langrechteckigen Grundriss; die zum Hof hin offene Vorhalle war reduziert auf einen kleineren Vorraum (*prostás*).

<small>Bauliche Struktur</small>

Die Form des Hauses blieb bis in das späte 5. Jh. hinein zweckgebunden, war nicht auf Repräsentation ausgerichtet. Die Mauern waren auf einem Sockel aus Feldsteinen errichtet und bestanden aus Lehmziegeln, Bruchsteinen oder Holz, so dass sie in der Regel schlecht erhalten sind. Durch besondere Ausgestaltung hervorgehoben waren Hof, Vorraum und *andrón*, die mitunter einen festen Bodenbelag und einen Verputz aufwiesen. Die hinteren Räume hatten meist nur einen Lehmboden. Eine Veränderung ist im 4. Jh. zu beobachten: In den reicheren Häusern wurde in den ursprünglich dem Wirtschaftsbereich zugehörigen Hof eine umlaufende Säulenstellung eingefügt, also eine Repräsentationsarchitektur geschaffen. Gleichzeitig stiegen die Ansprüche an die Ausstattung des Hauses: Die Haupträume waren mit Wanddekorationen und ornamentalen oder figürlichen Bodenmosaiken geschmückt. In der nordgriechischen Stadt Olynthos ist archäologisch nachgewiesen, dass im Laufe des 4. Jh. zahlreiche Pastas-Häuser in solche Peristyl-Häuser umgebaut wurden. Frühe Häuser dieses Typs aus dem 4. Jh. sind auch im Bereich der nördlichen Stadtmauer in Athen ausgegraben worden. Mit der aufwändigeren Ausstattung stieg auch die Wohnfläche an, von ca. 300 m² in klassischer Zeit auf bis zu 2000 m² in hellenistischer Zeit.

<small>Von einfachen zu repräsentativen Häusern</small>

Die soziale Ausdifferenzierung der Gesellschaft spiegelte sich nun in den Hausbauten wider. Vorherrschend blieben aber einfachere Häuser.

Nutzung der Räume Die Vorderfront der Häuser war gewöhnlich nach Süden zur Sonne hin ausgerichtet, weil so die gedeckte, zum Hof hin offene Vorhalle die sommerliche Hitze von den Räumen im hinteren Teil des Hauses abhielt, im Winter aber die Wärme der tiefer stehenden Sonne speichern konnte. Die Räume, in denen die Sklaven arbeiteten, waren an den zentralen Hof angegliedert, um deren Arbeit zu kontrollieren. Bei bäuerlichen Hofhäusern war häufig ein Turm integriert, der als Vorratsraum diente und in den man sich bei Gefahr zurückziehen konnte.

Verschiedene Bereiche des Hauses Signifikant für das griechische Haus ist die Trennung in verschiedene Bereiche, einen solchen, der Fremden zugänglich war, einen hausgemeinschaftlichen und einen, der der engeren Familie bzw. den Frauen vorbehalten war. Zugänglich war dem Hausfremden der Hof mit dem angrenzenden *andrón*, in den Gäste zum Essen geführt wurden. Die an den Hof anschließende Vorhalle markiert den Bereich, der im Allgemeinen nur von den Mitgliedern des Hauses betreten wurde, wobei die Räume, die einem Hausfremden verwehrt sein sollten, vom Hof aus nicht einsehbar waren. Besonders abgeschlossen war der *gynaikón* im oberen Geschoss, ein intimer Rückzugsort der weiblichen Mitglieder der Hausgemeinschaft. Baulich drückt sich darin die an die Frauen des Hauses herangetragene Norm aus, sich nicht im öffentlichen Bereich zu präsentieren. Die Ehefrau, unverheiratete Schwestern und Töchter sollten vor ungebührlichem Kontakt mit anderen Männern geschützt sein.

Hauseinrichtung Als Einrichtungsgegenstände sind in schriftlichen Quellen und durch archäologische Funde Möbel, Koch- und Küchengeschirr, Beleuchtungsgerät, Decken und Teppiche nachgewiesen. In den attischen Komödien werden Käsereiben, Bratpfannen, Bratroste, Kochtöpfe, Dreifüße, Teller, Rührlöffel, Schöpfkellen, Siebe und vieles andere mehr genannt. Viele Gegenstände weisen auf die hauswirtschaftliche Ökonomie hin, so Webstühle, Webgewichte und Webkämme, Handmühlen zum Mahlen des Getreides, Pressen und Mörser für die Verarbeitung der Oliven und des Weins. Sklavinnen wohnten mit im Haus; die in der Landwirtschaft eingesetzten Sklaven werden in Hütten auf den Feldern geschlafen haben. Manche Häuser hatten Badewannen, Fuß- oder Handwaschbecken, die wenigsten festinstallierte Aborte.

4.9 Die Integration des Hauses in die Gesellschaft

Freundschaft In städtischen Kreisen und in der landbesitzenden Oberschicht wurde Nachbarschaft zunehmend als rein lokale Nähe verstanden. Man wahrte eine Distanz zum Nachbarn oder ging engere Beziehungen nur zu einzelnen Nachbarn ein, so dass sich die Beziehung einer Freundschaft annäherte. Überhaupt gewann Freundschaft als eine auf Freiwilligkeit beruhende und in der Regel symmetrische Nahbeziehung in diesen Kreisen an Bedeutung. Eine emotional empfundene Zuneigung gehörte ebenso dazu wie eine gegenseitige Verpflichtung zur Hilfe. Echte Freundschaften mussten sich an den Taten beweisen.

Obwohl in der athenischen Oberschicht Freundschaften gepflegt wurden, man mit seinen Freunden beim Symposion Wein und Speise genoss, hatten Freundschaftsbeziehungen im politischen Bereich nur eine geringe Bedeutung. Auf Freundschaften (oder auch Heiratsbeziehungen) aufbauende Netzwerke, mit denen man politisch wirkungsvoll agierte, gab es in klassischer Zeit nicht. Ganz im Gegenteil: Führende Demagogen sagten sich von ihren Freunden los, um die absolute Loyalität zum athenischen Demos zu bekunden. Erst in den politischen Skandalen des Jahres 415 v. Chr. sowie beim oligarchischen Umsturz von 411 v. Chr. gewannen verschworene Freundschaftsbünde in Form von Hetairien wieder an Bedeutung. Im großen Ganzen aber blieben Freundschaftsbeziehungen im politischen Raum marginal. Freundschaften zu einflussreichen Personen in anderen Städten wurden vom Demos argwöhnisch beobachtet; allein in der Form der Proxenie erhielten persönliche äußere Beziehungen eine offizielle Anerkennung.

Politisch wirksame Freundschaften

Im bäuerlichen Bereich blieben Nachbarschaft und Dorfgemeinschaft wichtige soziale Beziehungen, doch die durch sie getragenen Normen verloren seit dem 5. Jh. an Verbindlichkeit. Die sich ausbreitende Geldwirtschaft und die Möglichkeit, Getreide und andere Nahrungsmittel auf dem Markt zu kaufen, schwächten die Verpflichtung zu nachbarlicher Solidarität. Trotzdem blieben Nachbarn Helfer in der Not, beim Brand, beim Eindringen fremder Personen ins Haus, bei Übergriffen gegen Schuldner. Die Ausleihe von Küchengerät, Lebensmitteln, Kleidern oder Schmuck war weitgehend auf den Bereich der Frau beschränkt. Die Nachbarschaft im Dorf bot den Bauern und Bäuerinnen soziale Sicherheit. Doch die Nähe des Wohnens hatte seinen Preis: Nachbarn nahmen jeden Vorgang wahr, hießen ihn gut oder kritisierten ihn. Sie übten damit soziale Kontrolle aus und forderten Anpassung. Daher wurden traditionelle Lebensformen in der bäuerlichen Schicht stärker bewahrt, so z. B. die geschlechtsspezifische Arbeitsteilung und der hohe Stellenwert der hausväterlichen Autorität.

Nachbarschaft

Durch die kleisthenischen Reformen, die die gewachsenen Siedlungszentren in eine veränderte politische Ordnung einbanden, waren aus eher informellen Siedlungsgemeinschaften formale Dorfgemeinden (*démoi*) geworden, die administrative und politische Aufgaben und Rechte hatten. Die Demoten wählten Dorfvorsteher (Demarchen), hielten Versammlungen ab, führten Listen ihrer Mitglieder und entsandten Kandidaten für den Rat und die Ämter. Die *démoi* waren eine wichtige Instanz, die das athenische Bürgerrecht vermittelte. Im Alter von 18 Jahren wurden die Söhne der Angehörigen des Demos diesem vorgestellt und bei Feststellung einer rechtmäßigen Geburt in die Demenregister eingetragen. Es lag also nicht wie in Rom in der Entscheidung des Hausvaters allein, durch Aufnahme des Neugeborenen in

Demen

die Hausgemeinschaft (bzw. durch Freilassung eines Sklaven) ihm gleichzeitig die Zugehörigkeit zur Bürgerschaft zu sichern. Da der Sohn in der Phratrie und in der Dorfgemeinde vorgestellt und anerkannt werden musste, wachte letztlich die Gemeinschaft über den Zugang zum Bürgerrecht.

Siedlungsform Die bäuerliche Nachbarschaft ging weitgehend in den Teilgemeinden (*dêmoi*) auf, wobei die meisten von ihnen Siedlungszentren aufwiesen. Es gab aber auch Demen, die reine Streusiedlungen waren. Aufgrund der Demenordnung, die ganz Attika in 139 Teilgemeinden gliederte, wurde eine relative Geschlossenheit der Siedlungseinheiten gewahrt; sie hatten ihre eigenen Kulte und Feste. Auch in der Mentalität bildeten sich lokale Eigenheiten heraus.

Konflikte in den Demen Da in den durch persönliche Beziehungen geprägten Dorfgemeinden alle Vorgänge immer auch mit Blick auf die jeweilige Person bewertet wurden, war das Leben dort durchaus nicht frei von Konflikten. Typische Verhaltensweisen, wie sie Nachbarn zugeschrieben wurden, waren nicht nur Hilfsbereitschaft und Solidarität, sondern auch Neid, Missgunst und Streitsucht. Eine Vermittlung bei schweren Konflikten war schwierig, weil eine unabhängige Instanz fehlte. Der Demarch war zu sehr in ein Netz persönlicher Beziehungen eingebunden. So sah sich die Polis mehrfach veranlasst, Verfahrensänderungen vorzunehmen, um Recht und Frieden in den Demen zu gewährleisten und Prinzipien der politischen Ordnung gegen Missbräuche durchzusetzen: Wurde jemandem die Einschreibung in die Bürgerliste verweigert, konnte dagegen in Athen geklagt werden; Heiligtümer mussten vor rechtswidrigen Beeinträchtigungen geschützt werden. Aufgrund ihrer Größe *Phylen* spielten die zehn Phylen, denen die Demen zugeordnet waren, für die Herausbildung einer Identität keine große Rolle, waren vorrangig politische Untergliederungen, die eine gleichmäßige Verteilung und einen gleichberechtigten Zugang zur Politik gewährleisten sollten.

Spannungen zwischen den Demen und der Polis Die Polis blieb aber auf die Demen angewiesen, da nur dort bzw. in den Phratrien eine rechtmäßige Ehe oder Abkunft und verwandtschaftliche Verbindungen bestätigt oder angezweifelt werden konnten. Auf der anderen Seite waren bäuerliche Nachbarschaften, Phratrien und Demen Einrichtungen, die dem Einfluss unmittelbarer persönlicher Beziehungen nicht zu entziehen waren. Je nach häuslicher Situation, Ansehen der betreffenden Familie oder latenten Feindschaften konnte es vorkommen, dass nicht rechtmäßige Söhne in Phratrie und Demos aufgenommen, in anderen Fällen rechtmäßige Söhne abgelehnt wurden. Demgegenüber versuchte die Polis, durch Losverfahren und einen symbolischen Verzicht auf alle in der sozialen Herkunft begründeten Vorteile die prinzipielle Gleichheit der Bürger durchzusetzen. Klagen über bestechliche Dorfvorsteher, die gegen Geld freigelassene Sklaven oder Fremde in die Bürgerlisten aufnahmen, führten zu Revisionen der Bürgerverzeichnisse, die von der Polis angeordnet wurden.

5. Haus und Familie in Sparta

In den homerischen Epen und in der frühgriechischen Lyrik wird eine spartanische Gesellschaft beschrieben, die anderen Gesellschaften dieser Zeit entspricht. Insbesondere die Dichtungen Alkmans und Tyrtaios' zeigen, dass im 7. Jh. die Grundeinheit der Gesellschaft das Haus (*oíkos*) bildete, dessen Basis die Kernfamilie war. Bei der Hochzeit wurde die Braut in das Haus des Ehemannes geführt (patrilokale Ehe) und auf diese Weise eine rechtmäßige Ehe begründet. Der Hausvater hatte die alten Eltern zu ernähren und das Ansehen der Familie zu wahren. Besitz, Rechte und Familientradition wurden in männlicher Linie (patrilinear) weitergegeben. Wie in anderen griechischen Gemeinwesen auch bildeten die *áristoi* eine soziale Elite, indem sie sich durch besondere Funktionen im Krieg und im Kult, durch Reichtum, adeligen Lebensstil und Gefolgschaften vom übrigen Volk (*dámos*) abgrenzten. Die Speisegemeinschaften, bei Alkman *andreía* („Männermahle") genannt, wurden in der Art adeliger Symposien abgehalten, werden also auf die Elite beschränkt gewesen sein. Bei diesen Zusammenkünften, aber auch bei Kultfeiern, bei denen Chöre von jungen Mädchen und jungen Männern auftraten, wurden die Gedichte Alkmans vorgetragen, in denen die Anmut der Jugend, Liebe und Weingenuss, gutes Essen und edle Geschmeide besungen wurden. Diese lyrische Tradition ist in Sparta noch lange gepflegt worden, auch in der Zeit, in der sich die spartanische Gesellschaft grundlegend verändert hatte.

Sparta im 7. Jh. v. Chr.

5.1 Die wirtschaftliche Grundlage des Hauses

Der im 7. Jh. lange und erbittert geführte Krieg gegen Messenien und der Wille, die Herrschaft über Messenien langfristig aufrecht zu erhalten, führten im 6. Jh. zu einem tiefgreifenden Wandel der spartanischen Gesellschaft. Nach der Eroberung Messeniens wurde das Land zwar weiterhin von der messenischen Bevölkerung bewirtschaftet, doch mussten die dort siedelnden Bauern, die ihre Freiheit verloren hatten, einen beträchtlichen Anteil ihrer landwirtschaftlichen Erzeugnisse als *apophorá* an die Bürger der Stadt Sparta (Spartiaten) abführen. Das eroberte Land in Messenien blieb wahrscheinlich kollektiver Besitz Spartas, so dass nur die Nutznießung dem einzelnen Spartiaten zugesprochen wurde. Das Recht auf die Nutznießung eines messenischen Landloses (*kláros*) erwarb der Spartiate durch Geburt. Nach seinem Tod fiel das Recht an das Gemeinwesen zurück. Es ist möglich, dass im Laufe der Zeit die Grenze zwischen öffentlichem, nur auf Zeit übertragenem Land und privatem Landbesitz verschwamm, also auch der *kláros* in Messenien vererbt wurde.

Erobertes Land in Messenien

Sparta erklärte der unterdrückten messenischen Bevölkerung, den Heloten, jedes Jahr erneut den Krieg, verweigerte ihnen also jegliche Rechte. Sie

Heloten

waren zu Zwangsabgaben verpflichtet, konnten aber auf ihrem früheren Besitz bleiben, Ehen eingehen und Kinder aufziehen. Unabhängig davon, wem die Heloten ‚gehörten', ob dem spartanischen Gemeinwesen oder dem einzelnen Spartaner, dem das Landgut zugewiesen worden war, blieben sie mit dem Boden verbunden, durften nicht wie Sklaven verkauft werden. In die Freiheit entlassen werden konnten die Heloten nur durch einen Beschluss der spartanischen Volksversammlung. Gewährt wurde dies mitunter in Krisenzeiten, in denen sich die Heloten, auf Seiten Spartas kämpfend, bewährt hatten. Sie wurden damit zu *neodamódeis*, ‚Neubürgern', die zwar frei waren, aber keine politischen Rechte ausüben konnten. Nach der Niederlage von Leuktra 371 v. Chr. und durch den Angriff des thebanischen Feldherrn Epameinondas auf die von Sparta abhängigen Gebiete in Arkadien und Messenien erhielten die Messenier ihre Freiheit wieder; sie gründeten mit der Stadt Messene ein eigenes Gemeinwesen. Sparta hatte damit seine Herrschaft über Messenien und eine wichtige wirtschaftliche Grundlage verloren. In Lakonien selbst aber bestand die Helotie als Form einer Abhängigkeit von Unfreien weiter.

Wirtschaftliche Grundlage der Spartiaten

Aufgrund der größtenteils landwirtschaftlichen Arbeit der Heloten waren die Spartiaten weitgehend von körperlicher Arbeit freigestellt, konnten sich politischen und militärischen Aufgaben sowie der Jagd widmen. Da jeder Spartiat ein Landgut in Messenien und damit einen Teil der dort erzielten Einkünfte erhielt, ihm also ein materiell abgesichertes Leben garantiert war, gab es in Sparta selbst (abgesehen von den auch im südlichen Lakonien vorhandenen Heloten) keine regelrechte Unterschicht. Die materielle Absicherung führte zu einer Angleichung der wirtschaftlichen und sozialen Verhältnisse innerhalb der Bürgerschaft. Aufgrund dieser ideellen Gleichheit bezeichneten sich die Spartiaten als *homoíoi*, als ‚Gleiche'. Allerdings wurden nicht alle sozialen Unterschiede eingeebnet, da die Spartiaten außer den von Heloten bewirtschafteten Landgütern in Messenien weitere, unterschiedlich große Landgüter in Lakonien besaßen. In den zentralen Gebieten Lakoniens hatte es wahrscheinlich keine Neuaufteilung des Bodens gegeben, so dass eine soziale Elite, die sich durch größeren Reichtum auszeichnete, bestehen blieb.

5.2 Kindheit, Jugend und Erziehung

Aufnahme der Neugeborenen

Nach der Geburt wurden die Kinder den Phylenältesten vorgestellt. Wenn das Kind schwächlich oder missgestaltet war, wurde es zu einem Felsabgrund im Taygetos (*Apothétai*) gebracht und getötet; andernfalls wurde seine Aufzucht angeordnet.

Gemeinschaftliche Erziehung

Da die Spartiaten für ihren Unterhalt nicht selbst arbeiten mussten, konnten sie sich ganz körperlichen Übungen und der Stärkung des gesellschaftlichen Zusammenhalts widmen. Dies schlug sich in einer sehr spezifischen Erziehungsform nieder, die sich von der in anderen Poleis in wesentlichen

Punkten unterschied. War es in jenen Poleis dem Hausvater überlassen, ob und wie lange die Kinder eine Schule besuchten, so traten in Sparta *alle* Kinder mit sieben Jahren in eine gemeinschaftliche, außerhäusliche Erziehung, die *agogé*, ein. Durch den obligatorischen und kollektiven Charakter der Erziehung wurden Unterschiede zwischen reich und arm aufgehoben. Die Bezeichnung *agogé* ist allerdings erst spät, bei Polybios und Plutarch, belegt.

Eingeteilt in Altersgrade und Gruppen (*ílai* und *agélai*) verbrachten die Kinder den ganzen Tag zusammen und schliefen in der Gruppe. Angeleitet wurden sie von jugendlichen Erziehern, den Eirenen (Sing. *eirén*). Plutarch nennt für die spartanische Erziehung eine elementare Ausbildung im Lesen, Schreiben und Rechnen. Anderslautende Quellen, denen zufolge die Spartaner illiterat seien, sind aus feindlicher athenischer Perspektive formuliert. Dass dies nicht zutrifft, zeigen frühe Schriftzeugnisse aus Sparta. Außerdem konnten Könige, Ephoren, Gesandte und andere Magistrate lesen und schreiben, so dass insgesamt mit verbreiteten Kenntnissen zu rechnen ist. Neben dem Erlernen elementarer Kenntnisse im Lesen, Schreiben und Rechnen wurden die Kinder an Strapazen, Ausdauer und Abhärtungen (Aushalten von Hitze und Kälte, Hunger und Durst) gewöhnt, erhielten nur einen Mantel aufs Jahr, schliefen auf einem einfachen Lager aus Streu und mussten sich einen Teil ihres Essens selbst besorgen, auch durch Stehlen. Hinzu traten sportliche und musische Übungen. Ihr Erzieher, der *eirén*, trainierte ihnen eine bestimmte, auf ganz kurze Antworten beschränkte Kommunikationsform an, die eine absolute Konformität mit den spartanischen Werten sicherstellen sollte. [Erste Phase der Erziehung]

In einer zweiten Phase der Erziehung, die wahrscheinlich mit 12 Jahren begann, wurde das körperliche Training härter. Wichtiger Bestandteil war die Teilnahme an Wettkämpfen, wobei vielfach Mannschaften aus bestimmten Altersgruppen gegeneinander antraten. Dadurch sollten ein Gemeinschaftsgeist und eine Gruppensolidarität gestärkt werden und herausragende Leistungen von Einzelnen zurücktreten. Weiterhin wurden sie durch eine streng disziplinierte Sprache auf einen Gehorsam gegenüber den jeweils Älteren und den Alten konditioniert. Die knappen und schlagfertigen Antworten erlaubten kein Hinterfragen von Normen. So sollten die spartanischen Werte und Normen verinnerlicht und Kritik an ihnen verhindert werden. In den Quellen sind zahlreiche Aussprüche von Spartanern überliefert, die zeigen, dass die lakonische Kürze, die *brachylogía*, auch noch unter den erwachsenen Spartiaten gepflegt wurde. Eine höhere Bildung wurde in der spartanischen Erziehung nicht vermittelt, da sie die Gefahr in sich barg, dass in Dialektik, Rhetorik und Philosophie geschulte Heranwachsende das gesellschaftliche System Spartas in Frage stellen könnten. Alle Möglichkeiten einer Diskussion wurden unterbunden. Als Zeichen dafür, dass man sich in der zweiten Phase der Erziehung befand, wurde den Knaben das Haar ganz kurz geschoren. Erst am Ende dieser Erziehung durften sie das Haar [Zweite Phase der Erziehung] [Lakonische Kürze] [Keine höhere Bildung]

Gleichgeschlechtliche Beziehungen wieder lang wachsen lassen. In dieser Phase bestanden des Weiteren gleichgeschlechtliche Beziehungen zu jungen Erwachsenen, wobei die älteren Liebhaber (*erastaí*), die zwischen etwa 20 und 30 Jahren alt waren, ebenso wie die Eirenen für die Erziehung ihrer jüngeren Zöglinge, der *erómenoi*, verantwortlich waren. Die Kontrolle war strikt, denn neben den Eirenen und den *erastaí* gab es einen speziellen Amtsträger, den *paidonómos*, der über die Erziehung wachte und Strafgewalt hatte. Peitschenträger waren ihm an die Seite gestellt. Darüber hinaus konnte jeder erwachsene Spartiate jederzeit in die Erziehung eingreifen. Das Haus bzw. die Eltern hatten keinerlei Einfluss auf die Erziehung.

Mädchen Auch die Mädchen durchliefen eine gemeinschaftliche Erziehung in Altersgruppen, zu der eine sportliche Betätigung gehörte. In *agélai* eingeteilt nahmen sie an Chorauffführungen teil. Ähnlich wie bei den Knaben spielten gleichgeschlechtliche Beziehungen zu erwachsenen Frauen eine wichtige Rolle. Dass zahlreiche schlagfertige Antworten und berühmte Aussprüche auch von spartanischen Frauen überliefert sind, weist darauf hin, dass auch die Mädchen die spezifische spartanische Kommunikationsform kennen lernten.

Aufnahme unter die Erwachsenen Nach Durchlaufen der gemeinsamen Erziehung wurden die Heranwachsenen selbst Erzieher (Eirenen) von Kinder- und Jugendgruppen. Im Alter von etwa 20 Jahren nahmen sie auch an der Krypteía teil. Sie hielten sich als ‚Verborgene' (*kryptoí*) in Messenien auf, absolvierten dort ein militärisches Training, das der Abhärtung im Krieg diente. Den *kryptoí* soll es auch erlaubt gewesen sein, Heloten zu töten, die sie nachts antrafen. Durch die alljährliche Kriegserklärung wurde vermieden, dass sie sich eines Tötungsdelikts schuldig machten und göttliches Recht verletzten. Anschließend wurden sie unter die Männer (*ándres*) aufgenommen und wurden Mitglied in einer der Zelt- und Tischgemeinschaften, den Syssitien. Das gemeinschaftliche Zusammenleben endete also mit dem Ausscheiden aus der Erziehung noch nicht. Ob es nach dem dreißigsten Lebensjahr ein Zusammenleben in einer Familie gab, lässt sich nicht mit Sicherheit beantworten, doch ist wohl davon auszugehen.

5.3 Heirat, Ehe und Besitzübertragung

Hochzeitsbrauch Die Heirat bildete keinen entscheidenden Einschnitt im Leben der jungen Männer und Frauen. Plutarch berichtet in der Vita des Lykurgos von einem merkwürdigen Hochzeitsbrauch. Die Braut werde geraubt; anschließend werde ihr das Haar geschoren und Männerkleidung angezogen. So werde sie auf Streu gelegt; dann käme der Mann zu ihr. Nach dem Geschlechtsverkehr kehre der Mann zu seinen Altersgenossen zurück. Xenophon bestätigt, dass der Mann zum Geschlechtsverkehr zu der Frau ging, also (zumindest am Anfang) keine patrilokale Ehe bestand. Wenn Plutarchs Beschreibung zutrifft, hieße dies, dass alle Formen, die z. B. in Athen einer

Heirat Rechtmäßigkeit verliehen, nämlich *engýe*, *ékdosis* und *synoikeín*, vermieden wurden. Durch den Raub wurden das Einverständnis des Brautvaters (*engýe*) und die Übergabe der Braut beim Hochzeitszug (*ékdosis*) umgangen. Von einem Hochzeitszug durch die Straßen, der die Heirat öffentlich machte, hören wir in Sparta nichts. Statt des Geschlechtsverkehrs in der Hochzeitsnacht als Beginn des ehelichen Zusammenlebens (*synoikeín*) wurde eine Beziehung imitiert, wie sie Plutarch für die zweite Phase der Erziehung beschreibt, nämlich die homoerotische Beziehung zwischen einem älteren *erastés* und einem jüngeren *erómenos*. Da der Mann anschließend zu seinen Altersgenossen zurückkehrte, begründete die ‚Hochzeitsnacht' jedenfalls kein eheliches Zusammenleben. Durch den ‚Hochzeitsbrauch' wurde also verhindert, dass eine rechtmäßige Ehe – zumindest vorerst – zustande kam. Die Familie wurde dadurch weitgehend zurückgedrängt, war nicht Wohn-, Mahl-, Erziehungs- oder Lebensgemeinschaft.

Das Ziel dieses merkwürdigen Brauchs war wahrscheinlich nicht, ein Zusammenleben von Mann und Frau zu verhindern. Es ging darum, eine rechtliche Bindung zwischen Hausvater und Sohn zu durchtrennen. Denn wenn die Rechtmäßigkeit der Ehe nicht gegeben war, konnten die Söhne nicht den Besitz ihres Vaters übernehmen. Die übliche Form der Besitzübertragung innerhalb des Hauses war damit aufgehoben. Der Grund dafür wird die Eroberung Messeniens und die Zuweisung der von den Heloten bewirtschafteten *klároi* gewesen sein. Es sollte sichergestellt werden, dass die messenischen *klároi* nicht innerhalb der Familie weitervererbt wurden. Stattdessen wurde – so berichtet Plutarch – den neugeborenen Kindern von den Phylenältesten ein Landgut in Messenien zugesprochen. Die Vermeidung einer rechtmäßigen Ehe hatte also das Ziel zu gewährleisten, dass die messenischen *klároi* nicht in den Besitz der spartanischen Familien gerieten, sondern beim Tod eines Spartiaten an das Gemeinwesen zurückfielen und neu zugesprochen werden konnten. Dies lässt sich mit Quellenangaben verbinden, wonach es in Sparta zwei Formen von Landbesitz gab. Der Verkauf des ‚alten Anteils' (*archaía moíra*) war grundsätzlich verboten, weil das von Heloten bewirtschaftete Landgut nicht in den Besitz des Hauses übergehen durfte. Davon unberührt waren die Landgüter, die die Spartaner bereits vor der Eroberung Messeniens besaßen. Sie blieben im Besitz der Häuser, konnten vererbt, später auch veräußert werden.

Die radikale Abkehr von der üblichen Form einer patrilinearen Besitzübertragung vom Vater auf den Sohn und die dafür notwendige ‚Aufhebung' der Ehe als Rechtsform hatte weitreichende Konsequenzen. Da es keine rechtmäßige Ehe gab, konnte es in Sparta prinzipiell keinen Ehebruch als Straftat geben. Die Väter hatten keine rechtliche Gewalt mehr über ihre Kinder; sie sollten sich vielmehr als Väter aller spartanischen Kinder fühlen und konnten in deren Erziehung jederzeit eingreifen. Die Aufsicht und Strafgewalt des *eirén* und des *erastés*, später die Einbindung in die Speisegemeinschaften ersetzten die väterliche Gewalt und ein familiales Zusammenleben.

Avuncolineare Erbfolge

Da jeder Spartiat neben dem ihm zugesprochenen Landgut in Messenien eigenen Besitz in Lakonien hatte, stellte sich das Problem, wie dieser Besitz an die nächste Generation übertragen werden konnte, wenn zwischen Vater und leiblichem Sohn keine rechtliche Beziehung bestand, der Vater nur Erzeuger war. Eine rechtliche Beziehung bestand allein zwischen der Mutter und ihren Kindern. Die privaten Besitztümer in Lakonien wurden wahrscheinlich vom Hausvater über dessen Schwester an deren Sohn, also an den Neffen vererbt. Eine solche Erbfolge war möglich, denn die Schwester stand durch die gemeinsame Abstammung von der Mutter in einer rechtlichen Beziehung zu ihrem Bruder, und ihre Kinder waren aufgrund von Schwangerschaft und Geburt unbezweifelbar ihre Söhne und Töchter. Die Erbfolge wechselte also von einer patrilinearen zu einer avuncolinearen (Erbfolge vom Onkel, lat. *avunculus*, auf den Neffen). Ein wichtiger Anhaltspunkt für diese These ist, dass in Sparta eine Frau mit mehreren Männern Geschlechtsverkehr eingehen konnte (vielfach Polyandrie genannt). Wenn nämlich das Erbe eines Spartiaten nur über die Schwester an deren Sohn gegeben werden konnte, musste sichergestellt werden, dass die Schwester Nachkommenschaft hatte. So wie in den homerischen Epen oder im Athen der archaischen Zeit Hausväter eine Nebenfrau ins Haus holen konnten, wenn die Ehefrau keine Kinder gebar, so sollte in Sparta durch den Geschlechtsverkehr mit verschiedenen Männern sichergestellt werden, dass eine Frau Kinder gebar. Im archaischen Athen war im Falle der Kinderlosigkeit also Geschlechtsverkehr mit zwei Frauen möglich, um dem Mann Erben zu sichern, in Sparta entsprechend Geschlechtsverkehr mit zwei oder mehr Männern, um der Frau Nachkommenschaft zu sichern.

Heiratsverbot von Halbgeschwistern

Auf eine Besitzweitergabe über die Frau weist außerdem das Heiratsverbot von Halbgeschwistern hin, die von zwei verschiedenen Müttern abstammten. In Athen war – genau entgegengesetzt – eine Heirat von Halbgeschwistern verboten, die von zwei verschiedenen Vätern abstammten. Bei der patrilinearen Erbfolge in Athen hätten zwei verschiedene Väter den Halbgeschwistern zwei Häuser vererbt. Durch das Gesetz sollten also Besitzkumulationen und darauf zielende Heiratsstrategien verhindert werden. Wenn in Sparta umgekehrt die Heirat von Halbgeschwistern, die von zwei verschiedenen Müttern abstammten, verboten war und das Gesetz ebenfalls darauf zielte, Besitzkumulationen zu verhindern, ergibt sich daraus für Sparta eine Besitzweitergabe über die Mütter.

Stellung der Frau

Wenn die These von einer avuncolinearen Erbfolge zutrifft, bei der Besitz über die Schwester auf deren Sohn übergeht, würde dies die besondere Stellung der Frau in der spartanischen Gesellschaft erklären. Je wichtiger nämlich die Frau für die Besitzweitergabe an die nächste Generation ist (sei es durch Mitgift, Brautgaben oder Beteiligung am Erbe), desto mehr kann sie hinsichtlich ihrer gesellschaftlichen Position davon profitieren. Dies war auch in Sparta der Fall: Da der Besitz nur über die Schwester weitergegeben werden konnte, konnte sie den Besitz auch selbst innehaben, solange sie noch keinen Sohn hatte. Hatte sie eine Tochter, konnte diese den Besitz selbst innehaben, da wiederum nur sie das Erbe an die folgende Generation vermitteln konnte, unabhängig davon, mit welchem Mann sie Geschlechtsverkehr hatte. Patrilinearität spielte also in Sparta keine Rolle, und so hören wir nichts davon, dass Erbtöchter wie in Athen den nächsten männlichen Verwandten väterlicherseits heiraten mussten. Stattdessen bestätigen die Quellen ausdrücklich, dass die Erbtochter frei in eine ‚Ehe' gegeben werden konnte. Darüber hinaus findet sich bei Herodot ein Beleg dafür, dass in Sparta (wie im kretischen Gortyn) die Erbtochter nicht *epíkleros*, sondern *patroúchos* heißt, „die das väterliche Erbe in der Hand hat". Aus der avunculinearen Besitzweitergabe resultierte also, dass spartanische Frauen besitzfähig waren. Erbtöchter

Da diese Regelungen auf das Ziel ausgerichtet waren, das messenische Land nicht in den Besitz einzelner Häuser gelangen zu lassen, sondern als gemeinschaftlichen Besitz Spartas zu bewahren, muss dieser radikale Wandel von Familie und Gesellschaft mit der Eroberung Messeniens und der Ausgestaltung der Herrschaft über Messenien in Verbindung stehen. Die Veränderung wäre dann in das 6. Jh. zu datieren. In Xenophons *Verfassung der Lakedaimonier* gibt es Hinweise auf den merkwürdigen Hochzeitsbrauch und eine zumindest in bestimmten Fällen mögliche Polyandrie. Herodot bezeugt für das 5. Jh. den Namen *patroúchos*. Die Umgestaltung des spartanischen Kosmos ist also in vorklassischer Zeit anzusetzen. Zeitpunkt der radikalen Umgestaltung

Auf der anderen Seite gibt es deutliche Hinweise dafür, dass der radikale Wandel, den die spartanische Gesellschaft vollzogen hatte, nach und nach zurückgenommen wurde. Da die avunculineare Erbfolge mit einer auf die Erzeugerrolle reduzierte Funktion des Mannes kein stabiles System darstellt, nähern sich viele solcher aus dem ethnologischen Vergleich bekannten Gesellschaften üblichen Formen des Zusammenlebens wieder an. So wird es auch in Sparta spätestens im 5. Jh. wieder ein Zusammenleben von Mann und Frau, ein *synoikeín*, gegeben haben, zumindest wenn der Mann mit etwa 30 Jahren aus dem vollständigen Gemeinschaftsleben von *agogé* und Syssitien ausschied. Der merkwürdige Hochzeitsbrauch wurde zwar von der Form her oder in einzelnen Elementen beibehalten, aber als Hochzeitsbrauch begriffen, durch den eine rechtmäßige Ehe begründet wurde. Die Brautwerber wandten sich an die Brautväter, damit sie einer Ehe zustimmten. Letzteres war bereits in der Zeit Herodots, also in der Mitte des 5. Jh. v. Chr., wieder üblich geworden. Möglicherweise wurde sogar der Besitz in Lakonien wieder patrilinear an die Söhne vererbt. Allerdings blieben die gemeinschaftliche, vom Haus gänzlich getrennte Erziehung der Kinder und die starke Stellung der Frau auffällige Charakteristika der spartanischen Gesellschaft. Als *patroúchos* hatte die Frau, die keine Brüder hatte, Besitzrechte über das Land. In der zweiten Hälfte des 4. Jh. kritisiert Aristo- Teilweise Rücknahme der Veränderungen teles die spartanische Ordnung, weil zwei Fünftel des Landes im Besitz von Frauen seien. Neben den Erbschaften waren reichlich bemessene Mitgiften dafür die Ursache. Töchter erhielten auch dann eine Mitgift, wenn leibliche Brüder vorhanden waren. Die Mitgift entsprach also einem vorzeitig übergebenen Erbanteil.

Alternative Deutungen

Die hier vertretene Deutung der spartanischen ‚Ehe' und der Rekonstruktion der Erbfolge in Sparta ist allerdings nur eine von mehreren möglichen Lösungen. Andere gehen davon aus, dass in Sparta mehrere Formen der Ehe, also Raubehe und Brautwerbung, nebeneinander existierten, der spartanische Hochzeitsbrauch auf eine Probeehe hinweist, die mit der Schwangerschaft bzw. der Geburt eines Kindes rechtsgültig wurde. Danach, spätestens aber wenn der Mann 30 Jahre alt war, begann die Zeit des ehelichen Zusammenlebens. Blieben Kinder aus, konnte ohne Ehrverlust eine neue Verbindung eingegangen werden. Da spätestens mit der Geburt von Kindern die Ehe rechtsgültig war, konnte der Besitz vom Vater auf den Sohn übertragen werden.

Gesetz des Epitadeus

In der Zeit nach dem Peloponnesischen Krieg soll der spartanische Ephore Epitadeus ein Gesetz zur Abstimmung gebracht haben, dass hinsichtlich der Landgüter die volle Testierfreiheit und das Recht der Schenkung gewährte. Wenn dieses Gesetz authentisch sein sollte, würde dies eine Stärkung des Hausvaters bedeuten, der nun seinen Sohn enterben konnte. Testamentarische Zuwendungen und Schenkungen dürften zu einer Besitzkonzentration beigetragen haben.

5.4 Die Syssitien und die Stellung der Alten

Syssitien

Weil Haus und Familie in Sparta in ihrer Bedeutung zurückgedrängt waren, gewannen andere Formen des Zusammenlebens an Gewicht. Nach dem Ende der Erziehung wurden die Spartiaten in den Kreis der Männer (*ándres*) aufgenommen, nahmen an den Kriegszügen teil und traten in eine der Speisegemeinschaften ein, die in Sparta Syssítien oder Phidítien hießen. Diese Speisegemeinschaften umfassten jeweils etwa 15 Personen und waren, anders als die Gruppen der Kinder und Jugendlichen während der Erziehung, altersgemischt zusammengesetzt. Xenophon erklärt dies damit, dass unter Gleichaltrigen die geringste Scheu bestehe. Wenn die Syssitien also bewusst altersgemischt waren, sollte Respekt vor den Älteren gefördert werden. Die Jüngeren sollten sich in ihrem Verhalten und in ihren Einschätzungen an den Älteren ausrichten. Die Aufnahme in die Speisegemeinschaften erfolgte durch die bisherigen Mitglieder. Sie mussten eine Brotkrume in ein Gefäß werfen. War die Brotkrume zusammengedrückt, galt dies als Ablehnung, wobei *ein* ablehnendes Votum genügte, um die Aufnahme zu verweigern. Bei diesem Verfahren wurde nicht offensichtlich, wer für und wer gegen die Aufnahme gestimmt hatte. Nach außen wurde Einmütigkeit demonstriert.

Neben dem Zusammensein im Kreis der Männer gingen die Spartiaten sportlichen und militärischen Übungen und der Jagd nach. Teile der Jagdbeute wurden bei den gemeinsamen Mahlzeiten verspeist. Die wichtigste Grundlage der Mahlgemeinschaften waren aber die regelmäßigen Beiträge, die die Mitglieder beisteuern mussten. Sie waren daher verantwortlich dafür, dass die Heloten auf den Landgütern entsprechende Ernteerträge an sie ablieferten. Neben Gerstenbrei (*máza*) und Blutsuppe wurden Erbsenbrei, Käse und Honig gegessen, bisweilen auch Weizenbrot. Untergebracht waren die Speisegemeinschaften in Zelten oder festen Unterkünften. _{Speisen}

Weil der Unterhalt der Bürger größtenteils durch die Arbeit der Heloten erbracht wurde, war die Position der Alten in Sparta eine ganz andere als in Athen. Den Wechsel auf ein Altenteil gab es nicht, da körperliche Arbeit keine notwendige Voraussetzung für den Lebensunterhalt war. Ja, die Alten gewannen noch an Autorität, da sie sich für die Erziehung verantwortlich fühlen und strafend eingreifen sollten. Zeit ihres Lebens blieben sie Mitglieder der Speisegemeinschaften. Ihre Position wurde zusätzlich gestärkt durch die große Bedeutung der *gerusía*, des Ältestenrats, für dessen Mitgliedschaft ein Alter von mindestens 60 Jahren Voraussetzung war. Wer in dieses wichtige Gremium gewählt worden war, behielt diese Position sein Leben lang. Bei bestimmten Anlässen konnten aber auch die Alten verspottet werden; wurde diese indirekte Kritik aber zu arg, konnten die Alten den Spott unterbinden. So waren sie in die gesellschaftlichen Normen eingebunden, behielten aber entscheidende Machtmittel in den Händen. _{Starke Stellung der Alten}

Dass in Sparta Haus und Familie als Grundelemente der Gesellschaft stark in den Hintergrund gedrängt waren, die Erziehung strikt in Altersphasen gegliedert war und die Autorität der Alten gestärkt wurde, steht in einem unmittelbaren Zusammenhang. An die Stelle von Haus und Familie war ein anderes soziales Gliederungsprinzip getreten, das auf Alter ausgerichtet war. Höheres Alter vermittelte unmittelbar höhere Autorität. Während der gesamten Erziehung wurden die Spartaner darauf konditioniert, die Autorität des jeweils Älteren anzuerkennen. Man hatte vor Älteren aufzustehen, ihnen gegenüber zu schweigen, auf der Straße Platz zu machen. Die Älteren und die Alten konnten jederzeit in die Erziehung eingreifen, und ein kurzer Spruch eines Alten konnte selbst einen spartanischen König zur Änderung seines Handelns bewegen. In Sparta galt also ein strenges Senioritätsprinzip. _{Senioritätsprinzip}

5.5 Sparta in hellenistischer Zeit

In hellenistischer Zeit schwand die Macht Spartas rasch. Bereits 370/69 v. Chr. hatte Sparta die Herrschaft über Messenien und damit auch über die Heloten dort verloren. Allerdings blieb die Helotie in Lakonien selbst weiter bestehen. Abgesehen von militärischen Niederlagen und politischen Fehlentscheidungen ist für den schnellen Niedergang ein drastischer zahlenmäßiger Rückgang der Spartiaten ausschlaggebend gewesen. Trotz _{Verlust Messeniens}

_{Oliganthropie}

der Einführung von Privilegien für Eltern mit drei und mehr Kindern (Befreiung von der Heerespflicht bzw. von allen Abgaben) gelang es nicht, die Bürgerzahl deutlich zu erhöhen. Die Zahl der Spartiaten sank von etwa 8000–10000 erwachsenen Männern im frühen 5. Jh. auf etwa 1000–1500 um 370 v. Chr. Unter König Agis IV. (244–241) soll die Bürgerzahl auf nurmehr 700 gesunken sein. Hinzu kam eine ungleiche Verteilung des Landbesitzes. Ein großer Teil des Landes war in den Händen weniger Reicher. Reformversuche der Könige Agis IV., Kleomenes III. (235–222) und Nabis (207–192), die darauf zielten, verarmte und verschuldete Spartiaten in der Bürgerschaft zu halten und zur Erhöhung der Bürgerzahl Periöken (teilweise auch Heloten) das Bürgerrecht zu geben, führten zu politischen Unruhen und einer weiteren Destabilisierung. Mit Unterstützung König Agis' IV. hatte der Ephore Lysandros einen Gesetzesvorschlag eingebracht, alle Schulden aufzuheben und eine Neuverteilung des Landes vorzunehmen. Periöken und Minderberechtigte sollten an den 6000 zu schaffenden Landlosen beteiligt werden. In harten politischen Auseinandersetzungen scheiterten diese Reformen zunächst. Kleomenes führte diese politischen Ansinnen fort, indem er mit Gewalt eine Landreform durchsetzte. Ausgewählten Periöken wurde das Bürgerrecht verliehen und sie erhielten Landlose. Die Mahlgemeinschaften wurden wiederbelebt, allerdings mit je 200 bzw. 400 Mitgliedern, so dass sie eher organisatorische und militärische Einheiten darstellten, nicht der Sozialisation von *peers* und der Verhaltenskontrolle dienten. 223 v. Chr. bot Kleomenes in einer militärischen Notsituation den Heloten an, sich freizukaufen, um sie im Kampf gegen Makedonen und Achäer einzusetzen und Geld für die Bezahlung von Söldnern zu erhalten; rund 6000 Heloten sollen die dafür notwendigen fünf attischen Minen aufgebracht haben. Nabis schließlich soll sich wie ein Tyrann gebärdet, Angehörige der Oberschicht vertrieben und deren Land an arme Bürger, vielleicht auch Heloten und Sklaven verteilt haben.

An der gemeinschaftlichen Erziehung der Kinder hielt Sparta fest bzw. richtete diese nach altem Vorbild neu ein, auch wenn sie in manchen Punkten reformiert wurde. Für die hellenistische Zeit sind spezielle Benennungen von Altersklassen überliefert: Es gab also eine feste Zugehörigkeit und ein geregeltes Aufrücken in die nächste Altersstufe. Inschriften anlässlich von Siegen in athletischen Wettkämpfen belegen die Existenz solcher Altersgruppen bis in die römische Kaiserzeit. Auch die Auspeitschungen am Altar der Artemis Orthía wurden wieder aufgenommen. Sieger in diesen ‚Wettkämpfen der Ausdauer' wurden gefeiert. Aus ganz Griechenland reisten Schaulustige zu den blutigen Wettkämpfen.

6. Haus und Familie im hellenistischen Griechenland

6.1 Die wirtschaftliche Grundlage des Hauses

In hellenistischer Zeit blieb die Landwirtschaft die wichtigste Lebensgrundlage der Häuser. In den Städten im griechischen Mutterland, die sich in vielen Regionen zu größeren Bundesstaaten zusammengeschlossen hatten, und in den Städten auf den Inseln der Ägäis und an der kleinasiatischen Küste war das Recht, Land zu besitzen, nach wie vor an das Bürgerrecht gebunden. Das Land wurde als freies Eigentum bewirtschaftet, das verkauft oder verpachtet werden konnte. Abgaben wurden auf die Erzeugung von Nahrungsmitteln nicht erhoben. In den griechischen Städten lebten also in der Wirtschaft die traditionellen Besitzverhältnisse aus archaischer und klassischer Zeit fort. Anders gestalteten sich die Verhältnisse in den hellenistischen Königreichen, in Makedonien und in weiten Teilen des Seleukidenreichs. Weiträumige Gebiete gehörten dem König. Die königliche Domäne, das Königsland, war an einheimische Bauern, die *laoí*, verpachtet. Über das ganze Land verstreut lebten die Königsbauern in dörflichen Siedlungen, die eine Selbstverwaltung nach griechischem Muster nicht kannten. Für die Nutzung des Landes hatten die Königsbauern hohe Abgaben zu leisten. Freunde des Königs und hohe Funktionsträger erhielten vom König große Ländereien, zu denen Dörfer und Weiler gehören konnten. Allerdings waren diese verliehenen Güter kein unumschränktes Eigentum, denn der König konnte diese Besitztümer wieder einziehen. Neben dem Königsland und den Territorien der vor allem im Küstengebiet gelegenen griechischen Städte gab es wahrscheinlich auch privates Land, über dessen Ausdehnung aber keine Angaben zu gewinnen sind. Einheimische Traditionen wurden fortgesetzt, doch die Eroberungen Alexanders führten aufgrund der Einwanderung von Griechen zu einer starken Hellenisierung, zumindest in einzelnen Regionen. Da sich die Bevölkerung aus Einheimischen und eingewanderten Kolonisten, die ihrerseits ganz unterschiedlicher Herkunft waren, zusammensetzte, ist nicht davon auszugehen, dass es einheitliche Haus- und Familienstrukturen gab.

In Griechenland und in den in Kleinasien gelegenen griechischen Städten blieben Weizen, Gerste und Bohnen die wichtigsten Anbauprodukte. Darüber hinaus gab es Gartenbau mit Gemüse- und Obstkulturen. In Hanglagen wurde auf künstlich angelegten Terrassierungen Olivenanbau betrieben. Schafzucht diente vorrangig der Wollgewinnung, in den Wäldern im Bergland gewann man Holz und Holzkohle. In Kleinasien wurden Feuchtwiesen und Sumpfgebiete zum Futteranbau oder als Dauerweiden genutzt.

Nicht nur im Bereich der Landwirtschaft, sondern auch im Handwerk und Gewerbe ist mit einer breiten, nebeneinander bestehenden Vielfalt von Wirtschaftsformen in den verschiedenen Teilen der hellenistischen Welt zu rechnen. Strukturell lassen sich aber keine grundlegenden Veränderungen

Agrarische Grundlage

Königsbauern

Anbauprodukte

Handwerk und Handel

gegenüber der klassischen Zeit feststellen. Handwerker und Händler waren in der Regel freie Personen, Bürger wie Nichtbürger, die Marktabgaben und diverse Steuern entrichten mussten. Sie gingen ihrem Gewerbe als Einzelne nach oder ließen Sklaven in ihren Werkstätten arbeiten. Freilassungs- und Steuerlisten weisen zahlreiche Kleinhändler und Krämer (*kápeloi*) und vielfältige Berufsbezeichnungen auf, so dass nach wie vor von einer breiten Diversifizierung von Berufen auszugehen ist. Darüber hinaus versuchten Angehörige der niederen Schichten, durch Lohnarbeit ihren Lebensunterhalt zu bestreiten. Die Löhne waren sehr niedrig. Einige Städte, wie Rhodos und Delos, konnten von der Ausbreitung der griechischen Kultur im östlichen Mittelmeer und einem weit umspannenden Handel profitieren. Sie zogen Fremde, Kaufleute und Bankiers in ihre Städte, die enormen Reichtum brachten. Auf der anderen Seite führten zahlreiche Kriege und eine sich ausbreitende Piraterie immer wieder zu Gefährdungen und Einbußen. Von einer finanziell angespannten Lage zeugen Anleihen, die Städte aufzunehmen gezwungen waren. Doch sind sie gleichzeitig ein Beleg für den Reichtum der städtischen Eliten, die solche Anleihen zeichneten. Sie waren nicht nur große Landbesitzer, sondern zogen auch, z. B. durch Kredite, aus Handel und Gewerbe große Gewinne. Ingesamt scheint es in hellenistischer Zeit einen Konzentrationsprozess gegeben zu haben. Das Land war stärker in den Händen der sozialen Elite konzentriert, wohingegen die Schicht der mittleren Bauern zahlenmäßig geringer wurde.

6.2 Die Familienstruktur

Familien der Könige   Die königliche Familie war mit ihrem Euergetismus ein Vorbild für die soziale Elite. In anderen Punkten aber unterschieden sich königliche Familien stärker von anderen Familien, und dies betraf nicht nur die kultische Verehrung, die dem Königspaar zukam. Viele Könige hatten mehrere Ehefrauen oder Konkubinen, wobei die Grenze zwischen legitimer Ehe und Konkubinatsverhältnissen fließend war. Die Beziehungen bestanden z. T. gleichzeitig; polygame Verhältnisse waren in den Herrscherfamilien also nicht ungewöhnlich. Darüber hinaus begegnen im Herrscherhaus, vor allem im ptolemäischen Ägypten, Ehen mit Vollgeschwistern, eine Beziehung, wie sie in Athen, Sparta und wohl auch in anderen griechischen Städten verboten war. Durch die Geschwisterehen grenzten sich die Herrscherfamilien von der sozialen Elite ab und hielten so Ansprüche auf die königliche Stellung in engem Rahmen. Machtkämpfe innerhalb der Dynastie konnten damit aber nicht verhindert werden. Eine Abgrenzung gegenüber der sozialen Elite zeigt sich auch bei exogamen Heiraten: Wurden Töchter aus der Königsfamilie in eine Ehe gegeben, gehörten die Ehemänner in der Regel auswärtigen Herrscherfamilien an. Reich mit Mitgiften ausgestattet, verfügten die Frauen der Könige über große Reichtümer. Darüber hinaus erhielten sie bei der Eheschließung weitere Geschenke von ihrem Gatten. Herrscherinnen waren daher Lebensformen gestattet, die ‚normalen' Frauen verwehrt waren: Sie ritten zu Pferd, nahmen an der Jagd teil, ja waren selbst auf dem Schlachtfeld anzutreffen. Inwieweit die stärker in der Öffentlichkeit sichtbare Präsenz von Herrscherinnen Auswirkungen auf die Position anderer Frauen hatte, ist nicht sicher zu beantworten.

Außerhalb der Herrscherfamilien änderten sich Familienstruktur und Ehe- und Erbrecht durch die Eingliederung der Städte und Dörfer in größere Herrschaftsgebiete nicht wesentlich. Die Ehen waren in der Regel monogam. Geschwisterehen blieben, von einer Ausnahme aus dem ptolemäischen Ägypten abgesehen, in hellenistischer Zeit auf das Herrscherhaus beschränkt. Selbst Ehen innerhalb der Verwandtschaft sind nur selten anzutreffen, was auf Veränderungen im Erbrecht hindeutet. Gravierender wirkte sich hingegen die starke Migration aus. Infolge der Eroberung des persischen Reiches durch Alexander und fortdauernder im Osten geführter Kriege wurden zahlreiche Griechen, die in den Heeren als Söldner und Soldaten dienten, auf königlichen Domänen und in neu gegründeten Städten im östlichen Mittelmeerraum angesiedelt. Die Folge war ein z. T. dramatisches Absinken der Bevölkerungszahl in den Städten des Mutterlandes, was die Bereitschaft, neue Bürger aufzunehmen, erhöhte. So wurden gegen Ende des 3. Jh. v. Chr. etwa 1000 Kreter und Angehörige anderer Städte in die Bürgerschaft Milets aufgenommen, wobei die Neubürger mit Namen, Vatersnamen und Herkunft, dem Namen der Frau und der Kinder in Listen erfasst wurden. Solche Inschriften sind vieldiskutierte Dokumente der historischen Familienforschung. Hinzu kommen Verträge über eine politische Vereinigung vorher unabhängiger Poleis in einer *sympoliteía*, in denen die gegenseitig verbrieften Rechte festgeschrieben sind. Viele der Migranten kamen als Einzelpersonen, die eine neue Heimat suchten; in anderen Fällen waren es Familien mit einem oder mehreren unmündigen Kindern. Da die Listen aber nicht repräsentativ sind, ist eine Auswertung in Hinsicht auf die Familienstrukturen problematisch. Dass in den Listen auch Frauen verzeichnet sind, lässt den Schluss zu, dass entweder für den Bürgerstatus oder für die Übernahme von Ämtern (einschließlich der Priesterämter) beide Elternteile Bürger sein mussten. Durch die starke Migration wurden alte Bindungen gelöst, neue mussten aufgebaut werden. Dies wird Veränderungen für das Zusammenleben der Familien bewirkt haben, doch das genaue Verhältnis von Ursache und Wirkung ist nur schwer zu bestimmen.

Die Hausgemeinschaft hat sich in hellenistischer Zeit in ihren wesentlichen Grundstrukturen nicht verändert. Die Inschriften zeigen, dass die Basis der Hausgemeinschaft nach wie vor die Kernfamilie war, der der Hausvater vorstand. In mehreren Fällen ist zu dem Namen des Hausvaters und seiner Frau der Mutter des Mannes hinzugefügt, was auf erweiterte Haushalte mit drei Generationen schließen lässt. Abgesehen von den alten Eltern und unverheirateten Schwestern bestanden die Familien im Wesentlichen aus der Kernfamilie und waren daher auf eine relativ geringe Personenzahl be-

Familienstruktur

Auswirkungen der Migration

Kernfamilie und erweiterte Familie

schränkt. Großfamilien oder Stammfamilien lassen sich nicht nachweisen. Die Zahl der zur Zeit der Eintragung lebenden, aber noch unmündigen Kinder lag bei eins bis drei, in einigen Fällen waren es auch mehr Kinder. Da Sklaven auf diesen Listen nicht erfasst wurden, lässt sich über deren Integration ins Haus nichts aussagen. Lediglich in ägyptischen Zensusdeklarationen sind bisweilen nicht wenige Sklaven oder in Lohn stehende Landarbeiter genannt. Da auf den Listen aus Ilion in vielen Fällen die Mütter zusammen mit dem Sohn registriert sind, scheinen die Ehen vorwiegend patrilokal gewesen zu sein.

Familienstrukturen bei Menander — Eine starke Kontinuität in der Familienstruktur zeigen für das frühhellenistische Athen die Komödien des Menander. Der Hausvater stand als *kýrios* der Familie vor und entschied über die Heirat der Tochter. Ehen waren patrilokal und die rechtmäßige Abkunft der Hauskinder war nach wie vor von entscheidender Bedeutung. In diesem Punkt galt Patrilinearität weiterhin unangefochten. In den bäuerlichen Häusern bestand zudem die geschlechtsspezifische Trennung der Arbeits- und Umgangsbereiche fort. Veränderungen lassen sich hinsichtlich der Eheschließung, der über das Haus hinausgehenden Kontakte, vielleicht auch in der Stellung der alten Eltern konstatieren. Häufiger begegnen in den Komödien Großväter, die eine emotionale Beziehung zu ihren meist im Säuglingsalter befindlichen Enkeln haben.

6.3 Kindheit, Jugend und Erziehung

Aussetzung — In hellenistischer Zeit wurden weiterhin Neugeborene ausgesetzt, wahrscheinlich sogar in größerer Zahl als in archaischer und klassischer Zeit. Dieses Schicksal traf nicht nur missgestaltete Kinder und solche aus außerehelichen Verbindungen, sondern auch viele ‚überzählige' Kinder, die man aus wirtschaftlicher Not meinte, nicht ernähren zu können. Da man zur Fortführung des Hauses und zur Sicherung einer Versorgung im Alter Söhne brauchte, wurden vorrangig Mädchen ausgesetzt. Ägyptische Steuer- und Zensusdeklarationen, die überwiegend griechische Namen aufweisen, zeigen in einigen Fällen dieselben Charakteristika wie die Listen von Neubürgern in kleinasiatischen Städten: Die Zahl der Söhne ist auffallend höher als die der Töchter, was im Allgemeinen auf eine häufigere Aussetzung von Töchtern zurückgeführt wird. Allerdings sind die Zensusdokumente nicht repräsentativ, so dass sichere Schlussfolgerungen nicht möglich sind. Andere Aufstellungen von Bewohnern eines Dorfes oder Gaus weisen eine ähnlich hohe Zahl von Männern und Frauen aus. Durch die Aussetzung von Mädchen entging man der Verpflichtung, sie bei der Hochzeit mit einer Mitgift auszustatten, die das häusliche Vermögen geschmälert hätte. Die höhere Zahl ausgesetzter Mädchen hat zu einem unausgewogenen Geschlechterverhältnis geführt mit der Folge, dass das Heiratsalter des Mannes hoch, das der Frau niedrig war.

Aus hellenistischer Zeit gibt es zahlreiche Belege für die Einteilung der Kinder, Heranwachsenden und Jugendlichen in Altersgruppen. Das Zentrum ihrer Erziehung waren die Gymnasien und Palästren, in denen sie, getrennt in *paídes*, Epheben und *néoi*, sportliche Übungen absolvierten. In größeren Städten hatten die verschiedenen Altersgruppen eigene Sportstätten; in kleineren Städten sorgte ein Gymnasiarch für die Organisation gemeinsam genutzter Anlagen. Die Erziehung der Jugend galt als kollektive Aufgabe der Stadt, die dafür nicht selten größere Gebäudekomplexe errichteten, die neben Sportanlagen Bibliotheken und Vortragsräume umfassten. Geschult wurde also nicht nur die körperliche, sondern auch die geistige und charakterliche Erziehung. Diese Form der *paideía* breitete sich mit der Errichtung von Gymnasien in griechisch geprägten Städten der gesamten östlichen Mittelmeerwelt aus und galt als ein Inbegriff hellenischer Kultur. Sie trug wesentlich dazu bei, inmitten einer fremden Umgebung eine griechische Identität über viele Generationen zu wahren. Die Gymnasien standen auch hellenisierten Nichtgriechen offen. Mädchen war in einigen Städten der Zugang zum Gymnasium erlaubt. Erwachsenen Frauen und Sklaven war hingegen die Teilnahme versagt. Der Besuch des Gymnasiums galt als Zeichen des bürgerlichen Status. Gebäude und notwendige Utensilien, insbesondere Öl, wurden häufig durch private oder königliche Stiftungen finanziert. Besondere Sorgfalt wurde darauf gelegt, die 12- bis 18-jährigen *paídes* vor homoerotischen Übergriffen zu schützen. Neben den Gymnasiarchen war es die Aufgabe von gewählten *paidonómoi*, sich um die Erziehung der Kinder zu kümmern. Die 18- und 19-Jährigen leisteten einen ein- bis zweijährigen Ephebendienst, während dessen sie Wachdienste verrichten mussten.

Gymnasion und Palaistra

6.4 Heirat und Ehe. Die Position der Frau im Haus

Es ist davon auszugehen, dass viele der Grundbedingungen ehelichen Zusammenlebens in hellenistischer Zeit weiter Bestand hatten. In der Regel wird der Vater bzw. der nächste männliche Verwandte über die Ehe der Tochter entschieden haben, und er konnte das Recht beanspruchen, die Ehe seiner Tochter zu beenden. Die Frau war bei der Heirat deutlich jünger als der Ehemann. Die Frau verließ im Allgemeinen ihr Elternhaus und zog in das ihres Ehemannes. Insgesamt gesehen ist aber die Quellengrundlage sehr viel schlechter als für die archaische und klassische Zeit, so dass oft nur umrisshaft grundlegende Strukturen ermittelt werden können.

Kontinuitäten

Eine breitere Quellengrundlage stellen allein die Komödien des Menander dar, die vor dem Hintergrund der frühhellenistischen Gesellschaft in Athen ausgewertet werden müssen. Sie enthalten Belege für die Ehen von Halbgeschwistern, die zwei verschiedenen Ehen des Vaters entstammen, und belegen die fortwährende Gültigkeit der rechtlichen Bestimmungen über die ‚Erbtöchter' (*epíkleroi*), auch wenn eine strikte Anwendung auf

Komödien Menanders

kein Verständnis stieß, weil eine ‚unsinnige', der jungen Frau nicht zumutbare Ehe zustande kommen würde. Ein häufiges Motiv ist der voreheliche Geschlechtsverkehr, der aber nicht als Vergewaltigung skandalisiert wurde. Wenn sich am Ende der Brautwerber oder der eigene Ehemann als der Vergewaltiger herausstellt, der den ‚Schaden' damit heilt, dass er das vergewaltigte Mädchen heiratet bzw. die Frau wieder im Haus aufnimmt, deutet dies darauf hin, dass sich eine gewisse Einklagbarkeit der Ehe nach vorehelichem Geschlechtsverkehr durchsetzte. Als Motiv einer Heirat tritt die Liebe (mitunter auch die ‚Liebe auf den ersten Blick') gegenüber einer Zweckheirat stärker in den Vordergrund. Zumindest in der Welt der Komödie konnte Liebe als Motiv für eine Ehe Vorgaben einer lokalen Endogamie und sozialen Homogamie überwinden. Dass vielfach Konflikte zwischen Eltern und Kindern wegen der Ehepartner auf die Bühne gebracht wurden, deutet an, dass die Entscheidungsgewalt des Brautvaters als prekär gewertet wurde, auch wenn formal die Entscheidung noch bei ihm lag und sich der Brautwerber um eine Zustimmung bemühte. Auch die Mutter und Freunde der Familie konnten beratend mitwirken. Das Heiratssystem löste sich also von einem ‚closed' oder ‚prescriptive marriage system' und tendierte zu einem ‚open' oder ‚preferential marriage system', also zu einem freieren Heiratssystem, bei dem der eigenen Entscheidung größerer Raum zugemessen wurde.

Ehen mit Nichtbürgern

In der Frage, welche Ehen als rechtmäßig und welche Kinder damit als erbberechtigt galten und Bürgerrecht in ihrer Heimatstadt genossen, setzten sich wahrscheinlich in hellenistischer Zeit die früheren Traditionen fort. Mit Unterschieden von Stadt zu Stadt ist aber zu rechnen. Die meisten Städte werden restriktiver verfahren sein und Bürgerrecht nur dann gewährt haben, wenn beide Elternteile Bürger waren. Insbesondere in einigen kleineren Städten wurden aber auch Ehen mit Frauen aus anderen Städten als rechtmäßig anerkannt. Die griechischen Städte im Mutterland, auf den Inseln und in Kleinasien lösten sich insgesamt gesehen also nur zögerlich von den Prinzipien früherer stadtstaatlichen Praktiken und weiteten das Heiratsrecht nicht ohne Weiteres auf das gesamte Herrschaftsgebiet der hellenistischen Reiche oder das eines Bundesstaates aus. Das Recht zur Heirat (*epigamía*) musste in der Regel an Stadtfremde explizit vergeben werden.

Eheverträge

Aufgrund der auf Papyrus erhaltenen Eheverträge, von denen gut 25 in hellenistische Zeit gehören, lässt sich erschließen, dass im ptolemäischen Ägypten die Ehe durch zwei Akte konstituiert wurde, die Übergabe der Braut (*ékdosis*) und die Bereitstellung der Mitgift (*phernḗ*). Ein vorausgehendes Eheversprechen des Brautvaters an den Brautwerber, also die *engýe*, ist bis auf eine Ausnahme nicht mehr belegt. Abgeschlossen wurde der Vertrag zwischen dem Ehemann und dem Vater der Frau, der als ihr *kýrios* fungierte. In Einzelfällen war auch die Mutter der Frau beteiligt. Ein Hausvater konnte seine Frau testamentarisch einsetzen, nach seinem Tod die Tochter in die Ehe zu geben. In einem Fall gab sich die Frau selbst in eine Ehe (und dies, obwohl ihr Vater lebte und als ihr *kýrios* agierte). Die Verträge verfolgten den Zweck, die Stellung und den Unterhalt der Frau in der Ehe und nach einer Scheidung abzusichern. Im Ehevertrag sind daher die Gegenstände, die die Frau ins Haus des Mannes mitbrachte und als Mitgift erhielt, aufgelistet. Neben Geld handelt es sich in der Regel um Kleidung und Schmuck, in Einzelfällen auch um eine Sklavin. Die Mitgift ging in die Verfügungsgewalt des Mannes über. Auch hinsichtlich des Erbes der Kinder konnten Regelungen schriftlich fixiert werden, insbesondere wenn es sich um eine zweite Ehe handelte. Des Weiteren enthielten die Verträge Klauseln, die es dem Mann verboten, eine andere Frau oder einen Knaben (für eine päderastische Beziehung) ins Haus zu holen, im Haus einer anderen Frau zu wohnen oder Kinder mit einer anderen Frau zu zeugen. Die polygamen Praktiken in den Herrscherfamilien galten also in diesen Ehen ausdrücklich nicht. Der Mann durfte die Ehefrau nicht aus dem Haus werfen, sie beleidigen oder schlecht behandeln. Die Ehe konnte vom Mann oder von der Frau beendet werden. Die Frau war dabei weder auf einen Magistraten noch auf einen männlichen Verwandten angewiesen. Im Fall der Scheidung erhielt die Frau ihre Mitgift zurück; mitunter wurde im Ehevertrag eine vom Mann zu leistende Strafzahlung vereinbart, wenn er die vertraglichen Regelungen gebrochen hatte. In einigen Fällen wird der Frau ein Drittel des ehelichen Zugewinns zugesprochen. Insgesamt gesehen war die Frau durch einen solchen Vertrag relativ gut abgesichert. Für das hellenistische Griechenland sind solche Eheverträge nicht belegt, so dass die in Ägypten geübte Praxis nicht ohne weiteres auf andere Gebiete übertragen werden kann.

Die auf Papyrus erhaltenen Scheidungsurkunden aus Ägypten enthalten Klauseln über eine Wiederverheiratung und die Rückgabe der Mitgift. Der Grund für eine Scheidung konnte Unfruchtbarkeit sein, doch die Eheverträge stellen auch in Rechnung, dass sich Eheleute aus Hass trennen oder der Mann eine andere Frau zu haben wünsche. Dies setzt eine eheliche Gemeinschaft als (zumindest auch) emotionale Beziehung voraus. In ähnlich gearteten Dokumenten bringen Frauen Klagen gegen ihre Männer vor, dass sie die Heiratsverpflichtungen nicht erfüllt, die Frau misshandelt, sie nicht ausreichend im Unterhalt unterstützt oder eine weitere Beziehung zu einer anderen Frau aufgenommen hätten. Scheidung

Inwieweit neben den monogamen Ehen Konkubinatsverhältnisse bestanden, lässt sich kaum beantworten. Die Tatsache, dass in den delphischen Freilassungsurkunden mehr Sklavinnen als Sklaven belegt sind und häufiger Sklavinnen zusammen mit ihren Kindern freigelassen wurden, hat zu der Annahme geführt, dass es sich in vielen Fällen um Konkubinen des Freilassers und seine Kinder gehandelt habe. Ob solche möglichen Konkubinatsverhältnisse während einer Ehe oder erst nach dem Tod der Ehefrau eingegangen wurden, entzieht sich unserer Kenntnis. Aussagen in Komödien, dass in emotionaler und sexueller Hinsicht Hetären den angetrauten Ehefrauen vorzuziehen seien, können ebensowenig unmittelbar auf eine Realität Konkubinen bezogen werden wie stereotype Lobpreisungen auf die „beste Ehefrau", die ihren Mann über alles liebte.

<small>Besitzrecht von Frauen</small> Dass sich insbesondere das Besitzrecht der Frau in hellenistischer Zeit verändert hat, zeigen viele Belege aus den Städten der hellenistischen Welt. Frauen konnten Landbesitz innehaben, Sklaven besitzen, Geld verleihen, Testamente abfassen und Stiftungen initiieren. Es ist dies wohl der markanteste und in den Quellen am besten greifbare Wandel gegenüber der archaischen und klassischen Zeit. In den Quellen sind vor allem Königinnen belegt, die Bauten finanzierten, Weihegeschenke in den Heiligtümer aufstellten und Stiftungen einrichteten. Das Wirken der weiblichen Mitglieder des Königshauses wurde damit öffentlich sichtbar. Königinnen taten sich mitunter bei Anliegen hervor, die speziell auf Frauen ausgerichtet waren, indem sie z. B. Witwen bei der Ausstattung ihrer Töchter unterstützten. Auf städtischer Ebene wurden Frauen politische Ämter übertragen. Allerdings war dies mehr ein nominelles Amt, das ehrenhalber verliehen wurde und kaum mit politischen Kompetenzen verbunden war. Mitglieder des Rates wurden Frauen nicht, und auch von den Volksversammlungen waren sie nach wie vor ausgeschlossen. Als Stifterinnen und Wohltäterinnen finanzierten Frauen städtische Bauten und Spiele, gewährten Getreide-, Wein- und Geldspenden. Sie wurden dafür mit Ehrenstatuen, Ehrenkränzen und Ehrenplätzen im Theater ausgezeichnet oder erhielten eine ehrenvolle Bestattung, Formen, die auf eine Öffentlichkeit ausgerichtet waren. Mitunter wurden sie von öffentlichen Lasten (Leiturgien) freigestellt. Waren anfangs die Ehrenstatuen noch von den Familienangehörigen der Frauen selbst gestiftet worden, wurde dies später von der Stadt übernommen. Die Stiftungen zeigen, dass Frauen in hellenistischer Zeit vermögensfähig waren und eigenständig über die Verwendung des Familienbesitzes verfügen konnten. Dass Frauen in dieser Weise als Repräsentantinnen ihrer Familien auftreten konnten, war freilich auf Familien der städtischen Elite beschränkt.

6.5 Besitzübertragung und die Stellung der Alten

<small>Erbrecht</small> Die Tatsache, dass Frauen in hellenistischer Zeit vermögensfähig waren und z. T. über große Besitztümer verfügten, muss nicht bedeuten, dass Töchter den Söhnen im Erbe gleichgestellt waren. Tatsächlich haben wir keine genaue Kenntnis über das Erbrecht bzw. über die Erbpraktiken in hellenistischer Zeit. Söhne dürften gegenüber Töchtern begünstigt gewesen sein; allerdings erhielten Töchter in aller Regel eine Mitgift, so dass von einem vorgezogenen Erbe gesprochen werden kann. Fehlten Söhne, konnten andere Personen adoptiert werden, wobei meist junge Männer aus der Verwandtschaft ausgewählt wurden (sog. präferenzielle Adoptionen). Möglicherweise kam es aufgrund der starken Migrationen zu einer Schwächung der patrilinearen Besitzweitergabe. Denn wer in die Fremde ging, hatte in der Regel dort keine weiteren verwandtschaftlichen Bindungen, so dass Epi-

klerosregelungen oder Intestaterbfolgen, wie wir sie für die klassische Zeit kennen, nicht praktikabel waren. Unmittelbare Zeugnisse für eine ‚Erbtochter' (*epíkleros*), die den väterlichen Besitz an die nächste Generation vermitteln sollte, selbst aber über diesen Besitz nicht verfügen konnte, finden sich nur sehr selten (z. B. im Testament der Epikteta). Da in hellenistischer Zeit Frauen vermögensfähig waren, konnten Töchter den Besitz ihrer verstorbenen Väter oder Brüder übernehmen, wenn kein männlicher Erbe vorhanden war. Erbtöchter

Allgemeine Verbreitung – zumindest in der Oberschicht – hatte die Praxis gefunden, Frauen mit einer Mitgift auszustatten. Zu einer Mitgift konnte z. B. auch ein Rentenanspruch gehören, der aus Zeichnung einer Anleihe der Stadt durch den Vater herrührte, wie dies für Milet bezeugt ist. Dass auch Frauen unter den Personen waren, die die Anleihe zeichneten, zeigt, dass diese über erhebliche Vermögen verfügten. Da in einem Fall der Ehemann als *kýrios* der Frau bezeugt ist, in einem anderen Fall ein Bruder in der Stadt lebte, kann das für die Zeichnung eingesetzte Vermögen der Frau nicht aus einer Erbschaft, sondern nur aus der Mitgift herrühren. Offenbar wurden in der milesischen Oberschicht hohe Mitgiften gewährt. Mitgift

Die testamentarische Einsetzung der Ehefrau oder der Tochter als Erbe und die damit einhergehende Vermögensfähigkeit der Frau wird Auswirkungen auf die Patrilinearität gehabt haben, die in archaischer und klassischer Zeit streng beachtet worden war. Da die Weitergabe des Hausbesitzes nicht mehr nur an den rechtmäßig gezeugten Sohn gebunden war, konnten sich andere Einstellungen zum vorehelichen Geschlechtsverkehr und zu einer auf Zuneigung und Liebe gerichteten Ehe Bahn brechen; Regelungen, dass eine Erbtochter den nächsten Verwandten väterlicherseits heiraten mussten, stießen nicht mehr auf ungeteilte Akzeptanz oder verschwanden zur Gänze. Patrilinearität

Aufgrund des unterschiedlichen Heiratsalters wird die Zahl der Witwen größer gewesen sein als die der Witwer. In welcher Weise Witwen abgesichert wurden, hing von ihrem Alter ab. War eine Frau früh zur Witwe geworden, konnte sie in das elterliche Haus zurückkehren und eine neue Ehe eingehen, wobei sie die Mitgift der ersten Ehe in die neue mitnahm. Die Mitgift sicherte ihren Unterhalt auch in der neuen Ehe ab. Hatte eine Witwe bereits herangewachsene Kinder, konnte sie in deren Haus bleiben. Die Söhne, die in den Hausvorstand eintraten, waren verpflichtet, sie im Alter zu ernähren. Auch gegenüber den Vätern waren die Söhne bzw. Erben verpflichtet, sich ihrer im Alter anzunehmen. Wer keine direkte Nachkommenschaft hatte, konnte sich durch Sklaven eine Alterssicherung verschaffen. Insbesondere aus Delphi sind viele Freilassungsinschriften erhalten, wonach der Freigelassene verpflichtet war, bis zum Tod des Freilassers in dessen Haus zu bleiben und ihn im Alter zu versorgen. Diese Form der Alterssicherung, die für kinderlose Personen oder in den Fällen Bedeutung hatte, in Witwen

Alte Väter

denen Kinder emigriert waren oder als unzuverlässig galten, gewann im Hellenismus besondere Aktualität.

Totengedenken   Um den Angehörigen ein Gedenken über den Tod hinaus zu bewahren und jährliche Totenopfer zu sichern, wurden von reichen Familien Stiftungen eingerichtet, die sich seit dem späten 4. Jh. in Städten auf den ägäischen Inseln nachweisen lassen. Das berühmteste Dokument dieser Art ist das Testament der Epikteta (um 200 v. Chr.), die nach dem Tod ihres Mannes ein für den verstorbenen Sohn begonnenes, den Musen geweihtes Heiligtum vollendete und eine Kultgemeinschaft dazu ins Leben rief, die aus näheren und entfernteren Verwandten bestand und damit eine phratrieähnliche Einrichtung darstellt. Jährlich wurde ein bestimmter Betrag zur Verfügung gestellt, der für eine gemeinsame Mahlzeit im Gedenken an die verstorbenen Familienmitglieder bestimmt war. Der Enkel sollte das Priesteramt für diesen Kult übernehmen und ihm sollte jeweils der älteste Sohn nachfolgen. Auch Sklaven konnten solche Aufgaben übertragen werden, wie das Beispiel des Diomedon aus Kos (ebenfalls um 200 v. Chr.) zeigt. Er ließ seinen Sklaven und dessen Kinder frei und zog diese Personen der eigenen Verwandtschaft vor, um für eine würdevolle Bestattung und fortwährende Opfer am Grab zu sorgen.

Bestattungsgesetze   Aus anderen Städten sind detaillierte Bestattungsgesetze bekannt, die z. B. eine bestimmte Trauerkleidung (schwarz, weiß oder grau) festschrieben. Andere Vorschriften richteten sich wahrscheinlich darauf, Formen einer künstlich übertriebenen Trauer zu beschneiden.

6.6 Sklaven im Haus

Behandlung durch den Herrn   Die Quellen aus hellenistischer Zeit, die Auskunft über die Sklaverei geben, beziehen sich überwiegend auf Verhältnisse, die auf einer engen persönlichen Beziehung beruhen. In Grabepigrammen wird um die verstorbene Amme oder den *paidagogós* getrauert, dessen Treue der des Eumaios in der *Odyssee* gleiche. Ideale Vorstellungen rechtschaffen handelnder Sklaven werden zum Ausdruck gebracht. Aufgrund der Vertrautheit lebenslangen Dienens mag eine tatsächliche Trauer vorhanden gewesen sein, insbesondere gegenüber den hausgeborenen Sklaven (*oikogeneís*), die als willfähriger galten, weil sie von Geburt an das Sklavenleben gewohnt waren. Die eng an das Haus und den Herrn gebundenen Sklaven konnten auf weitere Vergünstigungen hoffen: Sie erhielten Vertrauensstellungen zugewiesen, ihnen wurden eheähnliche Verbindungen gestattet und die aus solchen Verbindungen hervorgehenden Kinder wurden im Haus des Herrn aufgezogen. Mehr als andere Sklaven konnten sie auf eine Freilassung hoffen, vor allem dann, wenn es Konkubinen des Herrn waren, die, so lassen die Freilassungsinschriften erkennen, mit den Kindern freigelassen wurden. Durch Vergünstigungen wurden Bestrebungen, eine Flucht zu riskieren, reduziert. Verträge zwischen verschiedenen Städten mit Klauseln über entlaufene Sklaven, ausgesetzte Belohnungen und Verpflichtungen zur Rückgabe zeigen indes, dass mit einer Flucht wegen schlechter Behandlung gerechnet werden musste.

Papyri aus Ägypten zeigen, dass Sklaven in der Landwirtschaft arbeiteten, Waren transportierten, als Agenten für ihre Herrn Geschäfte abwickelten und häuslichen Arbeiten und Botengänge erledigten. Regelrechte Berufsbezeichnungen gibt es bei Sklaven allerdings kaum, vielleicht weil Handwerk und Handel weitgehend in der Hand der einheimischen Ägypter lag. Auf den großen Gütern war die Versorgung der Sklaven im Detail geregelt. Über die Ausgaben wurden Abrechnungen geführt. Ausgezahlt wurden Zuteilungen für Getreide bzw. Brot, für weitere Zukost wie z. B. Wein und für Kleidung. Für die Sklaven auf dem von Zenon verwalteten Gut wurden pro Sklave 18 Drachmen für Getreide, 20 Drachmen für Zukost und Bedarfsgüter und 14 Drachmen für Kleidung und Schuhe im Jahr angesetzt. An Feiertagen wurden Sonderzuteilungen gewährt und Opfertiere gestellt. Arbeitsbereiche

Wie bereits in klassischer Zeit gab es unterschiedliche Formen der Freilassung, durch formelle Übereignung an eine Gottheit oder ein Heiligtum, durch Testament oder Freikauf. Zahlreiche inschriftlich erhaltene Freilassungsurkunden aus Mittel- und Westgriechenland – etwa 1000 solcher Urkunden sind erhalten – schrieben die Verpflichtung fest, dass der Freigelassene beim Freilasser bleiben und Dienstleistungen erbringen musste, solange der Freilasser bzw. seine Frau lebte (Paramonéklausel). Auf diese Weise konnte sich der Freilasser eine Unterstützung bis ins hohe Alter sichern. Die vollständige Entlassung in die Freiheit erfolgte mit dem Tod des Freilassers, wenn die Paramonéklausel nicht von vornherein zeitlich befristet war. Dies konnte der Fall sein, wenn sich der Sklave freigekauft, aber die Freikaufsumme noch nicht in voller Höhe entrichtet bzw. wenn er dafür beim Herrn einen Kredit aufgenommen hatte. Der Herr erreichte durch die Möglichkeit zum Freikauf eine höhere Arbeitsmotivation des Sklaven bzw. Freigelassenen. Die in der Urkunde zwischen Freilasser und Freigelassenem vereinbarte Verpflichtung entspricht in etwa der römischen Freilassungspraxis, nur dass dort die Verpflichtung, dass der *libertus* dem Herrn gegenüber *operae* zu erbringen hat, generell galt. Ob die in den west- und mittelgriechischen Freilassungsurkunden verbreitete Paramonéklausel zu einer steigenden Zahl von Freilassungen geführt hat, muss Spekulation bleiben. Sklaven in Vertrauensstellungen, z. B. Ammen, blieben bisweilen nach der Freilassung freiwillig im Haus ihres früheren Herrn. Freilassung

Paramoné

6.7 Das Haus. Wohnung und Arbeitsstätte

In den griechischen Städten begegnen viele verschiedene Haustypen nebeneinander, bescheidene Einraumhäuser mit vorgelagertem Hof, mittelgroße Mehrraumhäuser, kleine Peristylhäuser und schließlich sehr große und luxuriös ausgestattete Peristylhäuser auf Grundflächen von mehr als 500 m². In Größe, Anlage und Ausstattung zeigen die Häuser hellenistischer Zeit Vielfalt der Hausformen deutlicher als in archaischer und klassischer Zeit die sozialen Unterschiede. Gut dokumentierte archäologische Befunde von Häusern aus dieser Zeit gibt es aus Priene, Erythrai, Dura Europos, Pella und besonders von der Insel Delos. Auf Delos wurden nach Erdbeben und Zerstörungen kleine Einraumhäuser mit etwa 110 m² wieder aufgebaut, wobei die Hälfte der Fläche ein offener Hof einnahm. Größere Häuser weisen einen *andrón* oder mehrere *andrónes* auf mit drei bis vier Speisesofas (Klinen). Nach der Vertreibung der einheimischen Bevölkerung 166 v. Chr. ist ein Wandel in den Hausformen zu verzeichnen, der andernorts schon früher eingesetzt hatte. Nach dem Vorbild öffentlicher Bauten wurden auf zwei oder mehr Parzellen große, mehrstöckige Häuser errichtet. Wie im 2. Jh. an anderen Orten ebenfalls zu beobachten ist, wurde der Hauptwohnraum, der *oíkos*, in einen Repräsentations-, Empfangs- und Speiseraum umgewandelt. Triklinia, also Anlagen mit drei Liegebetten um einen in der Mitte eingerichteten Tisch, wurden eingebaut, die Türen zum offenen Hof hin verbreitert, um so den Blick ins Freie zu ermöglichen. Der Hof war als Peristyl gestaltet, Mosaiken zierten den Boden, bunter Stuck Wände und Säulen, hölzerne Kassetten die Decke. In der veränderten inneren Struktur des Hauses gab es keine scharfe Trennung eines allein der Familie vorbehaltenen und eines auch dem Fremden zugänglichen Teil des Hauses. Frauen nahmen an den Gesellschaften teil. In sehr reich ausgestatteten Häusern war der Hauptsaal mit Seitenräumen verbunden, die ebenfalls kostbar geschmückt und mit Triklinen versehen waren. Im Peristylhof wurden Marmorstatuen der Besitzer aufgestellt. In weniger reichen Häusern versuchte man, diese Ausstattung zumindest teilweise umzusetzen, z. B. durch ein nicht auf allen vier Seiten umlaufendes Peristyl, wenn für ein vollständiges der Platz fehlte. Fast alle Häuser in Delos waren an die Kanalisation angebunden und hatten gleich neben dem Eingang Latrinen. In den Höfen waren Zisternen eingetieft und mit wasserdichtem Mörtel ausgekleidet.

Im Umland großer Städte entstanden villen- und palastähnliche Häuser mit Gärten, Obstwiesen, sprudelnden Quellen und gedeckten Exedren. Ihre Besitzer widmeten sich dem landwirtschaftlichen Betrieb, suchten aber auch Zerstreuung und Muße. Daneben blieben auf dem Land vielfältige Hausformen bestehen, isoliert gelegene Einzelhöfe und Häuser in Dörfern und Weilern. Bei den ländlichen Gehöften waren nicht selten Türme einbezogen, deren Türen verriegelt werden konnten und die als Wohn- und als Lagerraum für Nahrungsmittel dienten. Im Notfall konnten sie den Bewohnern Schutz bieten. Die Türme konnten bis zu vier Stockwerke aufweisen und 20 m in die Höhe ragen. Auch auf dem Land gab es also eine Tendenz zu mehrstöckigen Bauten, die den freien Blick in die Landschaft gewährten.

II. Grundprobleme und Tendenzen der Forschung

1. Einleitung

Innerhalb der griechischen Geschichte ist die historische Familienforschung eine vergleichsweise junge Forschungsrichtung. Die Familie bzw. das Haus zum Fokus einer wissenschaftlichen Untersuchung zu wählen, hat in umfangreicherem Maße erstmals W. K. LACEY [Familie] unternommen. Seine Monographie über die Familie im archaischen und klassischen Griechenland, 1968 auf Englisch erschienen, stellt seitdem so etwas wie ein Handbuch zu dieser Thematik dar. Mit zahlreichen Verweisen auf die antiken Quellen versehen behandelt W. K. LACEY in größeren Kapiteln die Bedeutung der Familie in der griechischen Polis, die Familie in der homerischen Gesellschaft, die Familie in archaischer Zeit und verschiedene Aspekte der Familie im klassischen Athen, sodann in Platons *Politeia*, in Sparta, auf Kreta und in anderen griechischen Poleis. Die Arbeit stellt immer noch das wichtigste und bisher nicht ersetzte Grundlagenwerk zur griechischen Familie dar.

Auf eine längere Tradition kann die historische Familienforschung im Bereich der (Privat-)Rechtsgeschichte zurückblicken. Bereits in der Mitte des 19. Jh. und zu Beginn des 20. Jh. wurden in dem Bemühen, das antike Quellenmaterial zu verschiedenen Teilbereichen der Alten Geschichte zusammenzustellen und systematisch zu ordnen, wichtige Fundamente gelegt, auf denen spätere Arbeiten aufbauten. Zu nennen sind in diesem Zusammenhang die Werke von TH. THALHEIM [Rechtsaltertümer] und E. WEISS [Privatrecht], sowie für die französischsprachige Forschung das von L. BEAUCHET [Droit privé]. Diese Autoren haben aus rechtshistorischer Perspektive viele Aspekte des Familienrechts, z. B. Eheformen, Eigentumsrecht, Erbrecht und Bürgerrecht, behandelt. In dieser rechtsgeschichtlichen Tradition stehen wichtige spätere Beiträge, so die von W. ERDMANN, dessen Abhandlung über die Ehe im alten Griechenland allerdings heute als überholt gelten darf [Ehe], oder die von L. GERNET, der vielbeachtete Aufsätze zum Eherecht, zum Testament, zur Sklaverei und zum Recht von Gortyn vorgelegt hat [Droit; 3.6: DERS., Mariages]. Wesentliche, auch heute noch grundlegende Beiträge zur griechischen Familie hat der Rechtshistoriker H. J. WOLFF [Eherecht; 4.4: DERS., Grundlagen; 4.4: DERS., *proíx*; 6.5: DERS., Privatrecht] publiziert. Einen neueren Überblick über das griechische Familienrecht hat A. R. W. HARRISON vorgelegt [Law; vgl. TODD, Shape].

Beginn der historischen Familienforschung

Griechische Rechtsgeschichte

Griechische Privataltertümer

Weniger auf den rechtsgeschichtlichen Aspekt beschränkt sind ebenfalls bereits an der Wende zum 20. Jh. verfasste fundamentale Werke zu den griechischen „Privataltertümern". So verfolgte der Philologe I. VON MÜLLER das Ziel, „das Privatleben der Griechen in seinen mannigfaltigen Gestaltungen und Erscheinungen" darzustellen. Ausführlich werden in den heute zu Unrecht in Vergessenheit geratenen Werken von H. BLÜMNER und I. VON MÜLLER Wohnung und Wohnungseinrichtung, Kleidung, Nahrung und Körperpflege, dann aber auch Ehe- und Familienleben, Kindererziehung und Jünglingszeit, Krankheit, Tod und Begräbnis sowie Berufe und wirtschaftliche Grundlagen der Häuser behandelt. Aufgrund der in reichem Maße herangezogenen Quellen und ihrer systematischen Zusammenstellung sind diese Werke auch heute noch von Nutzen, wiewohl Vorstellungen vom Brautkauf oder die Zuordnung verschiedener Elemente der familialen Struktur zu bestimmten Kulturkreisen, wie den lydischen, ionischen oder dorischen, nicht mehr überzeugen und die Suche nach einem „Volksgeist" bzw. „Volkscharakter" heute keine Leitfrage mehr darstellen kann. Neuere Untersuchungen zum „Privatleben der Griechen" orientieren sich in ihrer Systematik noch an den alten Handbüchern, behandeln die Familie aber nur relativ knapp und als einen Aspekt unter vielen [BLANCK, Privatleben 88–101; FLACELIÈRE, Griechenland 81–162].

Alltagsgeschichte

Max Weber

In systematischer Weise hat MAX WEBER Formen häuslicher Gemeinschaften und darüber hinausgehende Formen wie die Nachbarschaftsgemeinschaft behandelt [Wirtschaft 194–215]. Er versteht die „durch sexuelle Dauergemeinschaft gestifteten Beziehungen zwischen Vater, Mutter und Kindern" als „urwüchsige" Form der Gemeinschaft [ebd. 194]. Er trennt scharf zwischen der Familie als biologischer Einheit und dem Haus als ökonomischer Versorgungsgemeinschaft. Die Hausgemeinschaft gehe über die ersten Beziehungen hinaus, denn sie umfasse auch persönliche Dienerschaft und unverehelichte Verwandte, sei daher eine komplexe Gemeinschaft und stelle die universell verbreitetste Wirtschaftsgemeinschaft dar. Bei der Beschreibung verschiedener Formen von Gemeinschaften greift MAX WEBER immer wieder auch auf Beispiele aus der Antike zurück. Zu prüfen bleibt aber an jeder konkreten historischen Gesellschaft, ob die von MAX WEBER postulierten Entwicklungen und Veränderungen nicht auf vielschichtigere Ursachen zurückgehen. Wegweisend sind seine Ausführungen zur Familie insofern gewesen, als es ihm nicht nur um eine genaue Beschreibung der soziologischen Formen ging, sondern auch um mögliche innere Abhängigkeiten und gegenseitige Beeinflussungen. Aufbauend auf empirischem Material versuchte er zu bestimmen, welchen Weg verschiedene Formen von Gemeinschaften bei veränderten äußeren Bedingungen einschlugen und ob sich verallgemeinerbare Entwicklungstendenzen beschreiben lassen.

Ausdifferenzierung der Forschung

In den letzten Jahrzehnten haben Untersuchungen zur griechischen Familie und zu vielen Teilaspekten sehr stark zugenommen, so stark, dass sie

1. Einleitung

kaum mehr zu überblicken sind. Die sehr starke Ausdifferenzierung der Forschung wieder ein Stück weit zusammenzuführen, ist daher ein Anliegen dieses Buchs. Auf Einzeluntersuchungen wird in den verschiedenen Kapiteln verwiesen. Vorab seien nur einige grundlegende Werke genannt, die in umfassenderer Weise Haus und Familie behandeln. Im Anschluss an viele Detailuntersuchungen und grundlegende Werke zur Stellung der Frau in der Antike [POMEROY, Frauenleben; 5.3: DIES., Women; 6.4: DIES., Women] hat S. B. POMEROY eine breiter angelegte Monographie über die Familie in klassischer und hellenistischer Zeit vorgelegt [Families]. An ihren Arbeiten wird deutlich, wie stark die althistorische Familienforschung durch die Frauen- und Geschlechtergeschichte [ein Forschungsüberblick in 4.3: SCHEER, Frau] angeregt wurde. Anders als W. K. LACEY und S. B. POMEROY ist R. GARLAND [Life] nicht von einem chronologischen und strukturellen Gliederungsschema ausgegangen, sondern verfolgt den Lebensweg von der Geburt über Kindheit, Jugend und Erwachsenenalter bis ins hohe Alter. Vorausgegangen war eine eigene Abhandlung über Tod, Bestattung und Jenseits [3.4: GARLAND, Death]. Die 1998 erschienene Monographie von C. B. PATTERSON [Family] trägt zwar die „Familie in der griechischen Geschichte" im Titel, doch handelt es sich um eine Untersuchung von mehreren Einzelaspekten, des Verhältnisses von Häusern und Geschlechtern im archaischen Griechenland, der Stellung der Frau im griechischen Recht, des Ehebruchs im klassischen Athen, des Verhältnisses von öffentlich und privat in Athen zur Zeit Menanders. Vorangestellt ist ein kurzer forschungsgeschichtlicher Abriss über zentrale Werke des 19. Jh. wie zum Beispiel die Matriarchatstheorie von J. J. Bachofen.

Frauen- und Geschlechtergeschichte

Von Seiten der deutschsprachigen Forschung wurde bisher kein neueres grundlegendes Werk zur griechischen Familie vorgelegt, wohl aber ein guter Überblick über die Familie im klassischen Athen [KRAUSE, Antike 44–95], wichtige Einzelstudien zur Heirat und zur Ehe [3.2: REINSBERG, Ehe; 4.3: HARTMANN, Heirat] sowie zu Kindheit, Geschlechtsreife und dem Verhältnis von Mann und Frau im Rahmen von anthropologisch-vergleichenden Studien [4.2: DEISSMANN-MERTEN, Kind; 4.3: ZOEPFFEL, Geschlechtsreife; 4.3: DIES., Rollen; vgl. DIES., Oikonomika]. Aufgrund des engen Bezugs der historischen Familienforschung zur Sozialgeschichte sei auch auf die griechische Sozialgeschichte von F. GSCHNITZER [Sozialgeschichte] und die wichtige sozialgeschichtliche Auswertung der attischen Komödie durch V. EHRENBERG [4.1: Aristophanes] verwiesen, die ein Kapitel über die Familie enthält. Untersuchungen ähnlicher Art wurden auch von der englisch-, französisch- und italienischsprachigen Forschung vorgelegt, doch sei dazu auf die folgenden Kapitel verwiesen. Ein wichtiges Anliegen der gegenwärtigen Forschung ist, die inneren Abhängigkeiten zwischen den verschiedenen Elementen der Familienstrukturen herauszuarbeiten und durch den Vergleich mit anderen Gesellschaften die tieferen Ursachen und Gründe für die konkrete Ausgestaltung etwa der hausväterlichen Gewalt oder der

Historische Anthropologie

Sozialgeschichte

Tendenzen der Forschung

starken Partilinearität, oder auch wichtiger Veränderungen, z. B. was die vermögensrechtliche Stellung der Frau anbelangt, im antiken Griechenland zu ermitteln.

2. Demographische Grundlagen

Forschungs-
überblicke

Forschungsüberblicke über die demographischen Grundlagen antiker Gesellschaften, die das durchschnittliche Sterbealter, die Lebenserwartung, Fertilitätsraten und absolute Bevölkerungszahlen einbeziehen, bieten CORVISIER/SUDER [Population], FRIER [Demography], GOLDEN [Demography], KRAUSE [1: Antike 23–38] und SCHEIDEL [Progress]; ein knapper Überblick findet sich bei WIERSCHOWSKI [Demographie].

2.1 Lebenserwartung und Sterbealter

In den vergangenen Jahrzehnten hat sich die althistorische Forschung intensiv mit demographischen Fragen auseinandergesetzt. Griechische Grabinschriften nennen nur selten das Lebensalter. Ob es sich bei den Verstorbenen um einen älteren Erwachsenen, einen Epheben oder ein Kind handelt, lässt sich oft nur aus einem Relief entnehmen [VESTERGAARD u. a., Age Structure; 1: GARLAND, Life 245–247]. Bereits seit langem werden die zahlreichen, auf lateinischen Grabinschriften überlieferten Sterbealter gesammelt und systematisch ausgewertet, z. B. von H. NORDBERG, I. KAJANTO und J. SZILÁGYI, der die Daten nach Regionen, Städten und Gebieten und nach sozialem Status getrennt aufgearbeitet hat. Diese Berechnungen wurden einer wissenschaftlichen Kritik unterzogen. Bereits in den 60er und frühen 70er Jahren wurden in Überblicken der Forschungsstand und in systematischer Form die methodischen Schwierigkeiten, die einer Auswertung hinsichtlich der Frage der Lebenserwartung entgegenstehen, dargelegt [CLAUSS, Lebensalterstatistiken; HOPKINS, Age Structure; PARKIN, Demography 5–19; SAMUEL u. a., Death 5–11; für die ägyptischen Mumientafeln BOYAVAL, Remarques]. Da die auf den Grabinschriften angegebenen Lebensalter in vieler Hinsicht nicht die demographische Wirklichkeit abbilden, ist die althistorische Forschung seitdem bestrebt, das ‚epigraphic habit' zu untersuchen [MACMULLEN, Habit; MEYER, Habit]. Im zeitlichen und regionalen Vergleich werden auffällige Unterschiede in der Praxis des Inschriftsetzens und deren Ursachen herausgearbeitet. Hinsichtlich der Frage, ob bei den Altersangaben früh einsetzende und überdurchschnittlich häufige Rundzahlen auf einen geringen Romanisierungsgrad oder auf geringe Bildung schließen lassen, mahnt W. SCHEIDEL zur Vorsicht, da der jeweilige Kontext zu berücksichtigen ist. Dass bestimmte Endziffern wie die Zahl 7 bei den Sterbealtern unterdrückt wurden, wird auf magische Vorstellungen zurückgeführt. Andere Endziffern wurden bevorzugt, um eine Pseudogenauigkeit vorzutäu-

Grabinschriften

Methodische
Schwierigkeiten

schen [SCHEIDEL, Measuring 53-91]. Dass in Nordafrika Kindergrabsteine selten und die Todesalter alter Menschen stark übertrieben sind, rührt wahrscheinlich von einer besonderen Hochschätzung des Alters her. In der demographischen Forschung herrscht jedenfalls Konsens darüber, dass die Grabinschriften keine verlässliche Basis für eine Berechnung des durchschnittlichen Sterbealters und der durchschnittlichen Lebenserwartung in einem bestimmten Alter bieten [zusammenfassend noch einmal HOPKINS, Graveyards; SALMON, Insuffisances]. Allerdings haben jüngst G. R. STOREY und R. R. PAINE [Inscriptions] erneut den Versuch unternommen, aus den lateinischen Grabinschriften verlässliche Daten zu gewinnen, indem sie sich auf solche Inschriften Roms beschränkt haben, die das Alter in Jahren, Monaten und Tagen angeben. Da bei diesen Grabsteinen eine höhere Genauigkeit zu erwarten ist, könnten sie eine exaktere Wiedergabe realer Daten bieten. Auch dieser Ansatz ist aber mit zahlreichen methodischen Schwierigkeiten behaftet.

Angesichts dieses Ergebnisses hat die Forschung nach anderen Quellen gesucht, um sichere Anhaltspunkte zu gewinnen, z. B. Quellen, die in Zusammenhang mit dem römischen Zensus stehen. Diese Registrierung der römischen Bürger bzw. der Provinzbevölkerung diente unterschiedlichen Zwecken, zunächst der Einteilung in militärische Einheiten und Stimmkörperschaften, dann der Erfassung der Zahl der römischen Bürger, schließlich der Erstellung von Steuerlisten. Weitere Verzeichnisse – sei es aller männlichen Bürger, sei es aller freien Erwachsenen – wurden für die Getreideverteilung in Rom (*annona*) oder die Nutzung von Wasser aus Aquädukten angelegt. Diese Register waren wahrscheinlich nach einem regionalörtlichen Prinzip (*vicatim*) aufgestellt, wobei das Register der *plebs frumentaria* wahrscheinlich die römischen Bürger umfasste, die ohne Landbesitz waren [LO CASCIO, Recensus]. Einige Hinweise sprechen dafür, dass zentrale Sterberegister geführt wurden, wie in Rom die *ratio Libitinae*, die gleichfalls dazu genutzt worden sein könnten, die durch Augustus eingeführte Erbschaftssteuer zu erheben. Auch in Puteoli ist ein solches Sterberegister bezeugt [VIRLOUVET, Registres].

Zensusangaben/ Registrierung der Bevölkerung

In Ägypten sind auf Tonscherben geschriebene Steuerquittungen [SAMUEL u. a., Death] und auf Papyrus erhaltene Zensusdeklarationen und Steuerlisten [BAGNALL/FRIER, Demography] gefunden worden, die Anhaltspunkte für demographische Berechnungen bieten. Skepsis wird der Auswertung der Steuerquittungen entgegengebracht, da die Zahl der bekannten *ostraka* als zu gering angesehen wird und die Funde durch einen Überlieferungszufall beeinflusst sein könnten [PARKIN, Demography 22-27]. Demgegenüber wird die Aussagekraft der Zensusdeklarationen höher eingeschätzt. Bereits 1952 hatten M. HOMBERT und C. PRÉAUX etwa 200 solcher Deklarationen demographisch und sozialhistorisch ausgewertet. Inzwischen liegen über 300 solcher Zensusdeklarationen vor. Zwar können sie keine Repräsentativität für ganz Ägypten oder das römische Reich beanspruchen. Sie gewähren

Zensusdeklarationen aus Ägypten

aber detaillierte Einblicke in die Familienstruktur und die Zusammensetzung der städtischen und dörflichen Gesellschaft im hellenistischen und kaiserzeitlichen Ägypten [BAGNALL/FRIER, Demography; Nachträge bei SCHEIDEL, Age Structure 12]. Aus Griechenland und aus anderen Teilen des Imperium Romanum sind keine Steuerlisten oder -quittungen erhalten geblieben.

Altersangaben in der Literatur Die zahlreichen der antiken Literatur zu entnehmenden Altersangaben wurden von T. PARKIN zusammengestellt [Old Age]. Sie können nicht als repräsentativ angesehen werden, doch kann aus solchen Angaben die kulturell geprägte Einstellung zum Alter analysiert werden. Eine besondere Beachtung hat die auf Ulpian zurückgehende, in den Digesta des Corpus Iuris Justinians (35,2,68 pr) überlieferte Lebensaltertabelle gefunden, deren Glaubwürdigkeit allerdings umstritten ist. B. W. FRIER und C. VIRLOUVET gehen davon aus, dass die Angaben auf antiken Einschätzungen – vielleicht auf Sterberegistern – beruhen [FRIER, Ulpian's Evidence; VIRLOUVET, Registres 87f.; kritisch hingegen PARKIN, Demography 27–42].

Skelettuntersuchungen Aufgrund der geringen Zahl vollständig ausgegrabener Friedhöfe und der methodischen Schwierigkeiten, von den Skeletten her das Alter zu bestimmen und die Altersstruktur einer Gesellschaft zu ermitteln, bleiben auch diese Befunde in ihrer Aussagekraft begrenzt. Neue Erkenntnisse zu den antiken, regional verschiedenen Bestattungsbräuchen sind eher zu erwarten als eine sichere Grundlage für demographische Fragen. Dem vollständig ausgegrabenen ungarischen Friedhof in Keszthely-Dobogó mit 120 Skeletten aus der Zeit zwischen 340 und 374 n. Chr. wurde Beispielcharakter für anthropologische Untersuchungen dieser Art zugeschrieben. Die Untersuchungen ergaben ein durchschnittliches Sterbealter von etwa 20 Jahren; bis zum 30.–35. Lebensjahr seien etwa zwei Drittel der Bewohner dieses Ortes verstorben. Allerdings sind Skelette von Kleinkindern unterrepräsentiert. Zwei afrikanische Nekropolen (in Sitifis und Thysdrus) lassen Rückschlüsse auf die hohe Kindersterblichkeit zu, die mit fünf Jahren deutlich abnimmt [LASSÈRE, Longévité]. Erfolgversprechender scheinen bei den Skelettuntersuchungen Erkenntnisse zur antiken Medizingeschichte [3.4: MORRIS, Death Ritual 70–102; PARKIN, Demography 41–58, 82f.].

Modellhafte Sterbetafeln Angesichts der methodischen Schwierigkeiten ist unbestritten, dass modellhafte Sterbetafeln zur groben Einschätzung der Lebenserwartung einzubeziehen sind. Nur auf diese Weise lassen sich Befunde, die aus antiken Quellen gewonnen wurden, auf ihre Einseitigkeit hin einschätzen [FRIER, Fertility; SCHEIDEL, Progress]. Überhaupt ist in der gegenwärtigen demographischen Forschung der Trend verbreitet, Vergleichswerte aus anderen historischen Gesellschaften einzubeziehen, weil Gesellschaften vor dem Übergang in die Moderne erhebliche Unterschiede im demographischen Aufbau aufweisen.

Zielsetzung der Forschung Ungeachtet dessen herrschen in der demographischen Erforschung antiker Gesellschaften derzeit zwei Richtungen vor. Einige nehmen eine eher pessimistische Haltung ein: Da alle antiken Zeugnisse als problematisch einzustufen sind und keine verlässliche Grundlage zur Bestimmung der Lebenserwartung bieten, bleibe nur die Möglichkeit, auf modellhafte Sterbetafeln zurückzugreifen [PARKIN, Demography]. Während I. MORRIS dieser Ansicht zustimmt, nehmen andere eine weniger skeptische Position ein und urteilen, dass sich aus den antiken Quellen Annäherungsdaten gewinnen lassen. Sie bewegen sich im Rahmen der zum Vergleich und zur Kontrolle herangezogenen modellhaften Sterbetafeln. Aufbauend auf den als am verlässlichsten angesehenen ägyptischen Zensusdeklarationen schätzen R. S. BAGNALL/B. W. FRIER, dass ein mit 25 Jahren angesetztes durchschnittliches Sterbealter bereits zu hoch liegen dürfte [Demography 75–110]. Aus diesen beiden Grundpositionen ergeben sich unterschiedliche Ansätze für die zukünftige Forschung. Wer das antike Quellenmaterial für die Errechnung der durchschnittlichen Lebenserwartung als in keiner Weise repräsentativ ansieht, dem dienen die Daten modellhafter Sterbetafeln als Ausgangspunkt, um die Einseitigkeiten in den antiken Quellen zu erfassen und nach den sozialen und kulturellen Ursachen zu fragen. Wer davon ausgeht, dass prinzipiell auch die antiken Quellen Annäherungswerte ermitteln lassen, wird versuchen (gerade auch mit Hilfe der modellhaften Sterbetafeln), die Einseitigkeit der antiken Quellen in ihrer Dimension einzuschätzen, um so methodisch abgesichert zu vorsichtigen Schlüssen zu kommen.

Zu berücksichtigen ist aber, dass in jüngster Zeit Einwände auch gegen die Verwendung modellhafter Sterbetafeln erhoben werden. Da je nach klimatischen Bedingungen verschiedene epidemische Krankheiten vorherrschten, differieren bei den zum Vergleich herangezogenen Gesellschaften Fertilitäts- und Sterberaten erheblich [GOLDEN, Demography 32]. Auf diesen Bedenken aufbauend hat W. SCHEIDEL grundsätzliche Kritik am Wert modellhafter Sterbetafeln geäußert. Sie geben grundlegende demographische Bedingungen vormoderner Gesellschaften nicht wieder, und medizinhistorische Arbeiten zur frühen Neuzeit und zur Moderne zeigten, dass die Sterblichkeit ganz erheblich vom Klima und von Siedlungsbedingungen abhängt. Selbst innerhalb eines begrenzten Raumes sei mit großen Unterschieden zu rechnen, eine Varianz, die von den Modelltafeln nicht erfasst wird [SCHEIDEL, Age Structure; vgl. STOREY/PAINE, Inscriptions 859]. Ob Vergleichsdaten aus anderen Gesellschaften und anderen Epochen herangezogen werden können, hängt auch von der Einschätzung der hygienischen Standards ab. Nach A. BRESSON [Démographie] war im Vergleich zu anderen vormodernen Gesellschaften in Griechenland und Rom ein hoher Standard in der Wasserversorgung, in der Ableitung des Abwassers, im Städtebau und in medizinischen Kenntnissen erreicht worden. Daher könnten die Sterblichkeitsraten in der Antike niedriger gewesen sein, als die Vergleichsdaten vermuten lassen. Demgegenüber weist A. SCOBIE [Slums] auf die starken gesellschaftlichen Unterschiede hin. Neben riesigen und luxuriösen Villen römischer Aristokraten stehen slumähnliche Behausungen der Ärmsten. Die

Geographische und klimatische Unterschiede

Hygienische Standards

Latrinen von Privathäusern waren in der Regel nicht an die Kanalisation angeschlossen. Die Fäkalien wurden in Gruben unter dem Haus geleitet, und schlechte Belüftung und fehlende Waschgelegenheiten in den häufig neben der Küche gelegenen Latrinen bewirkten, dass diese permanente Krankheitsherde waren. Durch die Straßen getriebene Tiere, freilaufende Hunde und zahllose Fliegen trugen zur Verbreitung von Krankheiten bei. Speziell für Rom geht A. SCOBIE von einem „extremely insanitary environment" aus [Slums 417].

Neue Tendenzen der Forschung

In jüngerer Zeit löst sich die Forschung von der Fokussierung auf Sterbealter und Lebenserwartung. Die auf Grabinschriften insbesondere des 4.–7. Jh. n. Chr. überlieferten Todestage lassen saisonale Höhepunkte erkennen, die denen moderner Gesellschaften nicht entsprechen. In Rom und in Italien forderten Infektionskrankheiten ihren höchsten Tribut im Spätsommer und im frühen Herbst (August bis Oktober). Aufgrund der schwächeren körperlichen Konstitution liegt der Höhepunkt bei Frauen zeitlich etwas früher. Am niedrigsten liegen die Sterberaten in den kalten Wintermonaten. Nur bei den alten Menschen steigen in dieser Zeit die Sterberaten an. Da die

Ansteckende Krankheiten

Todesursachen überwiegend ansteckende Krankheiten waren, unterscheiden sich die saisonalen Häufigkeiten je nach klimatischen Bedingungen. So differieren die Zeiten in Ägypten aufgrund des Klimas und der Nilschwelle um zwei Monate. Aufgrund der höheren Ansteckungsgefahr wurden große Städte wie Rom in anderer Form vom Tod heimgesucht als dünn besiedelte Gebiete. Als häufigste Todesursachen sind ‚Fieber' wie Typhus, Maltafieber und Malaria vorauszusetzen. Verbreitet waren daneben Tuberkulose und andere ansteckende Lungenkrankheiten; hinzu kommen Dysenterie, Diarrhöe, Cholera, Gangrän und Skorbut [SHAW, Seasons; SCHEIDEL, Measuring 139–163]. Durch Skelettuntersuchungen sind auch Arthritis und Hyperostose nachgewiesen [3.4: Morris, Death Ritual 92–94; BISEL/BISEL, Health; CAPASSO, Skelette].

2.2 Fertilität und Kinderzahl

Auch in Hinsicht auf die Fertilität unterscheiden sich antike Gesellschaften markant von modernen Gesellschaften. Hohe Sterblichkeit geht mit hoher Fertilität einher [FRIER, More is Worse]. Da in Griechenland und Rom das

Zahl der Geburten

Heiratsalter der Frau vergleichsweise niedrig war, die Zeit der weiblichen Fruchtbarkeit zur Zeugung von Kindern also weitgehend ausgeschöpft wurde, gehen einige sogar von einer höheren Zahl als durchschnittlich 5–6 Geburten pro Frau aus [BRESSON, Démographie]. Eine erneute Prüfung der Frage, wie hoch das Risiko für Frauen war, bei Schwangerschaft und Geburt zu sterben, mahnen STOREY und PAINE an [Inscriptions 858]. J.

Kontrazeption und Abtreibung

RIDDLE hatte die These aufgestellt, dass Kontrazeption und Abtreibung in der Antike weit verbreitet gewesen wären und sich dämpfend auf die Fertilitätsrate ausgewirkt hätten [ähnlich SALMON, Naissances]. Aufbauend auf

2.2 Fertilität und Kinderzahl

Vergleichszahlen aus anderen Gesellschaften und auf den ägyptischen Zensusdeklarationen hat B. W. FRIER [Demography] dem widersprochen. Die ägyptische Gesellschaft zeige in der römischen Kaiserzeit Fertilitätsraten, die der ‚natürlichen Fertilität' in Gesellschaften vor dem demographischen Übergang entsprechen. Hinausgezögert wurden Geburten eher durch lange Stillzeiten und nachgeburtliche sexuelle Abstinenz. Kontrazeption und Abtreibung werden weitgehend nur bei außerehelichen Verhältnissen Anwendung gefunden haben. Angesichts der hohen Kindersterblichkeit wird die Zahl ausgesetzter Kinder nicht sehr hoch gewesen sein [ENGELS, Demography]. Allein in der römischen Oberschicht sei die Kinderzahl bewusst niedrig gehalten worden [FRIER, Fertility; SCHEIDEL, Demography 34–46]. Zu fragen ist aber, ob durch Kontrazeption, Abtreibung und Aussetzung nicht die Zahl unehelicher Kinder in Grenzen gehalten wurde.

Aussetzung

Zu einer geschätzten durchschnittlichen Zahl von etwa 6 Kindern, die jede Frau zwischen 15 und 50 Jahren geboren hat, kommen B. W. FRIER [Fertility 330f.] und BAGNALL/FRIER [Demography 138f.]. Zur Beantwortung der Frage, wieviele Kinder Familien durchschnittlich gehabt haben, wurden athenische Prozessreden des 5. und 4. Jh. und Biographien herangezogen. Eine Zahl von drei Kindern sei als Minimalzahl anzusehen, da weitere, in den Quellen nicht genannte Kinder früh verstorben sein werden [RAEPSAET, Statistiques]. Auch eine Untersuchung von Inschriften und Reliefs mit Familiendarstellungen führen zu ähnlichen Schätzungen der Kinderzahl in der römischen Kaiserzeit [WIERSCHOWSKI, Historische Demographie]. Die Sicherung einer ausreichenden Zahl von Kindern wurde vor allem durch ein niedriges Heiratsalter der Frau erreicht [zu den Konsequenzen FRIER, More is Worse]. Jahreszeitliche Konjunkturen bei den Geburten – in Rom im Dezember und Januar, in anderen Regionen Italiens im Februar und März – könnten auf bevorzugte Zeiten für Heiraten hinweisen. Sie wurden in bäuerlichen Gesellschaften vorrangig in solchen Jahreszeiten gefeiert, in denen keine saisonalen Arbeitsspitzen lagen [SHAW, Birthing Cycle].

Zahl der überlebenden Kinder

Für den Anstieg oder den Rückgang einer Bevölkerung werden hauptsächlich Krankheiten und klimatische Veränderungen verantwortlich gemacht. Kriege und Bürgerkriege sowie die wirtschaftlichen Bedingungen, die sich in der Qualität und Quantität der Nahrungsmittel niederschlagen, sollen nur dann eine nachhaltige demographische Veränderung ausgelöst haben, wenn diese Faktoren von besonderer Intensität waren. Die Berechnung langfristiger Fertilitätsraten antiker Gesellschaften beruht auf Schätzungen der Gesamtbevölkerung bei zwei weiter auseinanderliegenden Zeitpunkten. Im Vergleich mit anderen vormodernen Gesellschaften und auf allgemeinen Plausibilitätsüberlegungen aufbauend schätzt W. SCHEIDEL für die archaische und klassische Zeit in Griechenland eine Fertilitätsrate von 0,25–0,45 Prozent im Jahr [SCHEIDEL, Expansion 120–126, 135f.]. Kontrovers diskutiert wird nach wie vor die These von A. SNODGRASS, der ausgehend von einem markanten Anstieg von Bestattungen und Siedlungsplätzen

Langfristige Fertilitätsraten

in Attika und in der Argolis während des 8. Jh. v. Chr. einen starken Bevölkerungsanstieg von 3-4 Prozent postuliert hatte. R. SALLARES folgt dieser These und erklärt den Anstieg mit wirtschaftlichen Veränderungen und einem Zusammenbruch eines traditionellen Altersklassensystems [Ecology 86-90, 122-129]. Für letzteres fehlen allerdings konkrete Anhaltspunkte. Grundsätzliche Einwände gegen die Deutung von SNODGRASS hat I. MORRIS erhoben; der markante Anstieg der Gräber könnte darauf zurückzuführen sein, dass der Kreis derer, die ein formelles Begräbnis erhalten haben, deutlich angestiegen sei. Die höhere Zahl der Gräber ginge dann auf kulturelle und soziale Veränderungen im Bestattungsbrauch und im Totengedenken zurück. Im Grundsatz stimmt W. SCHEIDEL diesen Einwänden zu; aus einem Anstieg der Gräberzahl lasse sich nicht unmittelbar auf einen Bevölkerungsanstieg schließen. Wenn es einen solchen Anstieg gegeben hat, wird die Rate kaum 0,3-0,4 Prozent überschritten haben [eine Darstellung der verschiedenen Positionen bei SCHEIDEL, Expansion 126-131; DERS., Gräberstatistik].

3. Haus und Familie im archaischen Griechenland

3.1 Die wirtschaftliche Grundlage des Hauses

Da geologische und klimatische Bedingungen wesentlich auf die wirtschaftliche Grundlage der weitgehend agrarischen Gesellschaft im frühen Griechenland einwirkten, gewinnen interdisziplinäre Untersuchungen in der Forschung an Bedeutung [Überblicke bei AMOURETTI, Agriculture; CORVISIER, Bilan; ISAGER/SKYDSGAARD, Agriculture 3-18; JAMESON, Labor; vgl. GALLANT, Risk]. Vergleiche mit anderen bäuerlichen Gesellschaften des Mittelmeerraumes, die ähnlichen Bedingungen unterliegen, machen deutlich, dass Bauern stets bemüht sind, durch eine Kombination verschiedener Anbauprodukte die Arbeit über das Jahr hin auszugleichen. Die Verbindung von Getreide- mit Oliven- und Weinanbau verteilte die Arbeitsspitzen auf Frühjahr und Herbst. Beim Gemüseanbau trug die Anpflanzung insbesondere von Bohnen dazu bei, weniger intensive Arbeitsperioden auszuschöpfen. Auf den saisonalen Rhythmus in der landwirtschaftlichen Arbeit waren nichtagrarische Aktivitäten abgestimmt, so z. B. wichtige Feste oder der Bau großer öffentlicher Gebäude, der den Einsatz von Gespannen erforderte [AMOURETTI, Rythmes agraires; OSBORNE, Landscape 13-16]. Gegen Ernteausfälle und Missernten versuchten sich die Bauern durch eine Vielfalt von Anbauprodukten, Interkulturation, zweimalige Aussaat und Ernte im Jahr, Grundbesitz in verschiedenen Regionen sowie durch eine genaue Kalkulation der Saatgutmenge zu schützen. Je nach der Größe des Besitzes war die Zeit der Brache länger oder kürzer [GALLANT, Risk 34-59]. Trotzdem dürfte es immer wieder zu Nahrungsmittelknappheiten infolge schlechter Ernten gekommen sein, die negative Auswirkungen auf die Gesundheit hatten [GARNSEY, Food 34–61]. Aufgrund des geringen technischen Stands erforderte die landwirtschaftliche Arbeit einen hohen Einsatz menschlicher und tierischer Arbeitskraft. Da die Essensrationen nach der Härte körperlicher Arbeit bemessen wurden, werden Frauen und Kinder geringere Rationen erhalten haben. Dies hatte negative Folgen für das Wachstum der Kinder [GARNSEY, Food 100–112].

Einen Überblick über die wichtigsten Anbauprodukte, Anbaumethoden, Geräte und landwirtschaftlichen Techniken geben A. BURFORD [Land 100–166], H. SCHNEIDER [Landbau 63–96] und S. ISAGER/J. E. SKYDSGAARD [Agriculture 19–66]. Eine Auswertung der Linear B-Täfelchen zeigt, dass Getreide, Oliven, Wein und Feigen bereits in mykenischer Zeit die wichtigsten Nahrungsmittel waren. Archäobotanisch und in Bildquellen sind außerdem zahlreiche weitere Gemüse- und Obstsorten sowie Gewürzpflanzen nachgewiesen [FISCHER, Nahrungsmittel]. Die literarischen, epigraphischen und archäologischen Quellen zum Anbau und zur Verarbeitung von Getreide, Oliven und Wein hat M.-C. AMOURETTI [Pain] zusammengestellt und ausgewertet. Dabei betont sie, dass die griechische Landwirtschaft in großem Umfang eine Subsistenzwirtschaft war, die nicht auf einen Markt hin orientiert war. Der geringe technische Stand ist nicht eine Folge des Einsatzes von Sklaven, denn deren Zahl war in der Archaik noch gering. Der Pflug erfuhr kaum eine technische Verbesserung, da anders als bei den schweren Böden in Nordwesteuropa im Mittelmeerraum leichtere Kratzpflüge ausreichten [NOACK-HILGERS, Pflügen].

Anbauprodukte

Subsistenzwirtschaft

In archaischer Zeit wurde weitgehend Gerste angebaut, da sie vom Boden her genügsamer und für Pflanzenkrankheiten weniger anfällig war, da sie schneller reifte. Die geerntete Gerste wurde geröstet, in einem Mörser zerstampft und mit Wasser, Milch oder Öl geknetet. Getreide wurde also in der Regel nicht in Form von gebackenem Brot verzehrt, sondern als Fladen oder Knetkuchen (*máza*). Da *máza* das Hauptnahrungsmittel war, bestand kaum ein Bedürfnis zu einer technischen Verbesserung des Mahlens. Erst in klassischer Zeit wurde Getreide in Handmühlen im Haus bzw. in gewerblichen Mühlen von Müllern regelrecht gemahlen [AMOURETTI, Pain; BRAUN, Barley Cakes; SCHNEIDER, Landbau 88–90]. Weitere Spezialuntersuchungen widmen sich den Gemüsearten, Heilpflanzen und Kräutern; insbesondere Bohnen spielten für die Ernährung eine wichtige Rolle [AMOURETTI, Agriculture 87–90; DIES., Ressources végétales; GARNSEY, Yield 151 f.; SARPAKI, Triad].

Getreide als Hauptnahrungsmittel

Besondere Bedeutung hatte die Vorratshaltung, da Missernten häufiger vorkamen; nach Schätzung von P. GARNSEY sei mit etwa zwei Missernten in sieben Jahren zu rechnen [Famine; DERS., Food]. In den Vorratsräumen wurde mehr als eine Jahresernte gelagert, um sich gegen schlechte Jahre zu wappnen. Gegenüber TH. W. GALLANT [Risk], der von recht hohen Verlusten bei längerer Vorratshaltung ausging, billigen FORBES/FOXHALL

Missernten

[Storage] solchen ‚Vorratskulturen' reiche Erfahrungen zu, durch die die Verluste gering gehalten wurden. In Jahren mit schlechter Ernte wird der Verzehr von Weidetieren, von Wild und wilden Früchten sowie Fisch die Ernährung ergänzt haben [GALLANT, Risk 115–127].

Viehhaltung   Aufgrund der gebirgigen Landschaft Griechenlands wurde stets auch Viehzucht betrieben. Deren Produkte – Fleisch, Käse, Wolle etc. – trugen wesentlich zur Versorgung der Bevölkerung bei. Am wichtigsten waren Schafe und Ziegen, die von Hirten in Herden geweidet wurden. Im Winter wurden sie von den Hochflächen und Berghängen in die Täler geholt. Schweine wurden eher am Haus gehalten [RICHTER, Landwirtschaft; HODKINSON, Husbandry; ISAGER/SKYDSGAARD, Agriculture 83–107; die epigraphischen Quellen sind zusammengestellt und ausgewertet von 4.1: CHANDEZON, Élévage].

Besitzverhältnisse   In der neueren Forschung ist unbestritten, dass der Boden weit überwiegend ‚Privateigentum', nicht Kollektivbesitz war. Die Hausgemeinschaft konnte über das Hauseigentum frei verfügen. In der älteren Forschung hatte die These weite Verbreitung gefunden, dass der Begriff *kléros* für ‚Landlos' darauf schließen lasse, dass der Boden ursprünglich zu gleichen Teilen an alle Mitglieder der Gemeinschaft verlost worden sei, also alle gleich viel Land besessen hätten [dazu HENNIG, Grundbesitz]. Die bei jedem Generationswechsel jeweils neu vollzogene Losung bei der Hausübergabe auf die Söhne dürfte im Bewusstsein der Zeitgenossen aber eher präsent gewesen sein als eine vage Erinnerung an die Zeit einer Landnahme. Gegenüber dem Oikosbesitz kommt dem Besitz von Geschlechtern, Kultgemeinschaften und von öffentlichem Besitz nur eine geringe Rolle zu. Eine Entwicklung von Gemeineigentum über Klanbesitz zu Oikosbesitz lässt sich also nicht belegen. Allein in noch marxistischen Traditionen nahe stehenden Ansätzen findet sich die Ansicht, dass Gemeineigentum als Relikt früherer Zeit privatem Bodeneigentum nach und nach habe weichen müssen, bis sich die Polis gezwungen sah, Auswüchse privatwirtschaftlichen Umgangs durch eine Gesetzgebung zu reglementieren [3.2: ANDREEV, Gesellschaft 27–40 mit Diskussion der älteren Forschung; vgl. auch RICHTER, Landwirtschaft].

3.2 Die Hausgemeinschaft

Die Epen als historische Quelle   Beschreibungen der griechischen Gesellschaft in archaischer Zeit beruhen auf der Prämisse, dass die homerischen Epen und die Lyrik des 7. und 6. Jh. trotz aller methodischen Vorbehalte ein im Großen und Ganzen realistisches Bild der Gesellschaft erkennen lassen. Die Beschreibung des heroischen Kampfes gegen Troia und der Irrfahrten des Odysseus sei so ausgestaltet worden, dass sie für ein Publikum im späten 8. und 7. Jh. verständlich und nachvollziehbar gewesen wäre. Überblicke über die ‚homerische Gesellschaft' und damit auch über Haus und Familie in dieser Zeit haben M. I. FINLEY [Odysseus], J. V. ANDREEV [Gesellschaft] und K. RAAFLAUB [Society

624–628] vorgelegt. Allerdings ist eine grundsätzliche Kritik hinsichtlich der Historizität der ‚homerischen Gesellschaft' nicht ganz verstummt. Da sich die Darstellungen in den Epen aus realen und poetisch fiktiven Elementen unterschiedlicher Zeitstufen zusammensetzen, sei ein kohärentes und in sich schlüssiges Bild nicht zu erwarten [SNODGRASS, Society]. Zur Frage, inwieweit die Epen eine Realität unmittelbar widerspiegeln oder nur verzerrt und übersteigert, archaisierend und ausblendend, wird es weiterhin unterschiedliche Positionen geben. Dass diese Abwägung nur in Kenntnis der homerischen Frage und mit einer kritischen und reflektierten Methode erfolgen kann, versteht sich von selbst [ANDREEV, Gesellschaft 5–14]. Eine sehr weitreichende und konsequente Auswertung der in den Epen enthaltenen Belege und Beschreibungen gesellschaftlich relevanter Organisationsformen und -strukturen bietet CH. ULF [Homerische Gesellschaft].

Viele Untersuchungen gehen davon aus, dass zwischen *Ilias* und *Odyssee* ein zeitlicher Abstand von etwa zwei Generationen besteht. Begründet wird der zeitliche Abstand mit Veränderungen in den Eheformen und bei den Brautgütern. Im Vergleich von *Ilias* zu *Odyssee* habe sich der Status von Ehefrau und Konkubine und damit von legitimen Kindern und Bastarden präzisiert [WEINSANTO, Mariage]. G. WICKERT-MICKNAT [Frau 18f., 90–92] verweist auf den Verlust bestimmter Verwandtschaftsbegriffe, der auf eine Veränderung in der Familienstruktur oder in der verwandtschaftlichen Gruppe hindeutet. Wird in der *Ilias* als Brautgabe an den Brautvater Groß- und Kleinvieh übergeben, so werben in der *Odyssee* Freier mit Schmuck und Gewändern, die die Frau als Geschenk erhält. Damit hätte sich die Funktion dieser Gabe verändert, sei nicht mehr Pfand als Sicherheit für die Frau gewesen, die sich aus dem Schutz ihrer Familie in einen fremden Oikos begeben hatte. Überzeugender ist indes die Deutung von B. WAGNER-HASEL [Brautgütersystem]: Der Brautwerber habe dem Brautvater Vieh als Brautgüter (*hédna*) übergeben; davon zu unterscheiden sind Schmuck und Gewänder als Brautgaben (*dóra*), die die Frau erhielt. Eine zeitliche Abfolge lasse sich daraus nicht rekonstruieren. Auch I. N. PERYSINAKIS [Éedna] stellt sich gegen die Ansicht, dass in den Epen nicht zusammenpassende Modelle bei der Übergabe von Hochzeitsgaben vermischt seien. Die *hédna* bezeichneten allein die vom Brautwerber an den Brautvater übergebenen Brautgüter.

Zeitliche Differenz der Epen

In der neueren Forschung ist unbestritten, dass der Oikos die wichtigste Grundeinheit der archaischen Gesellschaft darstellt [1: PATTERSON, Family 44–69; RAAFLAUB, Society 630–641]. Allein die Zugehörigkeit zu einem Haus sicherte die soziale Existenz und ein Besitzrecht an Land und Haus, die innerhalb der Abstammungsgruppe weitergegeben wurden. In diesem Sinne spricht C. LEDUC von ‚segmentären' Häusern [Heirat 267, 269–273]. Rekonstruktionen, die auf einer evolutionären Veränderung von einer Klan- oder Großfamilie zu einer im Mittelpunkt des Oikos stehenden Kernfamilie beruhen, sind inzwischen aufgegeben. Solche Modelle haben sich nicht nur

Struktur des Oikos

in der Alten Geschichte, sondern auch in anderen Epochen als Konstrukte der Wissenschaft erwiesen [zur Forschungsgeschichte 1: PATTERSON, Family 5–43]. Dass erweiterte Familienverbände bestimmte Funktionen wie die Blutrache erfüllten, reicht als Beleg für Klanfamilien in früher Zeit nicht aus. Nach den grundlegenden Arbeiten von D. ROUSSEL und F. BOURRIOT gilt inzwischen als erwiesen, dass Geschlechterverbände (*géne*), Phratrien und Phylen in archaischer Zeit zwar existiert haben, ihnen aber als relativ junge Einrichtungen nur periphere Bedeutung zukommt (s. u. Kap. 3.6).

Alternative Familienstrukturen

Hinsichtlich der sozialen Zusammensetzung der Hausgemeinschaft, die durch die Kernfamilie als Zentrum, die Patrilokalität und die Hausübergabe zu Lebzeiten geprägt ist, gibt es in den Epen zwei markante Ausnahmen. Priamos und Nestor standen noch in hohem Alter dem Haus vor, obwohl die Söhne bereits verheiratet waren. In das Haus des Priamos waren auch die Töchter mit ihren Ehemännern eingebunden. Während die frühere Forschung diese Fälle als Relikte älterer Familienformen ansah, die die Entwicklung von der Großfamilie zur Kleinfamilie noch nachvollziehen lassen [WICKERT-MICKNAT, Frau 32; ANDREEV, Gesellschaft 40], haben neuere, auf einem historischen Vergleich basierende Untersuchungen gezeigt, dass es nicht ungewöhnlich ist, wenn an einem Ort neben einer vorherrschenden, ‚typischen' Familienform auch andere Familienformen vorkommen. So könnten Priamos und Nestor versucht haben, durch Bildung einer Stammfamilie, also einer Perpetuierung hausväterlicher Gewalt bis zum Tod des Hausvaters, die Macht ihrer Häuser abzusichern [WEINSANTO, Mariage; 3.6: SCHMITZ, Nachbarschaft 111 f.]. Trifft diese Erklärung zu, werden solche Familienformen auf einen kleinen Kreis von *áristoi* beschränkt gewesen

Matrilokale Ehen

sein. Die dadurch bedingten matrilokalen Ehen können keinesfalls als Anzeichen für ein altes Matriarchat gewertet werden. Matrilokale Ehen finden sich darüber hinaus bei nichtehelichen Söhnen, die keinen oder nur einen kleineren Anteil des väterlichen Besitzes erhalten hatten und ihre Position durch eine Heirat mit einer Tochter aus reicher Familie zu verbessern suchten [WICKERT-MICKNAT, Frau 92 ff.; WEINSANTO, Mariage]. Ein Besitz- bzw. Erbrecht von Frauen [so ANDREEV, Gesellschaft 31] lässt sich daraus nicht ableiten. Die Belege zeigen insgesamt, dass es vor der Verschriftung des Rechts zwar eine übliche Form der Besitzweitergabe gab, in reicheren Häusern aber davon abgewichen werden konnte. So gab es in reicheren Häusern neben einer – wie C. LEDUC [Heirat 272–284] es nennt – Schwiegertochter-Heirat (patrilinear und patrilokal) auch eine Schwiegersohn-Heirat, bei der der von außen kommende Schwiegersohn ins Haus des Brautvaters eintrat und damit einem Bruder der Frau gleichgestellt war. Eine solche matri- bzw. uxorilokale Heirat stärkt im Allgemeinen die Position der Frau. Die Bauern dürften demgegenüber stärker darauf bedacht gewesen sein, den Besitz in der männlichen Linie zu halten und nicht durch Brautgaben, Mitgiften oder Zuwendungen an Bastarde zu schmälern.

Vorstellungen einer Entwicklung, die von einer Raubehe über eine Kaufehe zur Brautwerbung führt, sind aufgegeben [1: PATTERSON, Family 5–43]. Die Forschung geht heute davon aus, dass die übliche Form der Eheschließung die Werbung des Bräutigams beim Brautvater war. Bei einer Ablehnung konnte er die Braut rauben; dem Brautraub kommt also eine Ventilfunktion im Falle eines Konflikts zu, der die Brautwerbung als übliche Form voraussetzt [3.6: SCHMITZ, Nachbarschaft 216f., 476f.]. War die Brautwerbung erfolgreich, übergab der Bräutigam dem Brautvater Geschenke. M. I. FINLEY [Marriage] hat die These vertreten, dass diese *hédna* keinen Kaufpreis darstellten, sondern als Teil eines Geschenketauschs anzusehen sind, durch die Allianzen innerhalb der Oberschicht hergestellt wurden. Diesem auf Untersuchungen von M. MAUSS zur Gabe basierenden Ansatz ist die Forschung weitgehend gefolgt [1: LACEY, Familie 47]. In Auseinandersetzung damit hat B. WAGNER-HASEL betont, dass sich ein gegenseitiger Austausch von Gütern in den Epen nicht nachweisen lasse. Zu unterscheiden seien die *hédna*, Brautgaben – meist Vieh –, die der Brautwerber dem Brautvater übergab, und *dóra*, Brautgüter wie Kleidung, Schmuck oder eine Dienerin, die der Brautvater der Braut schenkte. Die *hédna* stünden in engem Zusammenhang mit dem Wechsel der Frau in das Haus des Ehemannes; sie seien ein Ausgleich für die dem Herkunftsoikos verlorene Arbeitskraft der Frau, denn der Ehemann erwarb das Recht vor allem an der Webarbeit der Frau, die wichtig für den Austausch von Gastgeschenken war. Im 7. Jh. stand nach Ansicht von B. WAGNER-HASEL das politische Bündnis bei der Ehe noch nicht im Vordergrund. Eine politische Bedeutung habe die Ehe erst in der Zeit der sich konstituierenden Polis erhalten, wie sich an den Ehen griechischer Tyrannen ablesen lasse [Brautgütersystem].

Brautwerbung und -raub

Da die Ehe im 7. Jh. noch nicht rechtlich gefasst war, konnten auch Unfreie zu Ehefrauen werden und Kinder nichtehelicher Frauen Anteil am Erbe erhalten. Kein Rechtsakt, sondern soziale Praktiken konstituierten eine Ehe [WICKERT-MICKNAT, Frau 81; WEINSANTO, Mariage]. Demgegenüber hat E. HARTMANN [4.3: Heirat] (wenn auch vornehmlich für die klassische Zeit) betont, dass der unter den Augen der Dorföffentlichkeit vollzogene Brautzug der Hochzeit eine rechtliche Anerkennung verleihe. Der Ablauf einer Hochzeit lässt sich durch literarische Belege und Darstellungen auf attischen Vasen gut nachvollziehen. J. H. OAKLEY und R. H. SINOS [Wedding] haben beide Quellengattungen ausgewertet und gegenübergestellt. Volkstümliche Gesänge bei Hochzeitsfeiern sind bereits in den homerischen Epen belegt, und zwar während des Brautzugs und vor dem Brautgemach. Fragmente von Hochzeitsliedern sind von Sappho und Alkman erhalten geblieben, die E. CONTIADES-TSITSONI zusammengestellt und kommentiert hat [Hymenaios]. Aufgrund des recht hohen Heiratsalters des Mannes und des deutlich früheren bei der Frau entspricht das griechische Heiratsmodell dem sog. *Mediterranean marriage pattern* [3.1: GALLANT, Risk 17–19; 1: POMEROY, Families 7–11].

Rechtmäßigkeit der Ehe

Hochzeit

Heiratsalter

82 3. Haus und Familie im archaischen Griechenland

Freien um Penelope Das Werben um Penelope stellt einen Sonderfall einer matrilokalen Ehe dar. Die Freier werben um sie, um durch eine Ehe die Stellung des *basileús* zu gewinnen, die vorher Odysseus innegehabt hatte. Vielfach ist die Forschung davon ausgegangen, dass die Freier ein üblicherweise geltenden Gastrecht missbraucht hätten und deswegen vom heimkehrenden Odysseus hatten getötet werden können [dazu ANDREEV, Gesellschaft 51–53]. Die Schuld lag aber bei Penelope, die sich trotz langjähriger Abwesenheit des Odysseus weigerte, eine neue Ehe einzugehen. Daher hatten die Freier das Recht, sie zur Einhaltung der Normen zu zwingen [FLAIG, Tödliches Freien], ja taten dies in Form eines altertümlichen Rügebrauchs, den der Heimsuchung und des Ausfressens [3.6: SCHMITZ, Nachbarschaft 320–329].

Die Frau in der Ehe Die antiken Belege über alle die Frau betreffenden Aspekte in den Epen sind bei G. WICKERT-MICKNAT [Frau] zusammengestellt. Weitere Untersuchungen haben von dieser Grundlage auszugehen. Nahezu alle Frauen der mittleren und oberen Schicht waren verheiratet. Nach C. REINSBERG [Ehe 12–27] bestand bereits seit dem 8. Jh. der Wunsch nach einträchtiger Ehe, so dass diese als emotionale Beziehung gewertet werden kann, zu der die Sexualität hinzugehöre. In den Epen zeige sich eine positive, sinnenfreudige Haltung zum Liebesakt. Zu berücksichtigen ist dabei aber die soziale Perspektive, aus der heraus die Epen verfasst sind. In den Werken Hesiods ist nämlich eher eine skeptische Haltung zu bemerken, sei es wegen der darin liegenden Gefahr für die hausväterliche Autorität, sei es aus Angst vor einer zu großen Zahl von Kindern. In einer eingehenden Untersuchung sexuellen Verhaltens hat P. MAURITSCH [Sexualität] herausgearbeitet, dass zwar Verhaltenserwartungen ausgebildet waren, normkonformes Verhalten von deviantem geschieden war, aber ein Übertreten relativ unproblematisch war, die Sanktionsschwelle also hoch lag.

Bindung der Frau an das Haus Die geschlechtsspezifische Arbeitsteilung führt dazu, dass der Umgangsbereich der Frau das Haus und dessen unmittelbare Umgebung war. Die Forschung hat in zahlreichen Beiträgen herausgearbeitet, dass dies keinem Einschließen ins Haus gleichkommt. Frauen haben sich im offenen Hof und vor dem Haus aufgehalten, Wasser vor der Stadt geholt, Hochzeiten zugesehen und an Kultfeiern teilgenommen. Brunnen und Waschplätze waren Orte weiblicher Kommunikation [PFISTERER-HAAS, Mädchen]. Die Festlegung auf das Haus ließ es aber als ungebührlich erscheinen, wenn die Frau sich grundlos außerhalb des Hauses aufhielt und dadurch ihre Pflichten vernachlässigte. In den Häusern der *áristoi* nahmen Frauen am Gespräch mit Gastfreunden teil; unziemlich war es allerdings, dass Frauen zum Thema Krieg und Kampf Stellung bezogen [WICKERT-MICKNAT, Frau 38 ff.; ARTHUR, Women]. Nach Ansicht von G. WICKERT-MICKNAT hing die Arbeit primär nicht vom Status einer Person ab, sondern „vom Objekt der Arbeit, und dieses wieder steht in Beziehung zum Sexus des Arbeitenden" [3.3: Gesellschaft 138]. Die Verbindung von Gegenstand und Geschlecht erstreckte sich über die Arbeit hinaus auch auf die Speisen und Kultpraktiken.

Geschlechtsspezifische Arbeitsteilung

In den Bereich des Mannes gehörte daher nicht nur Vieh, sondern auch Schneiden und Verzehr von Fleisch und Getreide von der Saat bis zum Dreschen, in den der Frau Textilien, Schrot und Brot, Feuer und Licht. Die Kategorien drinnen/draußen oder leicht/schwer spielten keine Rolle [WICKERT-MICKNAT, Frau 38–80; 3.3: DIES., Gesellschaft 138f.]. Da die Hausleute auf den Feldern Essen selbst zubereiteten und auch auf den Feldern Feuer entfachten, scheint mir diese Deutung nicht überzeugend. Die Ausnahmen, die bei der Arbeitsteilung nach den Kriterien von drinnen und draußen und leicht und schwer auftreten, lassen sich aus der Kompatibilität der Arbeit erklären [3.6: SCHMITZ, Nachbarschaft 83f.].

Die Bäuerinnen waren wie in vielen agrarischen Gesellschaften nicht auf Haushalt und Aufzucht der Kinder beschränkt, sondern verrichteten auch Arbeiten, die auf dem Hof anfielen. Dazu gehört die Vorratshaltung ebenso wie die Verarbeitung der Wolle. Frauen waren also keineswegs ‚untätig', wie häufiger behauptet, und nicht deswegen frauenfeindlichem Spott ausgesetzt. Der aggressive Spott spiegelt keine unmittelbare Realität wider, sondern ist in der Angst des Mannes begründet, dass die Frau ihre Arbeiten nicht sorgsam verrichtet und damit die Existenz des Hofs gefährdet oder die Autorität des Mannes untergräbt. Misogyne Sprüche sind daher weitgehend auf die bäuerliche Schicht beschränkt. In den Epen, die stärker aus einer adeligen Position heraus formuliert sind, finden sie sich nicht. Die Misogynie in der frühgriechischen Dichtung ist also ein schichtenspezifisches Phänomen [ARTHUR, Women 38–50; 3.6: SCHMITZ, Nachbarschaft 83–94]. Frauen aus reicheren Häusern genossen mehr Freiheiten, da das Haus nicht existenziell von ihrer Arbeit und ihrer umsichtigen Vorratshaltung abhing. Frauenfeindlicher Spott

Unterschiede zwischen *áristoi* und mittleren Bauern lassen sich nicht nur hinsichtlich der Position der Frauen feststellen. Ist in mittelbäuerlichen Kontexten die Paarbildung wirtschaftlichen Erwägungen der Hofführung untergeordnet, findet sich in adeligen Kontexten eine Bühne für Liebeslyrik und homosexuelle Beziehungen [CALAME, Eros]. In Liedern des Alkaios, Ibykos und Anakreon sowie der Sappho wurden Frauen idealisiert, wenn auch vorrangig aufgrund ihrer körperlichen Schönheit und als Sexualpartner. Ihre Stellung im öffentlichen Leben wird dies kaum tangiert haben. Ob die geringe Sanktionsbereitschaft bei vorehelichem Geschlechtsverkehr und die Heiratsmöglichkeit von Frauen mit vorehelich gezeugten Kindern [WICKERT-MICKNAT, Frau 86; MAURITSCH, Sexualität] eher als Kennzeichen einer frühen, wenig geregelten Gesellschaft oder eher ein spezifisches Phänomen der Oberschicht ist, lässt sich schwer entscheiden. Schichtenspezifische Unterschiede

Außerhalb des Hauses trat die Hausgemeinschaft nicht als Familie auf, sondern getrennt in geschlechts- und altersgleichen Gruppen. Bei Trauerzügen gingen Männer und Frauen getrennt, an Hochzeitszügen nahmen junge Männer und junge Frauen teil. Bei Kultfeiern traten Chöre von Mädchen auf, etwa im Artemis-, Aphrodite- und Herakult. Die Teilnahme an Chören hatte für die Mädchen wichtige erzieherische Funktion, stellt ge- Frauen in der Öffentlichkeit radezu einen Initiationsritus dar, der die Mädchen in die Gesellschaft integrierte. Sie wurden in ihre geschlechtsspezifische Rolle eingewiesen; Verhaltenserwartungen, auch hinsichtlich der Sexualität, wurden ihnen vermittelt [5.2: CALAME, Choruses]. Ob es sich bei den Mädchenchören auch um weibliche homoerotische Gruppen handelt, wie C. CALAME meint, ist umstritten. E. STEHLE [Gender] sieht entsprechende Gedichte Sapphos vielmehr im Kontext von Zusammenkünften, die Symposien vergleichbar sind.

Modellcharakter der Familienstruktur

Insgesamt entspreche, so F. G. NAEREBOUT [Relationships], das Verhältnis der Geschlechter im antiken Griechenland dem ‚Eurasian pattern', das durch eine Trennung der geschlechtsspezifischen Umgangsbereiche, eine starke Bindung der Frau an das Haus, die monogame und mit dem Brautvater ausgehandelte Ehe, eine Tendenz zu Heiraten innerhalb der Verwandtschaft und eine wirtschaftliche Abhängigkeit der Frau charakterisiert ist. Frauen würden nicht nach ihren produktiven, sondern ihren reproduktiven Fähigkeiten bewertet; sie sollten dem Haus Kinder gebären. Dieses kulturelle Muster sei ideologisch durch eine androzentrische Einstellung gefestigt worden, so dass sich insgesamt eine Asymmetrie in den Geschlechterverhältnissen ergab. Seine Grundlage hat das Muster in einer männlich dominierten Ackerbaukultur, in der Patrilinearität besonders geachtet werde. Unter solchen Bedingungen würden ‚mesalliances' und uneheliche Kinder vermieden. In ärmeren Schichten hätten die Frauen in der Landwirtschaft mitarbeiten und ihnen daher mehr Bewegungsspielraum eingeräumt werden müssen. Dies sei durch stärkere ‚rituals of masculinity' kompensiert worden. Auch wenn die Gesellschaft der homerischen Epen dem *pattern* nicht in all seinen Elementen entspricht, zeigt dieser Beitrag die Bemühungen der Forschung, die Struktur der Familie als ein in sich verwobenes System zu begreifen, dessen Elemente untereinander in Abhängigkeit stehen.

Alter

Die historische Familienforschung und die gerontologische Forschung haben gezeigt, dass nicht von vornherein vorausgesetzt werden darf, dass in einfachen, vormodernen Gesellschaften die Alten geachtet wurden und man ihnen Ehrerbietung entgegenbrachte. Auch langfristige Konjunkturen einer mal prekären, mal starken Stellung der Alten lassen sich nicht hinlänglich belegen. Der gegenwärtigen Forschung kommt es darauf an, die familialen, wirtschaftlichen und politischen Bedingungen herauszuarbeiten, die die Position der Alten und das Bild von den Alten in antiken Gesellschaften prägten [MARTIN, Vater]. Ein pessimistisches Bild des hohen Alters im antiken Griechenland hatten G. MINOIS [Old Age 43–51] und S. BYL [Lamentations] gezeichnet. F. PREISSHOFEN [Greisenalter], der die Belegstellen in der frühgriechischen Dichtung im Einzelnen durchgegangen ist, versteht seine Untersuchung als Versuch, das vielfach postulierte negative Bild des Alters einer Prüfung zu unterziehen: In den Epen sei das Bild der Alten ambivalent. Erst in der frühgriechischen Dichtung werde das Bild vorherrschend, aber nicht durchgängig negativ. In den homerischen Epen stehen sich das Nachlassen körperlicher Kräfte, das verhindert, dass sich die Alten im Kampf auszeichnen, und Erfahrung, Weisheit und Redegewandtheit gegenüber [BRANDT, Alter 17-23; ULF, Gesellschaft 70-83]. In den Wertvorstellungen gab es zwischen Jüngeren und Älteren keine gravierenden Unterschiede [QUERBACH, Conflicts]. Pessimistischer ist das Bild im Werk Hesiods und bei den frühgriechischen Lyrikern, bei denen das Alter als „schlimmer Rand des Lebens" erscheint, die blühende Jugend dem beschwerlichen Alter gegenübergestellt wird. Zur negativen Wertung des Alters trug wesentlich bei, dass die Alten durch die Hofübergabe zu Lebzeiten ihre Autorität in Haus und Dorf verloren und dass jugendliche Kraft in Kampf und Sport gepriesen wurden. Mit der Fernhaltung vom Kampf waren die Alten nicht nur militärisch, sondern auch sozial ausgegrenzt [BRANDT, Alter 24-38; PARKIN, Ageing 34-36].

In der Person von Odysseus' Vater Laertes zeichnet die *Odyssee* das Bild eines Altenteilers, der seinen Hof an den Sohn übertragen hat und ein bescheidenes Leben auf den Feldern außerhalb der Siedlung fristet. Er muss sich mit einem einfachen Nachtlager, schäbiger Kleidung und mühsamer Arbeit begnügen; doch zumindest hat er als Angehöriger eines vornehmeren Hauses ein eigenes Feld, das er mit seinen Knechten bewirtschaftet. Eine alte Dienerin geht ihm im Haus zur Hand. Trotz der Übergabe des Hofes ist Laertes daher nicht von seinem Sohn abhängig [3.6: SCHMITZ, Nachbarschaft 59f., 113f.]. Nicht überzeugend ist die These, dass Laertes ein Wegbereiter eines neuen agrarwirtschaftlichen Konzepts sei, bei dem lange Wege zum Feld vermieden und durch lange Anwesenheit auf dem Feld eine höhere Wirtschaftlichkeit erzielt wurde [so HANSON, Greeks 47-89]. Auch ist Laertes kein durch fehlenden Erfolg an die Seite gedrängter *basileús*, dem nur ein Leben in Marginalität und Trauer um seinen Sohn bleibt [ANDREEV, Gesellschaft 24, 33].

Laertes

3.3 Sklaven und Gesinde

Einen Überblick über die in Ackerbau und Viehzucht arbeitenden freien und unfreien Personen bieten A. BURFORD [3.1: Land 182-191] und G. WICKERT-MICKNAT [Unfreiheit 150-180]. In der althistorischen Forschung ist einer freien unterbäuerlichen Schicht wenig Aufmerksamkeit geschenkt worden. Rekonstruktionen, die von einer Zweiteilung der Gesellschaft in *áristoi* und Bauern ausgehen, blenden sie ganz aus. Wird eine dritte soziale Schicht von Armen einbezogen, bleibt deren Bedeutung vage. Gesindedienst und andere Formen abhängiger Arbeit von Freien hätten sich nur in Randgebieten gehalten, seien sonst aber durch Kaufsklaverei schnell ersetzt worden [3.2: HANSON, Greeks 115, 126]. Demgegenüber lässt sich aber beobachten, dass mittlere Bauern in aller Regel Gesinde aus der Schicht der Theten ins Haus aufnahmen, da sie den hohen Kaufpreis für Sklaven nicht aufbringen konnten. In adeligen Häusern arbeiteten Sklaven und freie Abhängige nebeneinander [3.1: BURFORD, Land 182-191; WICKERT-MICK-

Besitzlose Freie

NAT, Unfreiheit 154–159; 3.6: SCHMITZ, Nachbarschaft 33–38]. In Zeiten von Arbeitsspitzen wurden zusätzlich Saisonarbeiter und Tagelöhner gedungen [3.1: JAMESON, Labor 143; 3.1: BURFORD, Land 191–193]. Selbstverständlich arbeiteten der Bauer selbst und die herangewachsenen Kinder in vollem Umfang mit, in Zeiten der Ernte wahrscheinlich auch die Frauen im Haus [3.2: SCHEIDEL, Landarbeit].

Begriffe Über die Unfreiheit in der Zeit der homerischen Epen und der frühgriechischen Lyrik und deren Begrifflichkeit hat es eine lange und intensive Forschungsdiskussion gegeben. Obwohl in den Linear B-Täfelchen die Begriffe *eleútheros* („frei") und *doúlos* („Sklave") bereits für die mykenische Zeit nachgewiesen sind [1: GSCHNITZER, Sozialgeschichte 16], ist die Forschung zurückhaltend, den Begriff ‚Sklaverei' auf die Zeit der homerischen Gesellschaft anzuwenden. Weil abhängige Arbeitende im Haus als *dmóes* und *oikées* („Hausleute") bezeichnet sind, war offenbar die Integration ins Haus von höherer Bedeutung als der rechtliche Status [3.2: FATHEUER, Ehre 26–29; GSCHNITZER, Sklaverei 111]. *Eleútheros* sei nicht so sehr ein Freier, sondern der, der einer Siedlungsgemeinschaft angehört; als Zugehöriger genießt er Rechte und Schutz. Der Gegenbegriff dazu ist *xeínos*, der Fremde [WICKERT-MICKNAT, Gesellschaft]. *Doúle* bezeichnet eine Frau, die aus einer eroberten Stadt verschleppt wurde; ihr war damit ein Leben in geschützter Position und in der Stellung einer Ehefrau verwehrt. Der Zustand der Unfreiheit ist aber transitorisch, denn sie kann Ehefrau im Haus ihres Herrn oder ins weibliche Gesinde eingegliedert werden [ebd.]. Da der rechtliche Status keine entscheidende Bedeutung für die Lebensverhältnisse hatte, kann auch bei der Freisetzung unfreier Bediensteter nicht von Freilassung im engeren Sinne gesprochen werden [FERNANDEZ NIETO, Freilassung]. Die ältesten Zeugnisse für eine regelrechte Freilassung reichen nur bis in das Ende des 6. Jh. v. Chr. zurück [WEILER, Sklavenstatus 180f.].

Status der Abhängigen Während F. GSCHNITZER und G. WICKERT-MICKNAT in den *dmóes* überwiegend Freie sehen, deren Zahl die der Unfreien bei weitem übertreffe, wollte W. BERINGER [Servile Status 30f.] in den *dmóes* und *oikées* vorwiegend ‚peasant farmers', ‚permanent tenants' bzw. ‚dependent tenant farmers' sehen, die zunehmend in die Position von Schuldnern gerieten. Diese These findet aber keine hinreichende Grundlage in den Quellen.

Unfreie und Freie Unfreie kamen in der Regel als Beute oder durch Kauf in ein fremdes Haus, freies Gesinde trat aus eigenem Entschluss in den bäuerlichen Dienst und war durch mündlichen Vertrag auf ein Jahr gebunden. Die Lebensbedingungen von freiem Gesinde und von Unfreien unterscheiden sich nicht durch die Arbeit oder das Essen [WICKERT-MICKNAT, Gesellschaft 141], sondern waren abhängig davon, ob sie einem bäuerlichen oder einem großbäuerlichen Haushalt angehörten. Im bäuerlichen Haus lebte das freie Gesinde als *life-cycle servants*. Das bedeutet, dass die Kinder in jungen Jahren in das Haus des Bauern eintraten, bis über das 40. Lebensjahr im Gesindedienst blieben, eventuell den Hof mehrfach wechselten, erst dann ein eigenes Haus

Freies Gesinde

bewohnten und sich als Tagelöhner und Saisonarbeiter verdingten. Aufgrund der prekären Unterhaltssituation mussten sie ihre Kinder wiederum bei fremden Bauern in Gesindedienst schicken. In Häusern der *áristoi* hingegen konnten sie aufgrund der langfristigen Bindung in eheähnlichen Verbindungen leben und Kinder aufziehen. Da in den *Werken und Tagen* Hesiods, einem bäuerlichen Lehrgedicht, nur freies Gesinde einbezogen ist, hat es Kauf- oder Beutesklaven offenbar nur in Häusern der *áristoi* gegeben. Bauern konnten den hohen Kaufpreis für einen Sklaven nicht aufbringen [3.6: SCHMITZ, Nachbarschaft 33–38, 116–119]. Demgegenüber fasst L. SCHUMACHER [Sklaverei 92f.] die im Werk Hesiods genannten *dmóes* als Sklaven auf, deren Zahl allerdings gering gewesen sei.   Sklaven

Schätzungen, wonach auf dem Hof eines mittleren Bauern etwa sechs bis zwölf Erwachsene gearbeitet hätten [WICKERT-MICKNAT, Unfreiheit 153–155; 3.2: TANDY/NEALE, Hesiod 27–31], beruhen auf unsicherer Grundlage. Vergleiche mit anderen bäuerlichen Gesellschaften zeigen indes, dass die unterbäuerliche Schicht vielfach die Hälfte oder über die Hälfte der Bevölkerung ausmacht [3.6: SCHMITZ, Nachbarschaft 37]. Die Zahl der Sklaven in den Häusern der *áristoi* bzw. ihr Anteil an den Hausbewohnern lässt sich nicht einschätzen [3.2: FINLEY, Odysseus 54]. Allerdings spricht die Differenzierung bei den Hirten nach verschiedenen Tierarten für eine nicht ganz geringe Zahl. J. A. LENCMAN [Sklaverei 287f.] hatte ihre Zahl hoch, W. L. WESTERMANN [Slave Systems 1f.] und G. WICKERT-MICKNAT [Unfreiheit 155–166] hatten sie niedrig eingeschätzt.   Zahl der Bediensteten

3.4 Tod und Bestattung

Bestattungsbräuche lassen sich durch schriftliche Quellen, die Grabfunde und Darstellungen auf Vasen gut rekonstruieren [einen Überblick über Grabformen und -denkmäler geben KURTZ/BOARDMAN, Thanatos; zu Bestattungsbräuchen und Jenseitsvorstellungen GARLAND, Death]. Veränderungen in den Grabformen und in der Beigabensitte lassen sich insbesondere an den Grabungsbefunden auf dem Athener Friedhof Kerameikos im Einzelnen nachvollziehen. Am Ende des 9. Jh. traten neben die vorher ausschließlich geübte Sitte der Brandbestattung wieder Körperbestattungen auf. Die Toten wurden in einfachen Erdgruben beigesetzt, über die Erde aufgeschüttet wurde. Grabgefäße wurden auf den Erdhügel gesetzt, die im Laufe des 9. und 8. Jh. immer monumentaler wurden. Nur bei den Körperbestattungen wurden Gefäße mit in das Grab gegeben; Waffenbeigaben gab es keine mehr. Bei den Brandbestattungen wurden die Gefäße in Opferrinnen gelegt. Als in archaischer Zeit der Tote in der Grabgrube selbst verbrannt wurde, wurde die auf das Grab gestellte, repräsentative Aschenamphore entbehrlich [KNIGGE, Kerameikos 24–34]. Die Außenwände der Grabdenkmäler konnten mit Reliefs oder Serien von bemalten Tonplatten verziert sein.   Grabformen próthesis und ekphorá

Darstellungen der *próthesis*, seltener der *ekphorá*, waren beliebte Themen bereits der geometrischen Vasen, die als monumentale Kratere auf dem Grab aufgestellt waren. Die Bilder sind realitätsnahe Darstellungen, wenn auch in abgekürzter und konventioneller Form. Um den aufgebahrten Toten stehen Trauernde, die Hände im Trauergestus erhoben [AHLBERG, Prothesis, mit systematischer Analyse aller Details; ANDRONIKOS, Totenkult 43–51]. Prothesisdarstellungen auf archaischen schwarzfigurigen Vasen und auf Tontafeln, die z. T. in regelrechten Bildsequenzen den Ablauf einer Bestattung in Szene setzen, stammen fast ausschließlich aus Athen. Bilder auf Lutrophoren, Gefäßen mit hohem Hals und eng anliegenden Henkeln, zeigen die *próthesis* im Hauptbild, dann aber auch Männerchöre, den *thrénos* singend, und klagende Frauen und Kinder. Der Leichnam, in das Bahrtuch gehüllt, ist auf eine Kline gelegt. Hinweise auf Leichenspiele sind auf den Vasen rar. Nur hin und wieder begegnet ein Ringkampf, ein Wagenrennen oder Dreifüße, die als Siegespreis vergeben wurden [BOARDMAN, Prothesis; GARLAND, Death 23–37; MOMMSEN, Exekias; ZSCHIETSCHMANN, Prothesis]. Die Totenklagen während der Aufbahrung des Toten und beim Trauerzug waren weniger spontane Äußerungen von Gefühlen als vielmehr rituelle Klage mit festgelegten Klagegesten, die in früher Zeit häufig von gedungenen Klagefrauen ausgeführt wurden [ALEXIOU, Lament 10–23]. Bei der Auswertung der literarischen und bildlichen Quellen ist zu beachten, ob es sich um ‚normale' Bestattungen oder um solche herausragender Personen handelt, bei denen von der übliche Praxis abgewichen wurde, z. B. bei den homerischen Helden.

Bestattungsgesetze

Eine kontroverse Diskussion ist hinsichtlich der Grabgesetze und deren Zielsetzung geführt worden. Erwogen wird die Zurückdrängung einer ostentativen Darstellung von Reichtum, um soziale Konflikte zu entschärfen [als antiaristokratische Luxusbeschränkungsgesetze ENGELS, Grabluxusgesetze; kritisch demgegenüber TOHER, Conflict 306], eine Selbstdisziplinierung der *áristoi*, die einen ruinösen Wettstreit eindämmen wollten, seuchenhygienische Gründe, Reinheits- und Kultvorschriften, die Aufrechterhaltung von Ruhe und Ordnung in der Stadt, ein Vorgehen gegen adelige Familienkulte oder eine Zurückdrängung ‚abergläubischer' Praktiken, also Vorstellungen, wonach man sich der Macht der Toten durch eine demonstrative, ins Maßlose gesteigerte Trauer zu erwehren müssen glaubte. Da die sehr unterschiedlichen gesetzlichen Bestimmungen verschiedener Poleis nicht auf eine Ursache zurückgeführt werden können, spricht sich die neuere Forschung dafür aus, dass je nach Bestimmung unterschiedliche Gründe ausschlaggebend waren [GARLAND, Corpse; DERS., Death 21–37; Zusammenstellungen der in der Literatur diskutierten Ziele bei 3.6: SEAFORD, Reciprocity 78–86; ENGELS, Grabluxusgesetze 21–47]. Umstritten ist auch, ob es sich bei den Gesetzen um Neuerungen handelt, die einen vorherigen Brauch unterbinden sollten, oder ob bereits im Totenbrauch vollzogene Veränderungen als gültige Normen festgeschrieben wurden [dazu 1: POMEROY, Families

100–108]. So scheinen Vorstellungen, nur eine demonstrative, übertriebene Trauer könne den Toten beschwichtigen und die Hinterbliebenen vor Strafe schützen, ihre Wirkmächtigkeit verloren zu haben; Trauer sollte auf ehrliche Trauer begrenzt sein. Die Lebensgrundlage der Hinterbliebenen durfte durch übertriebene Trauerformen nicht gefährdet werden. Daher könnte Solon verboten haben, den Pflugochsen bei einer Bestattung zu opfern [3.6: SCHMITZ, Nachbarschaft 166–189]. Das athenische Gesetz, das Größe und Aufwand bei den Grabdenkmälern festschrieb (sog. post-aliquanto-Gesetz), war zweifellos ein Gesetz zur Aufwandsbeschränkung, durch das der soziale Frieden gestärkt und die nominelle Gleichheit der athenischen Bürger betont wurden. Das Gesetz wird heute allgemein in die Jahre zwischen 508/7 und etwa 480 v. Chr. datiert [ENGELS, Grabluxusgesetze 97–106].

Ob sich in den bildlichen Darstellungen die gesetzlichen Verbote niedergeschlagen haben, ist nicht leicht zu beantworten, da die Bilder ein Ersatz für nicht mehr praktizierte Trauerformen sein und daher symbolisch für ein ehrenvolles Begräbnis stehen könnten. H. MOMMSEN [Exekias 18, 24f.] zufolge zeigten aber die Bilder, dass vor 600 v. Chr. der Tote im Freien, später hingegen, nach Solons gesetzlicher Regelung, im Haus aufgebahrt wurde. Das Zerkratzen der Wangen, wobei gelegentlich mit roten Streifen das aus den Wunden heraustretende Blut aufgemalt, sei nur auf Bildern des 7. Jh., nicht mehr des 6. und 5. Jh. dargestellt. Die durch die Grabgesetze eingeschränkte Zahl der Trauergäste finde ihre Entsprechung in archaischen Prothesisdarstellungen mit einer gegenüber den geometrischen Bildern reduzierten Personenzahl; die Bestattung hätte einen privateren und ‚bürgerlicheren' Charakter angenommen.

Auswirkungen auf die Bildwelt?

3.5 Das Haus. Wohnung und Arbeitsstätte

In archaischer Zeit waren die vorherrschenden Siedlungsformen das geschlossene Dorf und die städtische Siedlung [3.1: JAMESON, Labor 140f.; 4.1: OSBORNE, Farm; 3.6: FOXHALL, Property Classes 123–127]. Herausgehoben waren öffentliche Räume, in denen Kultbauten errichtet und Versammlungsplätze angelegt waren, wo sich das Volk als *agoré* und zu Schiedssprüchen zusammenfinden konnte. Es gab gemeinsame Bestattungsplätze und seit dem 8. Jh. Stadtmauern [LANG, Siedlungen]. Die homerischen Epen schildern geschlossene Siedlungen, außerhalb derer sich nur Felder und Berge, gelegentlich weit voneinander gelegene Viehhürden (*méssaula*), Hütten der Hirten und nur vereinzelt Gehöfte (*dómata*) befanden. Das Gesinde und die Sklaven, die die Feldarbeit verrichteten, lebten teilweise auf den Feldern. Archäologisch sind aber auch bereits für die archaische Zeit Einzelgehöfte in nennenswerter Zahl nachgewiesen [3.2: HANSON, Greeks 51–55; 4.1: LOHMANN, Agriculture]. Einen Stadt-Land-Gegensatz wie im Mittelalter gibt es nicht. Das Land gehörte stets mit zur Polisgemeinschaft hinzu, bzw. zu den Dörfern (*kómai*) und städtischen Siedlungen, in denen die

Siedlungsformen

Bauern wohnten [3.2: ANDREEV, Gesellschaft 23–26; 3.6: SCHMITZ, Nachbarschaft 57–60].

Hausformen Zur Entwicklung unterschiedlicher Hausformen in archaischer Zeit haben F. LANG [Siedlungen 78–117] und W. HOEPFNER [4.8: Griechen] die archäologischen Befunde zusammengestellt und ausgewertet.

3.6 Die Integration des Hauses in die Gesellschaft

Gemeinschafts- Die entscheidende Phase der Polisbildung, die nicht nur eine Teilnahme an
bewusstsein   den politischen Institutionen Rat und Volksversammlung, sondern auch ein Gemeinschaftsbewusstsein voraussetzt, wird von der Forschung in das 6. Jh. gelegt, auch wenn wichtige Ansätze zu dieser Entwicklung bereits vorher festzustellen sind [RAAFLAUB, Homer to Solon; 3.2: DERS., Society 629–633]. Demgegenüber werden in Bezug auf die homerischen Epen, die Werke Hesiods und die frühgriechische Lyrik die Defizite eines am Gemeinwohl orientierten politischen Bewusstseins hervorgehoben. Das Verhalten der *áristoi* sei durch agonale Konkurrenz gekennzeichnet, das Volk bilde noch keine unabhängige, handlungsfähige Einheit [SPAHN, Individualisierung; STEIN-HÖLKESKAMP, Adelskultur]. Die bäuerliche Mentalität, wie sie in Hesiods *Werken und Tagen* zum Ausdruck kommt, sei ganz auf den eigenen Hof und die Sicherung der eigenen Existenz ausgerichtet. Auch bei den Bauern herrsche eine agonale Gesinnung vor, die darauf zielte, eher das Gut eines anderen Bauern zu gewinnen als den eigenen Hof zu verlieren [SPAHN, Oikos; DERS., Individualisierung]. Diese Haltung charakterisiert P. MILLETT [Hesiod] als ‚amoral familism'. Auch wenn die eigene Existenzsicherung zweifelsohne ein primäres Ziel der Bauern gewesen ist, so darf doch die Einbindung der Bauern in ein enges Geflecht von Verhaltenserwartungen nicht vernachlässigt werden. Im täglichen Zusammenleben hatte die bäuerliche Nachbarschaft Regeln formuliert, die in Form von Sprichwörtern konserviert wurden und alle Belange des Zusammenlebens im Haus und in der Dorfgemeinschaft betrafen [SCHMITZ, Nachbarschaft 26–147].

hetaíroi War bei den Bauern die Nachbarschaft die primäre über das Haus hinausgehende Beziehung, so verbanden sich die *áristoi* mit ‚Gefährten', *hetaíroi*. CH. ULF hebt die Vielschichtigkeit dieses Begriffs hervor, der ebenso den gleichgestellten Gefährten wie nachgeordnete Gefolgsleute, Mitglieder einer sich um einen Anführer scharenden Gruppe, ja eine ganze ethnische Gruppe bezeichnen kann [3.2: Gesellschaft 127–138; vgl. SPAHN, Freundschaft 175–183]. Das Verhältnis zum *hetaíros* kann daher nicht mit Freundschaft im modernen Sinne gleichgesetzt werden. Die *hetaíroi* sind in der Regel Altersgenossen, ziehen gemeinsam in den Kampf, helfen sich gegenseitig, halten den Feind vom *hetaíros* fern; sie bereiten ihm das Mahl, richten ihm das Lager, schlafen im selben Zelt [3.2: ANDREEV, Gesellschaft 45–59 mit der Bezeichnung „Freunde-Diener"]. Die *hetairos*-Beziehung enthält ein Potenzial an Gleichheit und Gegenseitigkeit, ist aber kein wechselseitiges Verhältnis [SPAHN, Freundschaft 196–201]. Nach J. V. ANDREEV haben die Hetairoiverbände noch einen männerbündischen Charakter und Strukturen von Altersklassen bewahrt. Durch die besondere Treue und den Umstand, dass die Beziehung auf nachfolgende Generationen übertragen werden kann, gewinnt das Verhältnis Elemente einer ritualisierten Freundschaft. Eine emotionale Nähe ist nicht notwendiger Bestandteil und charakterisiert daher diese Beziehung nicht [4.9: HERMAN, Friendship]. Es gibt aber auch Hetairosbeziehungen, die Elemente personalisierter Freundschaft aufweisen, also eine vertraute Zuneigung. In diesen Fällen tritt zum Wort *hetaíros* bzw. *xeínos* (für den auswärtigen Gastfreund) das Wort *phílos* hinzu, das ‚lieb' bzw. ‚eigen' bedeutet und erst in klassischer Zeit auch den Freund bezeichnet [KONSTAN, Friendship 24–42; SPAHN, Freundschaft 165–175; 199 f.]. Hetairosbeziehungen beschränken sich in archaischer Zeit weitgehend auf die Oberschicht [SCHMITZ, Nachbarschaft 119–126]. Freundschaften und persönliche Bindungen unter den *áristoi* fanden in gemeinsam durchgeführten Gastmählern und Trinkgelagen, den Symposien, ihre Ausformung. Die Symposien sind Zeichen adeligen Lebensstils und dienen der sozialen Distinktion [WINTERLING, Männergesellschaften 718–721]. O. MURRAY sieht in den sich in Symposien zusammenfindenden Gruppen eine Transformation alter Kriegergruppen, die durch die Bildung von Hoplitenverbänden ihre Funktionen verloren hatten. In der archaischen Zeit gewann das Symposion als Ort literarischer Dichtung und einer Sozialisation der Jugend Bedeutung. Päderastische Beziehungen gehörten seit dem späten 7. Jh. ebenfalls in den Kontext des Symposion [BREMMER, Adolescents; MURRAY, Symposion; WINTERLING, Männergesellschaften 721 f.]. Gefördert worden seien päderastische Beziehungen durch die zunehmende Bedeutung sportlicher Wettkämpfe, die nackt ausgetragen wurden. In der Folgezeit gewann aber auch die erzieherische Funktion der Päderastie an Bedeutung [HUBBARD, Pederasty; PERCY, Reconsiderations; SCANLON, Pederasty]. Weil in archaischer Zeit die Reste monarchischer Herrschaft beseitigt wurden und so keine höfische adelige Gesellschaft entstand, wurden Frauen zunehmend aus der Öffentlichkeit ausgegrenzt. Im Symposion, durch die damit verbundene Päderastie, durch das Ideal männlicher Freundschaft und die dauernde Bestätigung von Männlichkeit in Krieg und Sport wurde ein „Untersichsein der adeligen Männer" gefördert. Im Symposion wurde die männliche Jugend auf die Werte der adeligen Männergesellschaft sozialisiert [WINTERLING, Männergesellschaften].

Die ältere Forschung war davon ausgegangen, dass Adelsgeschlechter und -verbände in geometrischer und archaischer Zeit eine große Bedeutung gehabt hätten. Große Adelsgeschlechter hätten sich auf eine frühe, bis in mythische Zeit zurückgehende Abstammung zurückgeführt, eigene Kulte betrieben und wichtige Priesterämter innegehabt, über Landbesitz und gemeinsame Bestattungsplätze verfügt, sich in gegenseitigen Allianzen unterstützt. Damit hätten sie den Zugang anderer Schichten zur Gemeinschaft

Freundschaft

Symposien

Päderastie

génos und Phratrie

kontrolliert. Kritik an dieser Ansicht wurde von A. ANDREWES, M. I. FINLEY und W. K. LACEY geäußert: *géne* und Phratrien spielten in den homerischen Epen und in der archaischen Rechtskodifikation nur eine geringe Rolle und scheinen eine neue Einrichtung zu sein. Die Arbeiten von D. ROUSSEL und F. BOURRIOT [dazu SCHNEIDER, Forschung] haben endgültig zu einer neuen Sicht geführt, die von der neueren Forschung durchgängig akzeptiert wird [3.2: ANDREEV, Gesellschaft 40–45; 1: LACEY, Familie 38–42; 1: PATTERSON, Family 44–69]. F. BOURRIOT betont, dass bis ins 6.Jh. *génos* lediglich Abstammung bedeute, nicht mit Adelsgeschlecht gleichzusetzen ist. Gemeinsamer Landbesitz, Geschlechtergräber, exklusive Geschlechterkulte ließen sich nicht nachweisen. Nach D. ROUSSEL hätten Phratrien und Phylen keinen gentilizischen Ursprung.

Solonische Gesetzgebung In Athen flossen viele der bäuerlichen, das Leben in Familie und Gemeinschaft regelnde Normen in die solonische Gesetzgebung ein. Insgesamt bewirkte deren Verschriftung eine Stabilisierung der Familie. Denn Bastarde wurden von der Erbschaft ausgeschlossen, die Rechtmäßigkeit der Ehe wurde verbindlich geregelt und die straffreie Tötung des Ehebrechers bestätigt, die Übergabe des Erbes zu gleichen Teilen an die Söhne minutiös geregelt, beim Fehlen von männlichen Erben Möglichkeiten der Adoption und der testamentarischen Verfügung geschaffen. Damit war für die Folgezeit der Verbleib des Hausbesitzes in der väterlichen Linie gesichert [1: HARRISON, Law; 4.4: KARABÉLIAS, Succession; 4.3: SCHMITZ, Ehebruch; DERS., Nachbarschaft 166–258]. Zusammengestellt sind die Fragmente der solonischen Gesetze bei E. RUSCHENBUSCH [Nomoi] und A. MARTINA [Solon]. Die gesetzlichen Regelungen anderer Städte finden sich zusammengestellt und kommentiert bei K.-J. HÖLKESKAMP [Schiedsrichter].

Aristokratie und Tyrannis Eine stärkere Aristokratisierung, also eine forciertere Ausübung von Herrschaft durch die *áristoi*, ist erst im 6.Jh. festzustellen. Führende Familien versuchten, Bauern in eine Abhängigkeit zu bringen. Sie nutzten Heiraten und homoerotische Beziehungen, um politische Allianzen herzustellen und darüber Dynastien und Tyrannenherrschaften zu etablieren. Waren sie an die Macht gelangt, versuchten sie sich durch Heiraten innerhalb der Familie nach außen abzugrenzen [GERNET, Mariages; 1: LACEY, Familie 73f.]. In vielen Fällen schlug dies fehl [STEIN-HÖLKESKAMP, Theognis]; solche Herrschaftsformen konnten sich oft nur ein bis zwei Generationen halten. In Athen schränkten die kleisthenischen Reformen die politischen Handlungsmöglichkeiten der führenden Familien entscheidend ein [MARTIN, Kleisthenes].

4. Haus und Familie im klassischen Athen

4.1 Die wirtschaftliche Grundlage des Hauses

Um 800 v. Chr. setzte in Südattika eine Binnenkolonisation ein. Vorreiter waren Adelige, deren Sitze zu Keimzellen späterer Siedlungen wurden. Im Laufe der Zeit wurden alle nutzbaren Fruchtebenen Attikas, auch weniger ertragreiche und abgelegenere, besiedelt [LOHMANN, Atene 67; DERS., Prosopographie 203–211; vgl. 3.1: JAMESON, Labor 145]. Die attischen Bauern wohnten überwiegend in Weilern und Dörfern, doch stieg in klassischer Zeit die Zahl der Einzelgehöfte stark an. Intensiv erforscht wurden solche Gehöfte, die mit Türmen ausgestattet waren und zu denen Ackerterrassen und Dreschplätze, Ölmühlen und -pressen gehörten, von H. LOHMANN [Atene; DERS., Prosopographie; DERS., Agriculture]. Die Türme dienten dem Schutz der Bewohner, aber auch zu Wohn- und Vorratszwecken. Die Gehöfte waren ganzjährig bewohnt, wie die dort gefundenen Grabstätten zeigen. R. OSBORNE hatte hingegen die These vertreten, dass das Land jenseits geschlossener Dorfsiedlungen weitgehend unbewohnt gewesen sei; die archäologisch nachgewiesenen bzw. erhaltenen Gebäude hätten Verteidigungszwecken gedient. Dagegen ist vielfache Kritik geäußert worden [neben Lohmann 3.1: AMOURETTI, Agriculture 82–86; 6.1: SCHULER, Siedlungen 73–77, mit einer ausführlichen Darlegung der Forschungsdiskussion]. Unbestritten bleibt aber, dass neben den städtischen Zentren Athen und Piräus die *vorherrschende* Siedlungsweise die in Weilern und Dörfern war, deren Größe in Attika bis hin zu kleineren stadtähnlichen Anlagen mit Wehrmauern, Theatern und öffentlichen Plätzen reichte [3.1: OSBORNE, Landscape; 3.6: SCHMITZ, Nachbarschaft 56–58].

Siedlungsform

Zumindest in dem seit dem Ende des 6. Jh. besiedelten Charakatal (dies ist der antike Demos Atene) war der Anteil größerer Grundbesitzer mit Anbauflächen von etwa 25 ha relativ groß. Sie dürften es gewesen sein, die unter hohem Aufwand und mit dem Einsatz von Sklaven Ackerterrassen für Olivenbäume angelegt haben [LOHMANN, Atene; DERS., Prosopographie 228–235]. L. FOXHALL und R. OSBORNE [Farm] schätzen, dass die 2000 reichsten Athener im 4. Jh. ein Viertel bis ein Drittel des bebauten Landes besessen hätten. Auch wenn von einer Zahl von 10 000 Subsistenzbauern mit einer Ackerfläche von 5,5–10 ha ausgegangen werden könne, „the overall control of the landscape was in the hands of a relatively few, wealthy households" [FOXHALL, Control 157]. Reiche Landbesitzer hatten häufig mehrere Landgüter in verschiedenen Regionen Attikas [OSBORNE, Demos 47–63]. Für die Annahme, dass solche zersplitterten Besitzungen durch Pächter, größere zusammenhängende Güter hingegen durch Sklaven bewirtschaftet wurden, wie E. M. WOOD annimmt, gibt es nach Ansicht von L. FOXHALL [Control] keine hinreichenden Belege. Solche Güter seien allein mittels Sklaven bewirtschaftet worden. M. JAMESON [3.1: Labor 144 f.] rechnet für

Hofgrößen

das Jahr 430 mit 20 000 Bauern, die bei 4,5 ha durchschnittlichem Besitz 90 000 ha (900 km^2) des attischen Landes besaßen. Personen unterhalb des Niveaus eines Subsistenzbauern nutzten kleine Parzellen zu ertragreichem Gemüseanbau, verdingten sich darüber hinaus als Saisonarbeiter, nutzten öffentliche Diätenzahlungen und gingen anderen Nebenerwerbstätigkeiten nach. Erntemengen lassen sich nicht mit zufriedenstellender Sicherheit ermitteln [3.1: GARNSEY, Yield; 3.1: ISAGER/SKYDSGAARD, Agriculture 113f.]. In der für die Antike typischen Form der ‚mixed agriculture' spielte die Viehwirtschaft eine minder wichtige Rolle [CHANDEZON, Élevage; GARNSEY, Economies; 3.1: HODKINSON, Husbandry].

Handel und Gewerbe   Durch die Zunahme von Handwerk und Gewerbe, von Geldgeschäften und Bergbau verbreiterten sich die wirtschaftlichen Grundlagen der Häuser. Die Spezialisierung auf eine bestimmte Tätigkeit grenzt die Gewerbetreibenden (*technítai*) von den Bauern ab. Gegenüber Beruf und Reichtum trat Abstammung als Bewertung für die soziale Position in den Hintergrund [1: GSCHNITZER, Sozialgeschichte 124–126]. Weil sich Athen und der Piräus als Zentrum von Handel und Handwerk etablierten, wurde ein Stadt-Land-Gegensatz spürbarer, auch wenn es noch viele Verzahnungen gab. In den Komödien des Aristophanes kündigt sich eine Idealisierung bäuerlichen Lebens an; allerdings werden dessen Härte, Kargheit und Selbstgenügsamkeit nicht verschwiegen [EHRENBERG, Aristophanes 83f., 91–98]. Die starke Diversifizierung gewerblicher Tätigkeiten kommt darin zum Ausdruck, dass für das klassische Athen 170 verschiedene Benennungen von Berufen überliefert sind. Es handelt sich also in der Regel um kleine Werkstätten und um von einzelnen Personen betriebene Tätigkeiten. Es bestand eine ausgedehnte horizontale, aber nur eine sehr geringe vertikale Spezialisierung. Produkte wurden nicht in mehreren Arbeitsschritten in einem Betrieb hergestellt, was eine Binnendifferenzierung innerhalb eines Betriebs gefördert und zu größeren Einheiten geführt hätte [HARRIS, Workshop, mit einer Liste der Berufe 88–99; 4.8: ZIMMER, Arbeit 566]. Dies bringt mit sich, dass es so gut wie keine abhängige Arbeit von Freien im Bereich von Handwerk und Handel gab. Abhängige Arbeit wurde in diesem Sektor allein von Sklaven erbracht. Doch auch die mit Sklaven betriebenen Werkstätten scheinen eher bescheidenen Ausmaßes gewesen zu sein. Abgesehen von wenigen Ausnahmen (s. o. Kap. I.4.6), sind für Werkstätten nur wenige Sklaven vorauszusetzen. Weil freie abhängige Arbeit verpönt war, bildeten die Werkstätten und Verkaufsläden keine rechtlich unabhängigen Einheiten, sondern blieben eng an den Oikos gebunden, waren Teil des Oikos [HARRIS, Workshop 82f.]. Lohnarbeit blieb weitgehend auf Tagelöhner im landwirtschaftlichen Bereich beschränkt.

4.2 Kindheit, Jugend und Erziehung

Überblicke über die Kindheit in der Antike bieten H. RÜHFEL [Kinderleben], M. DEISSMANN-MERTEN [Kind] und M. GOLDEN [Childhood; vgl. 1: GARLAND, Life 17–162; STRAUSS, Fathers 89–97; zu bildlichen Darstellungen 3.2: SIURLA-THEODORIDOU, Familie]. *Überblicke*

Eine umfassende, Quellen und Literatur einbeziehende Darstellung zu Kontrazeption, Abtreibung und Aussetzung hinsichtlich ihrer rechtlicher Grundlage, Häufigkeit und gesellschaftlicher Bewertung hat E. EYBEN vorgelegt [Family Planning; ein neuerer Forschungsüberblick bei OLDENZIEL, Infanticide]. Wie hoch die Zahl ausgesetzter Kinder einzuschätzen ist, ist in der Literatur umstritten. D. ENGELS [Infanticide] hatte in kritischer Diskussion früherer Beiträge die Kindesaussetzung mit ihren tödlichen Folgen als demographisch vernachlässigbare Größe eingeschätzt; ansonsten wäre mit einem Rückgang der Bevölkerung zu rechnen. Auch V. SIURLA-THEODORIDOU [3.2: Familie 365] und E. EYBEN [Family Planning 13f.] gehen von einer geringen Zahl ausgesetzter Kinder aus. Auch wenn körperliche Missbildung der Grund für eine Aussetzung sein konnte, so gibt es doch hinreichende Belege für Menschen mit körperlichen Behinderungen. Sicherlich nicht alle Neugeborenen mit Missbildungen waren also ausgesetzt worden [OGDEN, Crooked Kings 9–14]. In antiken Komödien ist belegt, dass ein Neugeborenes ausgesetzt werden sollte, wenn es ein Mädchen wäre, wohingegen ein Sohn stets aufgezogen werden sollte, auch wenn man arm sei. Nach den Belegen in den Komödien zu urteilen scheint Aussetzung infolge einer sozialen Notlage nicht selten gewesen zu sein. Durch die Aussetzung von Mädchen könnte ein Ungleichgewicht von Männern und Frauen entstanden sein, das aber durch ein sehr unterschiedliches Heiratsalter ausgeglichen wurde. Ohne eine Aussetzung wäre der Anteil der etwa 15–20 Jahre alten Frauen deutlich größer als der Anteil etwa 30 Jahre alter Männer. Ethnologische Parallelen bestätigten, dass bei solchen Voraussetzungen in höherer Zahl Mädchen ausgesetzt würden [2: GOLDEN, Demography; kritisch dazu PATTERSON, Rearing 107–111]. R. OLDENZIEL [Infanticide] bezweifelt den Wert demographischer Daten in dieser Frage. *Aussetzung*

In zeitgenössischen Quellen ist in Zusammenhang mit der Aussetzung nicht von einer ‚Tötung' die Rede, es sei denn, die Autoren nehmen eine kritische bis feindliche Haltung gegen die Aussetzung ein [2: GOLDEN, Demography 330f.]. Auch C. PATTERSON [Rearing 104–107] betont den rechtlichen, moralischen und terminologischen Unterschied zwischen Aussetzung und Kindstötung. Quellen, die die Aussetzung in dramatisierender Absicht als Tötung qualifizieren, stammen überwiegend erst aus Kaiserzeit und Spätantike [EYBEN, Family Planning 14f.]. Nicht nur die Begrifflichkeit, sondern auch die Erzählstrukturen lassen erkennen, dass Kinder nicht leichtfertig ausgesetzt wurden, sondern sich die Frau in einer Notsituation befand und keine Möglichkeit für sich sah, das Kind aufzuziehen, wiewohl sie das *Wertung der Aussetzung*

Kinderzahl Kind gerne großgezogen hätte [SCHMITZ, Gewalt 106–110]. Eine durchschnittliche Kinderzahl lässt sich nur grob einschätzen. E. EYBEN [Family Planning 5–7] geht von einer insgesamt geringen Kinderzahl aus, wegen der hohen Kindersterblichkeit, der zahlreichen Krankheiten und Epidemien, sowie aufgrund von Nahrungsmittelknappheit.

Körperliche Strafen Quellenbelege für körperliche Züchtigungen von Kindern im Haus und in der Schule sind wohl deswegen nicht sehr zahlreich, weil Ohrfeigen und Schläge mit dem Stock oder mit einer Sandale eine Selbstverständlichkeit darstellten [BECK, Education 100–104; DERS., Album 44f.; GOLDEN, *Pais* 100–102; DERS., Childhood 64f.]. Allein auf bildlichen Darstellungen finden sich auch Szenen, in denen Mütter ihre Kinder mit der Sandale schlagen [BECK, Album 44–46 mit Abb. 261–276]. Trotz dieser literarischen und bildlichen Quellen war die zwischen Eltern und Kindern bestehende Beziehung nicht durch physische Gewalt geprägt. Andere Quellen weisen nämlich auf eine innige und emotionale Beziehung hin [SCHMITZ, Gewalt; STRAUSS, Fathers 72–86].

Erziehung in philosophischen Konzepten In seinen idealstaatlichen Entwürfen fordert Platon bei der Ausbildung der Kinder eine Förderung von Begabten und deren geistiger Behändigkeit. Schnelle Auffassung, gutes Gedächtnis und durchdringendes Verständnis gehören für Platon zur natürlichen Veranlagung, die es zu fördern gelte. Auch weniger Begabte verdienten Geduld und Förderung, um sie zu rascherem Lernen zu bringen [BECK, Education 101f.; MARROU, Erziehung 95–119]. Aristoteles empfiehlt für seinen idealen Staat eine Erziehung, die mit der Geburt, ja eigentlich schon mit der Schwangerschaft beginnt. Um eine für die Polis angemessene Konstitution zu erwerben, rät Aristoteles zu einer bestimmten Ernährung und viel Bewegung. Bis zum fünften Lebensjahr solle man die Kinder nicht zu schwerer Arbeit anhalten, damit das Wachstum nicht gehindert werde; Schreien und Weinen soll man nicht verbieten. Bis zur Erlangung der körperlichen Reife solle man in der Gymnastik leichtere Übungen wählen. Gewalt lehnt Aristoteles zumindest in einer ersten Phase der Erziehung ab [SCHMITZ, Gewalt 110–113]. Im 4. Jh. entstand also eine reflektierte Pädagogik.

Emotionalität Umstritten ist die Frage, ob in bäuerlichen Gesellschaften mit hoher Säuglings- und Kindersterblichkeit die affektive Zuneigung zwischen Eltern und Kindern geringer war als in modernen Gesellschaften, in denen der Tod von jungen Menschen relativ selten ist. Dass Emotionalität in den Beziehungen zu Kindern bewusst zurückgedrängt worden sei, um so die Häufigkeit früh sterbender Kinder aushalten zu können, lässt sich an den antiken Quellen nicht erhärten [GOLDEN, Care]. Sowohl für ein emotionales als auch für ein distanziertes Verhältnis lassen sich Belege beibringen. Von engen emotionalen Beziehungen insbesondere zu kleinen Kindern zeugen Koseworte; antike Quellen sprechen von der Aufopferung der Mutter für das Kind. Dabei wird der Mutter eine in der Natur liegende, stärkere emotionale Beziehung zu den kleinen Kindern zugeschrieben als dem Vater [4.3: BLUNDELL, Women 141f.].

Dass Väter in den Söhnen vor allem die Nachfolger im Haus sahen, dürfte wohl der Grund dafür sein, dass bei den Grabsteinen des 4. Jh. solche für Vater und Sohn bei weitem dominieren [STRAUSS, Fathers 7].

Neben Zeugnissen für eine affektive Beziehung zwischen Eltern und Kindern gibt es auch reiche Belege für gewalttätige und zerstörerische Beziehungen. Mythische Erzählungen sind mitunter an Grausamkeit kaum zu überbieten. In ihrer übertriebenen Grausamkeit sind sie als Warnungen zu verstehen, spiegeln aber auch das strukturell belastete Verhältnis zwischen Vater und Sohn wider, vor allem wenn es um die Übergabe der Hausgewalt geht. Nur im Mythos kann die Tötung der eigenen Kinder eine Lösung sein, die Hausgewalt auf ewig zu behalten. In der Realität würde sie das Haus auslöschen. Die Familie war also sowohl durch affektive Beziehungen als auch durch Konflikte geprägt [GOLDEN, Childhood 82–114; SCHMITZ, Gewalt].

Konflikte

4.3 Heirat und Ehe. Die Stellung der Frau im Haus

Aufgrund des Bürgerrechtsgesetzes des Perikles konnte von 451/50 v. Chr. nur derjenige „an der Polis teilhaben" (also insbesondere politische Rechte ausüben), der von einem athenischen Vater und einer athenischen Mutter abstammte. Das Gesetz wurde nach einer Phase der Unterbrechung 403 v. Chr. erneuert [HARTMANN, Heirat 52–57]. Auch wenn das Gesetz dies nicht ausdrücklich vorschrieb, wird eine rechtmäßige Ehe der Eltern vorauszusetzen sein [anders HARTMANN ebd. 56], da außereheliche Lebensgemeinschaften in der Regel nicht mit Athenerinnen eingegangen wurden. In der Konsequenz bedeutet das Gesetz, dass Athener nur athenische Frauen heiraten konnten, wollten sie den in der Ehe geborenen Kindern das Bürgerrecht vermitteln. Endogamie innerhalb der Bürgerschaft wurde also zum Prinzip [VÉRILHAC/VIAL, Mariage 43–79]. Da in der Zeit vor 451/50 zahlreiche Athener aus der Oberschicht *fremde* Frauen aus entsprechender Schicht geheiratet hatten, um damit ihre auswärtigen Verbindungen und ihre Zugehörigkeit zur Oberschicht zu demonstrieren, wird das Gesetz darauf gerichtet gewesen sein, solche über die Polisgrenzen hinausreichenden Vernetzungen zu durchtrennen und nur noch Loyalitäten innerhalb der Bürgerschaft zuzulassen [HUMPHREYS, Nothoi; HARTMANN, Heirat 71]. Eine durch das Gesetz bewirkte Beschränkung der Zahl der athenischen Bürger könnte auch das Ziel gehabt haben, dass die Bürgerschaft exklusiv blieb, da Bürgersein mit zahlreichen Privilegien verbunden war. Das Gesetz gehört zeitlich in einen Kontext, in dem sich Athen als Abstammungsgemeinschaft stilisierte und eine Autochthonie betonte [LORAUX, Invention; OGDEN, Bastardy 166 ff.]. Das Gesetz zielte also in erster Linie auf den Zusammenhalt der Bürgerschaft und die Begrenzung des Bürgerrechts, nicht auf die Familie oder das Erbrecht, wiewohl das Gesetz erhebliche Konsequenzen für die Häuser hatte. Fortan wurden Ehen fast ausschließlich zwi-

Bürgerrechtsgesetz des Perikles

schen athenischen Männern und athenischen Frauen eingegangen; zu nichtathenischen Frauen konnten nur Konkubinatsbeziehungen bestehen [zu den verschiedenen Deutungen des Gesetzes: PODLECKI, Pericles 159–176; HARTMANN, Heirat 52–57, 69–75]. Nach A. BOEGEHOLD [Law] könnten Erbstreitigkeiten zwischen Kindern aus einer rein athenischen und einer gemischten Ehe zum Bedürfnis einer ‚präziseren' Definition des Bürgerrechts geführt haben. Im 4. Jh. traten weitere gesetzliche Bestimmungen hinzu, wonach einem Fremden, der mit einer Athenerin in ehelicher Gemeinschaft zusammenlebte, der Verkauf in die Sklaverei, einem Athener, der mit einer fremden Frau zusammenlebte, eine hohe Geldstrafe drohte. Das Gesetz wird als Verschärfung des perikleischen Gesetzes gewertet [HARTMANN, Heirat 57 f.].

Liebe zwischen Ehepartnern Ehen waren in der Antike nicht Folge einer Liebesbeziehung, sondern häuslichen Interessen untergeordnet [BLUNDELL, Women 121 f.; SCHNURR-REDFORD, Frauen 262; VERNANT, Mythos 139]. Aufgrund eines erreichten Alters (von etwa 30 Jahren) und der wirtschaftlichen Gegebenheiten (Übernahme der Hausgewalt) fasste der Mann „den Entschluss zu heiraten". Die Zahl unverheirateter Personen wird daher sehr gering gewesen sein; allerdings konnten Kriegsereignisse dazu führen, dass Töchter unverheiratet blieben [BLUNDELL, Women 119]. Entscheidend für den Entschluss zur Heirat war, eine Person ins Haus zu holen, die die Arbeiten der Frau im Haus ausführen und legitime Kinder gebären sollte. PH. ARIÈS [Liebe] beschreibt daher zwei Formen der Liebe: Die eheliche Liebe gründe auf einem starken Zusammengehörigkeitsgefühl, auf der Unterordnung unter die Hausgewalt des Mannes und der Erfüllung einer sozialen Position und Verhaltenserwartung (Fruchtbarkeit der Frau, Ansehen als Hausherrin), nicht aber auf Erotik und Sexualität, die die außereheliche Liebe charakterisierte. Modifiziert wird dies von E. HARTMANN [Heirat 111–115]: Bei der Hochzeit wurde die Frau nicht nur festlich gekleidet, sondern auch von Eros ausgestattet. Das Wirken der Aphrodite sollte aber auf die Brautzeit beschränkt sein. Entfalte die Göttin ihre Kraft noch länger, werde sie als beunruhigende Kraft wahrgenommen, die die Ehe bedrohe. „Das Verhältnis und insbesondere die Sexualität der Eheleute waren demnach einem übergeordneten Zweck verpflichtet, nämlich dem Fortbestand der Polis als Abstammungsgemeinschaft" [Heirat 131]. Antike Quellen geben durchaus Anhaltspunkte für eine zwischen den Eheleuten bestehende Zuneigung, eine gegenseitige Gebundenheit, einer Liebe zum Mann, zur Frau und zu den Kindern [LEFKOWITZ, Frauen 75–86; VIAL, Femme]. Wie stark die Ehe aber auf die Zeugung von Nachkommenschaft ausgerichtet war, zeigt sich an der Befürchtung, kinderlos zu bleiben, bei der Angst des Mannes, ihm würde ein Kind untergeschoben, und bei der Praxis, kinderlos gebliebene Ehen zu trennen [HARTMANN, Heirat 101–103].

Kennenlernen des Ehepartners Da unverheiratete Töchter ein relativ zurückgezogenes Leben im Haus führten, bot vor allem die Teilnahme an Kultfeiern und Reigentänzen Gelegenheiten zum Kennenlernen eines Partners. Es konnte aber durchaus

4.3 Heirat und Ehe. Die Stellung der Frau im Haus

vorkommen, dass sich die Partner vor einer Hochzeit nicht kannten, wenn vorrangig die Beziehung zu einer anderen Familie gestärkt werden sollte [VÉRILHAC/VIAL, Mariage 209–226]. Hin und wieder sind auch Heiratsvermittler erwähnt. Die Aushändigung einer Mitgift stärkte das Bestreben nach einer Heirat innerhalb derselben Schicht (Homogamie). Insofern bestimmten ökonomische Interessen bzw. familiale und nachbarschaftliche Verbindungen die Heiratsstrategien [COX, Interests 3, 10]. Verwandtenehen wurden vor allem bei Erbtöchtern eingegangen; man versuchte aber auch, durch solche Ehen eine starke Verbindung zu den Mitgliedern der eigenen Gruppe zu sichern [LEDUC, Heirat 283]. Witwen wurde ein größerer eigener Entscheidungsspielraum eingeräumt [1: LACEY, Familie 110f.].

In der rechtshistorischen Forschung wurde vielfach untersucht, was einer Ehe Rechtmäßigkeit verleiht. Eine urkundliche Registrierung von Ehen gab es nicht. Voraussetzung war vielmehr der Vollzug von brauchmäßig festgelegten Handlungen, zu denen *engýe*, *ékdosis* und *synoikeín*, schließlich die Bekanntgabe der Hochzeit im Kreis der Kultgemeinschaft gehörten [HARTMANN, Heirat 76–97; 1: PATTERSON, Family 107–137; VIAL, Femme]. E. HARTMANN betont, dass insbesondere die Publizität, die durch den Hochzeitszug unter den Augen der Öffentlichkeit erreicht wurde, der Ehe Rechtmäßigkeit verlieh, die vor Gericht bezeugt werden konnte [Heirat 77–79, 95–97, 130; DIES., Bürgerstatus].

Rechtmäßigkeit der Ehe

Mit dem Verbot einer Ehe unter Halbgeschwistern, die von zwei verschiedenen Vätern abstammten, wollte die Polis Athen Besitzkumulationen verhindern. Nach Meinung von C. LEDUC [Heirat 282 u. 284] hätte das Verbot seinen Ursprung allerdings im Bestreben gehabt, Heiraten innerhalb eines Oikos zu unterbinden: Dafür muss LEDUC jedoch voraussetzen, dass zur Zeit, als das Gesetz erlassen wurde, matrilokale Ehen verbreitet waren. Da dies sehr unwahrscheinlich ist, hat ein Verbot aus besitzstrategischen Gründen eine höhere Plausibilität.

Ehe unter Halbgeschwistern

Die Ursache für das unterschiedliche Heiratsalter von Mann und Frau wird von einigen Forschern in demographischen Bedingungen gesehen. Wenn nämlich die Zahl der Mädchen (vor allem aufgrund von Kindesaussetzungen) in einem Altersjahrgang geringer war als die der Jungen, mussten einige junge Männer Ehen mit jüngeren Mädchen eingehen, wenn alle heiraten wollten, wovon auszugehen ist [HARTMANN, Heirat 109]. Bei einem zunehmenden zahlenmäßigen Missverhältnis stieg das Heiratsalter des Mannes an, das der Frau senkte sich. Nach C. LEDUC wurde diese demographische Ursache bei der ‚mariage oblique' (der „schiefen Heirat") von einer strukturellen Ursache überlagert, die in der Untergliederung nach segmentären Häusern begründet lag. Bei einer ‚mariage oblique' wechsle die Frau in eine Art Filiationsverhältnis des Mannes über, sei unmündig und unterstehe daher seiner *kyrieía*. Der Ehemann gehöre der Generation des Brautvaters an, nehme die Position eines Vaterbruders ein [Heirat 282–284, 301–304]. E. HARTMANN erkennt in dem unterschiedlichen Heiratsalter hingegen das

Heiratsalter

Bemühen, Generationskonflikte einzudämmen. Bei dem hohen Heiratsalter des Mannes könnte es kaum zu unerwünschten Konkurrenzsituationen um die Hausgewalt kommen. In vielen Fällen starb der Vater, bevor der Sohn 30 Jahre alt war, oder war aufgrund seines Alters bereit, die Hausgewalt zu übertragen. Demgegenüber erlaubte es das frühe Heiratsalter der Frau, deren Fruchtbarkeit voll auszuschöpfen [Heirat 100f.]. Das unterschiedliche Heiratsalter hatte zur Konsequenz, dass der Ehemann seine Autorität gegenüber der Frau leichter wahren konnte [3.6: SCHMITZ, Nachbarschaft 450f.]. Allerdings enthalten die Quellen auch viele Anhaltspunkte dafür, dass die Frau durchaus nicht bereit war, sich der Autorität des Mannes stets unterzuordnen [4.9: HUNTER, Athens 9–42; HARTMANN, Heirat 123–125]. Ansprüche einer bäuerlichen Nachbarschaft, diese Unterordnung durchzusetzen, hatten in klassischer Zeit an Nachhaltigkeit verloren. Jedenfalls haben entsprechende frauenfeindliche Äußerungen einen anderen Charakter angenommen [3.6: SCHMITZ, Nachbarschaft 451–456]. Belege eines partnerschaftlichen Verhältnisses bestärken die Ansicht, dass solche Äußerungen keine Realität abbilden [GOULD, Law 50].

Hausgewalt des Mannes

Hetären Beziehungen von Männern zu Hetären können nicht allein unter einem sexuellen Aspekt gesehen werden. Zwar stehen bei den bildlichen Darstellungen deren Teilnahme an Symposien und Erotik im Vordergrund, doch die literarischen Quellen vermitteln ein anderes Bild: Danach stand ein auf Gegenseitigkeit ausgerichtetes Verhältnis im Vordergrund. Der Mann überreichte der Hetäre Geschenke und konnte dafür ‚Anmut' (*cháris*) erwarten. Dies umfasste Unterhaltung, exklusive Begleitung zu Symposien, Partnerschaft und schließlich auch sexuelle Beziehungen. Hetärentum kann also nicht mit käuflicher Liebe gleichgesetzt werden; Beziehungen zu Hetären waren exklusiv, bestanden längerfristig und waren gesellschaftlich akzeptiert, solange die Rechte in Oikos und Polis nicht gefährdet waren. Gegen Bestrebungen, die von einer Hetäre geborenen Kinder in das Erbe einzusetzen und ihnen das Bürgerrecht zu verschaffen, wandten sich die ehelichen Kinder, denen entsprechende Rechtsverfahren der Polis zur Verfügung standen. Auch diskursiv versuchte die Gesellschaft, die Grenze zwischen ehelichen Beziehungen und dem Hetärentum scharf zu ziehen, indem sie Hetären, die diese Grenzen verletzten, mit mythischen Ungeheuern oder hexenhaften Wesen gleichsetzte, die den Männern den Verstand raubten [HARTMANN, Heirat 133–211].

Verwitwung und Wiederverheiratung Aufgrund von Krankheiten, Tod im Kindbett und Kriegen kam es häufig zu Verwitwungen und zu zahlreichen Wiederverheiratungen [COX, Interests]. Witwen wurden in einer zweiten Ehe versorgt. Das Verhältnis zu den Stiefkindern im Haus des zweiten Mannes war häufig gespannt [HARTMANN, Heirat 107f.; WATSON, Stepmothers]. Witwer mit Kindern heirateten bisweilen nicht ein zweites Mal, um die Erbansprüche der Kinder aus erster Ehe zu schützen [HARTMANN, Heirat 106–110; LEDUC, Heirat 304]. Sie nahmen stattdessen eine *pallakē* ins Haus, die die Rolle und die Aufgaben einer Frau im Haus übernahm, die Rechte der ehelichen Kinder aber nicht gefährden konnte. Solche Konkubinen waren vielfach frühere Hetären, die in der langfristigen Beziehung eine soziale Absicherung suchten, oder Sklavinnen, die freigelassen worden waren [HARTMANN, Heirat 212–235; DIES., Bürgerstatus 23f.].

In den vergangenen Jahrzehnten hat sich die althistorische Forschung intensiv der Stellung und Wertung der Frau im Haus und in der Gesellschaft zugewandt [Forschungsüberblicke bei HUMPHREYS, Women; BLOK, Asymmetry; RAWSON, Daily Life; SCHEER, Frauen; vgl. 1: PATTERSON, Family 5–43]. Frauen waren keine Personen sui iuris, sondern unterstanden stets einem *kýrios*, zunächst dem Vater, dann dem Ehemann oder, wenn der Vater verstorben war, dem Bruder [4.9: HUNTER, Policing 9–42]. Aussagen antiker Autoren, eine Frau gehöre ins Haus, können nicht unmittelbar als Beschreibungen einer historischen Realität gewertet werden. Es ist eine Verhaltensnorm, die in der geschlechtsspezifischen Arbeitsteilung begründet liegt [1: ZOEPFFEL, Oikonomika 314–320]. Indem die Frau ins Haus verwiesen wird, wird ihr auferlegt, die der Frau zukommenden Arbeiten im Haus zu verrichten. Dies schließt aber vielfältige Nachbarschaftskontakte oder die Teilnahme an Kultfeiern nicht aus. Auch werden sich Frauen auf den Straßen haben aufhalten können; Frauen aus gehobeneren und höheren Schichten sollten aber von einer anderen Person begleitet sein. Eingeschlossen waren die Frauen im Haus jedenfalls nicht [COHEN, Law 41–69; HARTMANN, Heirat 118f.; LEFKOWITZ, Frauen 57; SCHMITT PANTEL, Differenz 210; SCHNURR-REDFORD, Frauen; 3.2: WAGNER-HASEL, Geschlecht]. Da zwischen Frauen unterschiedlicher Schichtzugehörigkeit differenziert werden muss, lässt sich *die* Position *der* Frau in Athen nicht beschreiben; Wertungen sind von unterschiedlichen Positionen geschrieben und variieren [GOULD, Law; VERSNEL, Wife 60, 67]. Klischees einer im Haus eingeschlossenen und vom Mann unterdrückten Frau sind ebenso wenig angebracht wie Vorstellungen einer gleichberechtigten, partnerschaftlichen Ehe, in der die Frau selbstzufrieden die ihr übertragenen Aufgaben erfüllt. Eine Einschätzung, ob Frauen ihre Lebenssituation als befriedigend oder naturgegeben empfunden haben, können aufgrund fehlender Selbstzeugnisse nicht hinreichend beantwortet werden [LEFKOWITZ, Frauen 75–86]. Je nachdem, welche Quellengattung zugrunde gelegt wird, ob ‚starke' Frauen in Tragödien und Komödien oder indirekte Zeugnisse aus Gerichtsreden oder philosophischen Schriften, die von einer Höherrangigkeit des Mannes ausgehen, ergeben sich unterschiedliche Bilder in der Forschung [VERSNEL, Wife 59–65]. Auf Weihesteinen begegnen Frauen und andere Familienangehörige im Kreis der Familie dargestellt [LÖHR, Familienweihungen].

Bindung an das Haus

Die wichtigste Aufgabe der Frau lag ohne Zweifel in der Herstellung von Tuch und Kleidung; Spinnen und Weben waren Inbegriff weiblichen Arbeitsfleißes. Eine Textilproduktion in Manufakturen entwickelte sich daher nicht. Spinnen und Weben, die Anleitung der weiblichen Dienerschaft und

Aufgaben der Frau

eheliche Treue gehörten aus der Sicht des Mannes zum Idealbild einer guten Ehefrau [WIEMER, Ehefrau]. Auch verletzte es die Normen einer geschlechtsspezifischen Arbeitsteilung nicht, wenn Frauen aus der bäuerlichen Schicht an landwirtschaftlichen Arbeiten teilnahmen. Umstritten ist aber, ob sich die Mitarbeit auf den Feldern weitgehend auf die Hilfe bei der Ernte beschränkte [so 4.1: HERFST, Travail 13–17] oder ob Frauen auch in der übrigen Zeit des Jahres auf den Feldern arbeiteten. W. SCHEIDEL plädierte aufgrund historischer Vergleiche für letzteres, da mittlere und kleinere Bauern auf die beständige Mitarbeit von Frauen angewiesen waren, über die aber nicht gesprochen wurde, so dass sie sich in den Quellen nicht niedergeschlagen habe [3.2: Feldarbeit; 3.2: DERS., Landarbeit; ähnlich 4.6: AMELING, Landwirtschaft 302f.]. Doch die Norm einer geschlechtsspezifischen Arbeitsteilung, verbunden mit einer Bindung der Frau an das Haus, galt nicht nur in höheren sozialen Schichten, sondern gehörte auch zur Werteordnung bäuerlicher Dorfgemeinschaften [BROCK, Labour 336, 346; 3.6: SCHMITZ, Nachbarschaft 445–449]. Über Erntearbeiten hinausgehende Feldarbeit von Frauen dürfte sich also auf Sklavinnen und Tagelöhnerinnen beschränkt haben [FITTON BROWN, Women 73; 3.1: GRASSL, Frauen].

Scheidung Eine Scheidung war zwar von beiden Seiten möglich, doch konnten die Männer die Ehefrau formlos aus dem Haus weisen (*apópempsis*), wohingegen die Frau eine Trennung (*apóleipsis*) vor dem Archonten vollziehen musste, unterstützt von einem ihrer Angehörigen. In den Quellen sind zwar Scheidungen belegt, doch ist in keinem Fall Hass oder Streit, Aversion oder Gleichgültigkeit als Grund genannt, auch nicht die Liebe zu einer anderen Frau oder einem anderen Mann. Akzeptierte Gründe für eine Scheidung waren Ehebruch, Kinderlosigkeit oder der Umstand, dass sich ein Mann eine ‚Erbtochter' zusprechen lassen konnte. Das Ansehen der Frau konnte in einem solchen Fall gewahrt werden, wenn der Ehemann einen neuen Ehepartner für die Frau fand. Der Wechsel in eine neue Ehe konnte relativ kurzfristig erfolgen. Insgesamt vermitteln die Quellen den Eindruck, dass Scheidungen relativ selten waren [BLUNDELL, Women 127; COHN-HAFT, Divorce].

Ehebruch Ehebruch der Frau war mit harten Strafen belegt. Der Ehemann konnte den ergriffenen Ehebrecher unmittelbar töten, ihn zur Hinrichtung vor ein Gremium von Elfmännern führen oder ihn wegen Ehebruchs anklagen. Die Strafen waren so hart bemessen, weil der Ehebruch die Rechtmäßigkeit auch der bereits geborenen Kinder in Zweifel zog, also den Fortbestand des Hauses in väterlicher Linie gefährdete. Hinzu kam, dass der Ehebrecher in das Haus eingedrungen war. Er konnte wie der nächtliche Dieb getötet werden [1: PATTERSON, Family 138–179; CANTARELLA, Moicheia; OMITOWOJU, Rape 29–71; SCHMITZ, Ehebruch 65f.].

Vorehelicher Geschlechtsverkehr Die These von D. COHEN [Law 99–109], das griechische Wort *moicheía* bezeichne allein den außerehelichen Verkehr der Ehefrau und die Gesetze seien allein auf den Ehebruch zu beziehen, hat sich nicht durchgesetzt. Auch wenn es im Laufe der Zeit eine Veränderung in der sozialen Bewertung sexuellen Verhaltens gab, umfasst der Begriff *moicheía* doch immer auch den vorehelichen Verkehr der unverheirateten Tochter oder Schwester [1: PATTERSON, Family 107–137; CANTARELLA, Moicheia; CAREY, Rape 407f.; OMITOWOJU, Rape 72–115; SCHMITZ, Ehebruch 124–132]. Neben dem Recht der Tötung hatte der geschädigte Ehemann auch das Recht, peinliche Strafen am Ehebrecher zu vollziehen, sei es aufgrund der ihm zugestandenen Eigenmacht, sei es nach einer Verurteilung in einem Verfahren wegen Ehebruchs. Eine solche *graphé moicheías* hat es entgegen der Ansicht von D. COHEN [Law 122–125] aller Wahrscheinlichkeit nach gegeben [SCHMITZ, Ehebruch 79–85].

Dass eine Vergewaltigung milder bestraft wurde als außer- oder vorehelicher Verkehr [so zu Recht CAREY, Rape und OGDEN, Rape 32–36], ist nicht auf eine frauenfeindliche Einstellung der Antike zurückzuführen, in der Frauen lediglich als Bestandteil des männlichen Besitzes angesehen wurden. Eine Vergewaltigung als einmalige Tat zog die Rechtmäßigkeit der Kinder nicht in Zweifel [1: PATTERSON, Family 156–176]. Hinzu kommt, dass sie in aller Regel nicht im Haus, sondern außerhalb, am Brunnen oder am Rande einer Kultfeier, stattfand. Die im Gesetz festgelegte Strafe bezog sich zudem ursprünglich auf den Brautraub, wobei geahndet wurde, dass dem *kýrios* die Entscheidung über die Ehe genommen worden war. Dieses Gesetz wurde in klassischer Zeit auf Vergewaltigung bezogen [SCHMITZ, Ehebruch 115–124]. Rechtlich sind daher Ehebruch und Vergewaltigung klar voneinander getrennt [COLE, Sanctions]. In klassischer Zeit trat das Kriterium der Gewalt als strafwürdig stärker in den Vordergrund [COHEN, Consent; OMITOWOJU, Rape 51–71]. Trotzdem blieb im Gesetz und in der Rechtspraxis die Gewalt ein untergeordnetes Kriterium. Gesichert werden sollte vorrangig die unanfechtbare Weitergabe von Besitz und Rechten an die Kinder. Gewalt, die das Selbstbestimmungsrecht und die körperliche Autonomie der Frau verletzt, war für die Antike nicht ausschlaggebend; in sexueller Hinsicht wurde den Frauen eine eigene Willensentscheidung verweigert [DOBLHOFER, Vergewaltigung; OMITOWOJU, Rape]. Die Norm, dass über ehrbare Frauen in der Öffentlichkeit nicht geredet werden sollte, schon gar nicht in Zusammenhang mit Sexualität, wird dazu geführt haben, dass Vergewaltigungen eher verschwiegen wurden und nicht zu Anklagen führten. In den Gerichtsreden sind keine Fälle von Vergewaltigung überliefert [OMITOWOJU, Rape 122–133].

4.4 Erbrecht und Besitzweitergabe

Aufgrund der zahlreichen erhaltenen attischen Gerichtsreden lässt sich das in Athen geltende Erbrecht weitgehend rekonstruieren. Die Realteilung unter den Söhnen, die Möglichkeit einer Adoption [RUBINSTEIN, Adoption; 1: TODD, Law 221–225] oder eines Testaments beim Fehlen von Söhnen, die

Erbfolge gemäß Intestaterbrecht und die Bestimmungen hinsichtlich einer ‚Erbtochter' sind durch zahlreiche Quellenbelege hinreichend gesichert. Das attische Erbrecht geht im Grundsatz auf alte Traditionen zurück, erhielt aber durch Solons Verschriftung des Rechts eine größere Verbindlichkeit. In das Erbe eintreten konnten fortan nur noch Söhne aus rechtmäßiger Ehe (*gnésioi*), nicht hingegen Bastarde (*nóthoi*) [PATTERSON, Bastards; RUSCHENBUSCH, Testamentsgesetz 311].

Grundprinzipien   Angesichts der detaillierten Kenntnisse des attischen Erbrechts lassen sich die Grundprinzipien und die Zielsetzung der Regelungen gut bestimmen: 1) Der Oikos sollte nicht wegen fehlender Erben aufgelöst werden; Adoption, Testament und Epiklerosregelungen sollten die Kontinuität sichern, für eine würdige Bestattung und regelmäßige Totenopfer sorgen [1: LACEY, Familie 138f.]. 2) Land, Haus und Vieh galten als Hausvermögen, nicht als individueller Besitz, über den der Hausvater frei verfügen konnte. Der Generationswechsel vollzog sich in erster Linie durch die Übergabe der Hausgewalt, nicht durch einen Erbvorgang. Daher können leibliche und zu Lebzeiten des Vaters adoptierte Söhne das Hausvermögen durch schlichtes *embateúein* (‚Hineingehen') übernehmen; andere Verwandte oder testamentarisch eingesetzte Adoptivsöhne mussten sich das Erbe vom Archonten zusprechen lassen (*epidikasía*) [4.9: HUNTER, Policing 11–13; 3.6: SCHMITZ, Nachbar-

Vermeidung von   schaft 205f.]. 3) Besitzkumulation durch Erbschaft sollte verhindert werden.
Besitzkumulation Die Testierfreiheit war daher eingeschränkt. Waren Söhne vorhanden, konnte über Haus, Land und Vieh nicht testamentarisch verfügt werden. Die kinderlose ‚Erbtochter' sollte den nächsten Verwandten väterlicherseits heiraten. Eine Ehe von Halbgeschwistern, die von zwei verschiedenen Vä-

Patrilinearität   tern abstammten, war nicht gestattet [3.6: SCHMITZ, Nachbarschaft 226]. 4) Das Erbrecht war stark patrilinear ausgerichtet. Hatte ein Hausvater keinen Sohn, konnte er einen Adoptivsohn einsetzen. Ob Solon darüber hinaus beim Fehlen von männlichen Erben eine Testierfreiheit gewährt hatte, ist umstritten. Gegen die Meinung, dass das solonische Gesetz lediglich die *adoptio inter vivos* geregelt habe, eine testamentarische Übertragung also nur in den Bahnen einer Adoption möglich war, spricht sich E. RUSCHENBUSCH aus [Testamentsgesetz]. Solon habe die Möglichkeit einer Adoption für den Todesfall geschaffen. Weil bei der Adoption in der Regel keine fremden Personen, sondern solche aus dem Kreis der Verwandtschaft ausgewählt wurden, ging es nicht darum, eine unliebsame Verwandtschaft auszuschließen, sondern von den nächsten Angehörigen einen als unmittelbaren Nachkommen zu bestimmen. Es handelt sich also um eine „präferenzielle Adoption" [4.9: SISSA, Familie 253]. Zeichen einer Patrilinearität ist auch, dass im Intestaterbrecht die väterliche Seite Vorrang vor der mütterlichen Seite, die Söhne des Bruders Vorrang vor den Söhnen der Schwester hatten. Verwandte der väterlichen Seite erhielten das Erbe zu Eigentum, die der mütter-

Position der Frau lichen Seite zur treuhänderischen Verwaltung [KARABÉLIAS, Succession 46f.;
im Erbrecht   3.6: SCHMITZ, Nachbarschaft 224–226]. 5) Durch das Erbrecht wurde kon-

sequent vermieden, dass die Ehefrau eine stärkere Position gewinnen konnte. Nur die Söhne erbten; ein Adoptivsohn oder der nächste Verwandte väterlicherseits, der die *epíkleros* heiratete, erhielt das Erbe unmittelbar vom Erblasser, nicht von der ‚Erbtochter'. Durch die Adoption war eine matrilokale Ehe praktisch umgangen. Die Autorität des Mannes im Haus wurde durch diese Mechanismen gestärkt [3.6. SCHMITZ, Nachbarschaft 226 f.]. 6) Besitzstrategien hatten Vorrang vor der Erfüllung persönlichen Glücks. Wurde eine Tochter zur *epíkleros*, konnte der Verwandte, dem das Erbe zustand, seine eigene Ehe bzw. die Ehe der *epíkleros* lösen, um sich eine kinderlose *epíkleros* zusprechen zu lassen. E. RUSCHENBUSCH [Erbtochterrecht 15 f.] geht allerdings davon aus, dass der Nächstverwandte die *epíkleros* einem anderen unverheirateten Verwandten zusprechen ließ, wenn er selbst bereits verheiratet war oder wenn er sie wegen ihrer Armut nicht heiraten wollte. 7) Im 4. Jh. v. Chr. wurde die Position der Frau im Haus stärker, da der Vater dem Ehemann eine mitunter beträchtliche Mitgift (*proíx*) auszahlte und die Frau persönliche Gegenstände (*phernaí*) wie Kleider oder Schmuck erhielt, die nicht Bestandteil der Mitgift waren [1: WOLFF, Eherecht 173–191; DERS., *proíx*]. Die Mitgift diente dem Unterhalt der Frau während der Ehe, sollte sie vor einer leichtfertigen Scheidung schützen und stellte – insbesondere bei größeren Vermögenswerten – eine Art Voraberbe dar. Allerdings hatte die Frau kein Verfügungsrecht über die Mitgift [WOLFF, *proíx* 147–150]. In ärmeren Schichten wurden wahrscheinlich keine Mitgiften übergeben, ebenso wenig bei Konkubinen; ansonsten scheinen Mitgiften aber weit verbreitet gewesen zu sein [4.3: BLUNDELL, Women 115 f.; WOLFF, *proíx* 136]. Die Mitgift bestand aus mobilem Vermögen; konnte der Brautvater sie nicht auszahlen, konnte er Nutzungsrechte an Land und Haus gewähren [1: WOLFF, Eherecht 174, 180, 182 f.; 3.6: SCHMITZ, Nachbarschaft 218–222]. Mitgift für die Tochter und Erbanteil des Sohnes sind also in der Quantität und in der Qualität nicht äquivalent [4.3: LEDUC, Heirat 308]. Mitgiften unter 1000 Drachmen waren selten; sie reichten bis weit über ein Talent, sollen bei der Frau des Alkibiades sogar 20 Talente betragen haben [WOLFF, *proíx* 139 f.; eine Liste der gewährten Mitgiften bei 4.3: LEDUC, Heirat 306]. Insgesamt gesehen waren die Besitzrechte der Frau marginal. Trotzdem stellten die Frauen eine wichtige Verbindung her, über die das Recht zu erben vermittelt wurde [4.3: BLUNDELL, Women 118 f.; 4.9: SISSA, Familie 265–276]. Einige Belege zeigen darüber hinaus, dass Ehefrauen über die finanzielle Situation der Familie informiert und an Überlegungen z. B. hinsichtlich eines Testaments beteiligt waren [1: LACEY, Familie 142–144, 151].

Erfüllung persönlichen Glücks

Mitgift

4.5 Die alten Eltern

J.-N. CORVISIER [Vieillesse 58] schätzt den Anteil alter Menschen, also von Männern über 50–60 Jahren und von Frauen über 45–50 Jahren [BERNARD, Femmes âgées 44–46; CORVISIER, Vieillesse dans l'Antiquité 19–21], auf

Zuschreibung positiver und negativer Eigenschaften

5 bis maximal 10 Prozent der Bevölkerung. Ihnen werden sowohl positive als auch negative Eigenschaften zugesprochen. Weisheit, Lebenserfahrung und eine abgewogene Entscheidung als positive Charakteristika stehen negativen wie fehlender Entschlusskraft, Mutlosigkeit und Geiz gegenüber. Insbesondere in der attischen Komödie wurde über körperliche Schwächen gespottet [eine systematische Zusammenstellung der Belege bei BYL, Vieillir; zu altersbedingten Krankheiten MAGDELAINE, Vieillesse; WÖHRLE, Alter Mensch; eine Auswertung der Quellenbelege nach literarischen Gattungen bei FALKNER/DE LUCE, Old Age und MATTIOLI, Senectus]. Solche dem Alter zugeschriebenen Charakterisierungen sind in vielen vormodernen Gesellschaften verbreitet und tragen zweifelsohne zum Altersbild in einer Gesellschaft bei. Eine (quantitative) Gewichtung positiver und negativer Eigenschaften lässt aber allenfalls ein ambivalentes Bild entstehen [davon geht BYL, Facultés mentales, aus] und sagt wenig über die Lebensbedingungen der alten Menschen und ihre Behandlung aus. In vielen Beiträgen wird daher als notwendig erkannt, den Blickwinkel des Autors, seine Intentionen und die literarische Gattung einzubeziehen [BALTRUSCH, Altersbilder 57f., 60–62; 3.2: BRANDT, Alter 84f.] bzw. die Befunde in vergleichender historischer Betrachtung und unter Einbeziehung von Modellen auszuwerten [PARKIN, Ageing 19–22].

Versorgung im Alter   Grundlegend für die Lebenssituation der alten Menschen ist das Fehlen einer öffentlichen Alterssicherung als Institution. Die Verpflichtung, den alten Eltern Wohnung, Essen, Pflege und eine würdige Bestattung zu gewähren, war den Häusern auferlegt. Von den Kindern bzw. Erben wurden Respekt und Ehrerbietung erwartet, wie bereits der Begriff *géras* für ‚Alter' zeigt, der auch ‚Ehre' bedeutet [1: GARLAND, Life 244; GNILKA, Altersversorgung 267–271]. Die Kinder sollten den alten Eltern die Sorge vergelten, die ihnen selbst bei der Aufzucht gezollt worden war [BALTRUSCH, Altersbilder 83; BOLKESTEIN, Armenpflege 89f., 118f., 282; 1: GARLAND, Life 256–262]. Da die alten Eltern auf Angehörige im Haus angewiesen waren, war es für einen Hausvater unabdingbar, zu heiraten und Kinder zu haben, wollte er seine Existenz im Alter sichern [1: LACEY, Familie 118f.; BOLKESTEIN, Armenpflege 79f., 160f.; 4.2: STRAUSS, Fathers 72–76]. Prekär war die Versorgung im Alter für diejenigen, die keine Familienangehörigen hatten [1: GARLAND, Life 263, 340]. In diesen Situationen konnte eine Adoption eine Sicherung im Alter gewährleisten [GNILKA, Altersversorgung 270]. Aufgrund der geringen Lebenserwartung und des hohen Heiratsalters des Mannes waren aber Dreigenerationenfamilien selten. Großeltern sind in der antiken Literatur nur sehr selten genannt [CORVISIER, Grands-parents].

Frauen im Alter   Charakteristisch für die Lebensumstände alter Frauen ist, dass ihnen nach der Menopause (sie lag nach antiken medizinischen Angaben zwischen 40 und 50 Jahren [1: GARLAND, Life 249f.]) mehr Bewegungsfreiheit zugestanden wurde, da die Rechtmäßigkeit der Kinder nicht mehr in Frage gestellt werden konnte und sie die Funktion, für das Haus legitime Kinder zu gebären, verloren hatten [BERNARD, Femmes âgées 58–60; BREMMER, Old Women 191–202; PARKIN, Ageing 36f.; vgl. HENDERSON, Older Women]. Allerdings geht R. GARLAND [1: Life 336] davon aus, dass diese größere Bewegungsfreiheit nicht für Frauen aus der Oberschicht gegolten habe. J. BREMMER [Old Women 206; ähnlich PARKIN, Ageing 36f.] urteilt, ein ‚male functionalist approach', also die Einstellung, die Frau werde allein nach ihrer Funktion beurteilt, legitime Kinder zu gebären, habe ein positives Bild der alten Frau verhindert. Alte Frauen fanden sich in der Komödie beißendem Spott ausgesetzt, wurden wegen angeblich magischer Fähigkeiten und Praktiken als bedrohlich angesehen, jedoch nicht Hexen gleichgestellt und dadurch sozial ausgegrenzt [BREMMER, Old Women 202–206]. Die Wertungen hängen indes sehr stark von der Literaturgattung ab. So genießen alte Frauen auf Grabstelen den Respekt der Familie oder nahmen als Priesterinnen angesehene Funktionen wahr [BERNARD, Femmes âgées 47–55]. Allerdings finden sich erst seit der zweiten Hälfte des 4. Jh. auf Grabreliefs häufiger athenische Frauen mit Altersmerkmalen dargestellt [PFISTERER-HAAS, Darstellungen; DIES., Ältere Frauen].

In reicheren Häusern waren für hoch gebildete Personen die Voraussetzungen gegeben, altersmäßige Beeinträchtigungen durch eine intensive Beschäftigung mit Literatur und Philosophie auszugleichen; sie vertraten die Einstellung, dass es auf die individuellen Fähigkeiten und die Einstellung ankomme, ob man das Alter als Last empfinde oder nicht [3.2: MINOIS, Old Age 57–60; PARKIN, Ageing 23, 35]. *Alte Menschen in reichen Häusern*

Hinsichtlich der Bewertung des Alters im klassischen Athen gibt es zwei divergierende Urteile. Nach H. BRANDT spiegeln Äußerungen in Historiographie und Philosophie, Tragödie und Komödie sowie bildliche Darstellungen ein ambivalentes, vielschichtiges Bild wider. Positive Aspekte stehen neben negativen, so dass ein allgemein verbindliches Altersbild nicht existiert habe. Die Alten seien jedenfalls nicht als Randgruppe der Gesellschaft aufgefasst worden. Generell wird sich „das positive Ideal des Lebens alter Menschen, die im Kreise der Familie einen harmonischen Lebensabend verbringen können, seit der archaischen Zeit kaum geändert haben" [3.2: BRANDT, Alter 39–85, Zitat 49]. Ähnlich ambivalent zeichnet B. STRAUSS [4.2: Fathers 1–20] das Generationenverhältnis zwischen Vater und Sohn. Belege für eine starke Solidarität lassen sich ebenso beibringen wie solche für Konflikte, Gewalt und selbst Mord. *Unterschiedliche Beurteilungen*

Anders urteilen diejenigen, die – durch einen historischen und ethnologischen Vergleich geleitet [dazu PARKIN, Ageing; ROHLFES, Alt sein; SCHMITZ in: GUTSFELD/SCHMITZ 9–26] – nach der politischen, sozialen und familialen Einbettung fragen. Zwar können generelle Fragen kaum definitiv beantwortet werden, z. B. ob ein geringer Anteil von alten Menschen deren Position eher stärkte oder schwächte, ob der Wissensschatz der Alten in oralen Gesellschaften einen höheren Stellenwert hatte als in Gesellschaften mit verbreiteter Schriftlichkeit [bejaht von 1: GARLAND, Life 286f.] oder ob in traditionalen Gesellschaften den Alten grundsätzlich höhere Autorität zugebilligt werde [so 3.2: MINOIS, Old Age 1-7]. Nachweisen lässt sich aber, dass die Hausübergabe auf den Sohn einen Prestigeverlust der Alten zur Folge hatte [1: LACEY, Familie 119f., 126; HERZIG, Alter Mensch 175; 3.6: SCHMITZ, Nachbarschaft 94-98]. Der Zeitpunkt der Übergabe stellt daher eine konfliktträchtige Situation dar, die sich in gewalttätig ausgetragenen Kämpfen in den Mythen spiegelt [GADAMER, Vaterbild; 4.2: STRAUSS, Fathers 66-72]. Mit der Übergabe der hausväterlichen Gewalt verloren die alten Väter wesentliche Funktionen. Die aristophanische Komödie verspottet daher die Alten als nutzlose Mitglieder der Gemeinschaft [BALTRUSCH, Altersbilder 70-72; HUBBARD, Old Men; MARTIN, Vater 105f.]. Die schwache Stellung im Haus korrespondiert mit einer schwachen Stellung in Politik und Gesellschaft, während umgekehrt im republikanischen Rom die starke Stellung des *pater familias* mit einem hohen gesellschaftlichen Ansehen in der *res publica* zusammenfällt [HERZIG, Alter Mensch; MARTIN, Vater 99; PARKIN, Ageing 34-36]. Die Politik gewann einen gewichtigen Einfluss auf die Position der alten Eltern im Haus, denn die Dynamik der inneren und äußeren Politik Athens symbolisierte Jugend und Tatkraft. Die Politik war handlungsorientiert und antitraditionalistisch; Alter als Erfahrungsschatz spielte keine Rolle mehr [BALTRUSCH, Altersbilder 62-72; HUBBARD, Old Men; 3.2: MINOIS, Old Age 65]. Nach J. MARTIN „bedurfte das politische System der integrativen Kompetenzen der alten Väter nicht. Im Unterschied zu Sparta und Rom wurden deshalb weder die Alten in einem abstrakten Sinn noch die alten Väter politisch gestützt" [Vater 106]. Die geringere Wertigkeit im politischen Raum und die im 5. Jh. aufkommende neue philosophische und rhetorische Bildung schwächte die Position der Alten auch im Haus [3.6: SCHMITZ, Nachbarschaft 477f.; 5.4: DERS., Alte 87-91]. Bei Bestattungen fand eine Vergegenwärtigung der Ahnen, eine Einordnung der Toten in eine Ahnenreihe, die die Autorität des Hausvaters hätte stützen können, nicht statt [MARTIN, Vater 104]. Die Position des alten Vaters war also im klassischen Athen prekär [1: GARLAND, Life 286f.; 3.2: MINOIS, Old Age 49-65].

Prekäre Stellung der Alten

4.6 Sklaven im Haus

Freies Gesinde Für das klassische Athen fehlen Belege für einen wechselnden Gesindedienst im bäuerlichen Bereich. Wie in anderen Gesellschaften zu beobachten, könnte das freie bäuerliche Gesinde in die städtischen Zentren abgewandert sein, um dort Erwerbsmöglichkeiten in Handwerk und Gewerbe zu suchen. Zudem boten der inzwischen bezahlte Dienst auf den Kriegsschiffen, besoldete Ämter und die Tätigkeit als Geschworener Möglichkeiten eines Zuverdienstes. Mit der Abwanderung in neue Berufe entging man der Unterordnung unter die hausväterliche Gewalt, konnte früher heiraten und Kinder zeugen und gewann wirtschaftliche Unabhängigkeit. Ob das abwandernde

Gesinde durch Sklaven ersetzt wurde oder Kaufsklaven das Gesinde verdrängt hatten, ist kaum zu beantworten [3.6: SCHMITZ, Nachbarschaft 481 f.].

Die Lebensbedingungen der Sklaven im Haus hingen sehr stark vom Arbeitsbereich ab, in dem der Sklave eingesetzt war. Ein einheitliches Bild ist daher nicht zu gewinnen [KLEES, Sklavenleben 8–11]. Die Forschung ist sich einig darin, dass die Güter von großen Grundbesitzern durch Sklaven bewirtschaftet wurden [4.1: FOXHALL, Control; 3.1: JAMESON, Labor 139–141]. Umstritten ist aber, ob auch mittlere Bauern Sklaven in Ackerbau und Viehzucht einsetzten. P. CARTLEDGE [Economy], V. EHRENBERG [4.1: Aristophanes 89], M. H. JAMESON [Agriculture; 3.1: DERS., Labor 142–146] und H. KLEES [Sklavenleben 2] sind der Ansicht, dass die Mehrzahl der mittleren Bauern zumindest ein bis drei Sklaven gehabt hätten. In Komödien des Aristophanes werden die Protagonisten – einfache, etwas naive, aber grundehrliche Bauern – stets von Sklaven begleitet. Nach M. H. JAMESON hätte außerdem der Anstieg der Bevölkerung eine Extensivierung, also eine Erweiterung der bebauten Flächen, und eine Intensivierung hinsichtlich der Produkte erzwungen. Für die Umstellung von Getreideanbau auf Wein- und Olivenanbau wären Ackerterrassen angelegt worden, für die zusätzliche Arbeitskräfte hätten eingesetzt werden müssen. Andere Forscher, wie E. M. WOOD [Slavery], W. AMELING [Landwirtschaft] und W. SCHEIDEL [3.2: Landarbeit 204–206], setzen dem entgegen, dass die Komödien des Aristophanes nicht aussagekräftig seien, da aus dramaturgischen Erfordernissen Hauptpersonen eine zweite Person als Dialogpartner neben sich haben mussten; die auf die Bühne gebrachten Verhältnisse spiegelten keine soziale Realität wider. Die Beschreibung in Xenophons *Oikonomikós* („Über die Hauswirtschaft" [dazu 1: ZOEPFFEL, Oikonomika 154–171]) beziehe sich allein auf die landbesitzende Oberschicht, die liturgiepflichtig sei und sich als ‚absentee landlords' aktiv an der Politik Athens beteiligte [so auch 3.3: SCHUMACHER, Sklaverei 93 f.]. Außerdem hätte es in Attika im 5. Jh. keinen Bevölkerungsdruck gegeben, da erst in dieser Zeit weniger günstig gelegene Gebiete landwirtschaftlich genutzt und zahlreiche Siedlungen außerhalb Attikas angelegt wurden, in denen Athener Land erhielten. Mittlere Bauern hätten nur in Ausnahmefällen Sklaven gehabt, denn die Ertragslage dieser Bauern mit 5–10 ha Land sei so knapp gewesen, dass sie keine Sklaven zusätzlich ernähren konnten. Sie seien weitgehend auf ihre eigene Arbeitskraft und auf die ihrer Frauen und Kinder angewiesen gewesen und hätten in saisonalen Spitzenzeiten Arbeiter gegen Tagelohn gemietet. Allerdings beruhen diese Berechnungen auf vielen Unsicherheitsfaktoren. Sie erlauben es kaum, die Größe der Höfe und die Erträge exakt zu berechnen. Zu bedenken ist auch, dass in archaischer Zeit Bauern Gesinde in das Haus aufgenommen und aus den Erträgen des Hofs ernährt hatten.

Eine mittlere Position vertritt TH. GALLANT [3.1: Risk 30]: Güter von 4–6 ha seien keine sichere Grundlage gewesen, um eine Familie mit Sklaven zu ernähren. Die Beteiligung von Sklaven an landwirtschaftlichen Arbeiten sei daher abhängig vom *life-cycle*. Je nachdem wie viele oder wie wenige Kinder oder Verwandte im Haus waren und mitarbeiten konnten, wurden Sklaven zur Unterstützung hinzugeholt.

Sklaven in Handwerk und Handel

Das eigenständige Wirtschaften von Sklaven in Handwerk und Handel, verbunden mit getrennter Wohnung und Entrichtung einer *apophorá*, ist in den Quellen ausreichend bezeugt. Auch für diesen Arbeitsbereich ist aber das Ausmaß, in dem von dieser Möglichkeit Gebrauch gemacht wurde, umstritten. Nach H. KLEES [Sklavenleben 142-153] war eine Beteiligung des Sklaven am Ertrag nicht ungewöhnlich; E. E. COHEN postuliert eine sehr große Zahl solcher *apophorá* leistender Sklaven [Nation 130-154; vgl. CARTLEDGE, Economy 159f.]. Kontrovers diskutiert wird in der Literatur die Wechselwirkung von Sklavenarbeit und Technisierung und in Zusammenhang damit, ob die Sklavenarbeit profitabler war als die von Freien. Gegenüber einer älteren Position, wonach der Einsatz billiger Sklaven eine Technisierung von Arbeitsprozessen verhindert habe, findet sich heute die entgegengesetzte Position: Gerade wegen des geringen technischen Stands war der Einsatz von Sklaven die einfachste Möglichkeit, den Ertrag zu erhöhen [3.1: AMOURETTI, Pain]. Für eine genaue Berechnung der Effizienz sklavischer Arbeitsleistung fehlen indes aussagekräftige Quellen. Da viele Landbesitzer für den eigenen Bedarf produzierten, wird sich ein regelrechter Wettbewerb zwischen großen, mit Sklaven bewirtschafteten Gütern und kleineren Gütern kaum eingestellt haben [CARTLEDGE, Economy; KYRTATAS, Slave].

Behandlung der Sklaven

Die Behandlung der Sklaven hing sehr stark von den sozialen und wirtschaftlichen Verhältnissen ab, in denen Sklave und Herr lebten. Wird in philosophischen Traktaten den „Sklaven von Natur aus" ein vollwertiges Menschsein abgesprochen, konnten sich in der Praxis enge Beziehungen zwischen Hausklaven und Herrn ergeben. Rechtlich war aber der Sklave dem Herrn schutzlos ausgeliefert; Schutzbestimmungen gab es praktisch keine [FLAIG, Untermensch; 3.3: SCHUMACHER, Sklaverei 277f., 280; umfassend KLEES, Sklavenleben 163-217]. Eine harte Behandlung und körperliche Züchtigungen konnten zur Flucht des Sklaven führen [3.3: WEILER, Sklavenstatus 154-164].

Freilassung

Belege für eine Freilassung von Sklaven liegen erst für das 4. Jh. in größerer Zahl vor, sind aber auch für diese Zeit zufälliger Natur. Sie konnte religiös oder profan, formell oder formlos, aufgrund eines Testaments oder durch Freikauf erfolgen [3.3: WEILER, Sklavenstatus 181f.]. Eine wichtige Quelle für Freilassungen stellen Listen über die Stiftung von Silberschalen dar. H. KLEES schätzt aufgrund dieser Listen, dass in Attika pro Jahr nur etwa 50-60 Sklaven die Freiheit erhielten. Eine Freilassung im Alter, womöglich durch Freikauf unter Einsatz des gesamten angesparten Guts, würde eine besondere Härte darstellen. Vielfach blieben alte Sklaven im Haus ihres Herrn [4.5: BERNARD, Femmes âgées 50-52; KLEES, Sklavenleben 299, 331f.].

4.7 Tod und Bestattung

Für die klassische Zeit stellen archäologische Ausgrabungen antiker Friedhöfe und Darstellungen auf Vasen und Grabreliefs die wichtigsten Zeugnisse dar, um Bestattungsbrauch und Jenseitsvorstellungen zu rekonstruieren. Auf frühklassischen Vasen sind Szenen der Aufbahrung dargestellt, bei denen sich Trauernde blutige Wunden schlagen [3.4: BOARDMAN, Prothesis; 3.4: ZSCHIETSCHMANN, Prothesis]. Entweder zeitigten die solonischen Gesetze nur begrenzte Wirkung, oder im Bild wurden Traditionen fortgesetzt, die in der Praxis nicht mehr geübt wurden (bzw. werden durften). Auch Szenen mit dahinsprengenden thrakischen Reitern werden nicht als Wiedergabe einer Realität zu verstehen sein, sondern als Symbol und bildlicher Ersatz eines ehrenvollen Totengeleits [3.4: MOMMSEN, Exekias 14–26]. Den Verstorbenen wurden Beigaben mit ins Grab gegeben, so Strigiles, weißgrundige *lékythoi* und Choenkännchen. Die Beigaben nehmen Bezug auf das Geschlecht des Toten, symbolisieren den jungen Mann beim Wettkampf oder die Schönheit der Frau [HOUBY-NIELSEN, Grave Gifts]. Die auf dem Scheiterhaufen mit verbrannten oder in die Opferrinnen gegebenen Gefäße gehören durchaus zu qualitätsvollen und kostbaren Ausstattungen [3.4: KNIGGE, Kerameikos; zu den Darstellungen auf den weißgrundigen *lékythoi* SHAPIRO, Mourning].

Darstellungen auf Vasen

Beigaben

Das Fehlen aufwändiger Grabdenkmäler nach 500/480 v. Chr. wird in der Regel auf das sog. post-aliquanto-Gesetz zurückgeführt, durch das adelige Selbstdarstellung unterbunden werden sollte. Die Bestattung sei in den privaten Bereich zurückgedrängt worden; allein die Beisetzung der im Krieg für die Polis Gefallenen wurde öffentlich inszeniert, durch eine feierliche Rede (*epitáphios*) hervorgehoben. Im Zurücktreten einer familiengebundenen Ehrung zugunsten einer auf die politische Gleichheit und das Verdienst um die Polis abhebenden Ehrung der Toten spiegelt sich ein Charakterzug der attischen Demokratie, Handeln des Einzelnen allein als gemeinschaftsbezogenes anzuerkennen. Die öffentlichen Begräbnisfeiern für die Kriegstoten „demokratisierten" das Gedenken an den Toten [4.9: HUMPHREYS, Oikos 14; 3.4: MORRIS, Death-Ritual 128–155].

Grabdenkmäler

Die archäologische Forschung hat sich in den letzten Jahren intensiv einer sozialgeschichtlichen Interpretation der Grabdenkmäler zugewandt. Welche soziale Schicht die Denkmäler repräsentieren, ist nur schwer zu beantworten, da die Inschriften meist nur den Namen nennen und nachweislich auch reiche Athener sich mit einfachen Bildfeldstelen begnügten [HIMMELMANN, Grabreliefs; SCHOLL, Bildfeldstelen]. Stattdessen ist ein anderes Merkmal stärker in den Vordergrund gerückt, nämlich der Status des Verstorbenen als athenischer Bürger oder athenische Bürgerin. Es ist das Besondere an den Grabstelen, dass persönliche Leistung, Reichtum oder Verdienste – anders als in Rom – gerade nicht thematisiert wurden. Die Grabstelen zeigen, dass

Darstellung als Bürger

sich die athenischen Bürger den politischen Prämissen einer prinzipiellen Gleichheit unterwarfen.

Grabreliefs Die klassischen Grabreliefs beschränken sich in der Regel auf wenige Figuren, wobei Beziehungen zwischen Eheleuten und zwischen Eltern und Kindern im Vordergrund stehen; hin und wieder tritt ein Diener hinzu. Darin die Tendenz einer zunehmenden Familialisierung und Privatisierung erkennen zu wollen [so BREUER, Reliefs 26–32], scheint mir problematisch, da andere Grab- und Gefäßformen und Bildkompositionen zu einer Reduzierung der dargestellten Personen geführt haben könnten. Jung verstorbene Männer zeigen ihren nackten, athletischen Körper, bereiten sich für Übungen im *gymnásion* oder in der *palaístra* vor oder lassen sich von einem Dienerknaben ein Ölfläschchen reichen. Auch dies symbolisiert die rechtliche Stellung als Bürger neben der Zugehörigkeit zu einer sozial höherstehenden Schicht. Der im Kampf gefallene Bürgersoldat wird in voller Rüstung dargestellt, in dem Moment, wo der Vater ihn beim Aufbruch in den Krieg verabschiedet. Bürgerfrauen lassen sich im häuslichen Ambiente darstellen, auf einem Lehnstuhl sitzend, vor dem ein Wollkorb als Symbol ihrer häuslichen Arbeit steht [STEARS, Spinning Women; solche Motive finden sich bis in hellenistische Zeit: HANNESTAD, Death]. In den Beischriften ist neben dem Rufnamen der Name des Vaters (bei Frauen der des Ehemannes) und die Zugehörigkeit zu einer der Demen angegeben, erneut

Metöken ein Kennzeichen für den Bürgerstatus. Metöken passen sich diesen bürgerlichen Bildtypen an, doch tritt bisweilen das Abbild eines Werkzeugs oder eines handwerklichen Produkts hinzu, mit dem der Verstorbene auf sein

Sklaven Gewerbe hinweist. Bei Sklaven war der Besitzer gesetzlich zu einer Bestattung verpflichtet, aber nur in Ausnahmefällen erhielt der Sklave ein Grabmal. Meist handelt es sich um Hausklaven, die eine engere Bindung an den Herrn hatten, wie z. B. Ammen, die den Herrn von Kind an begleitet hatten. Aber auch Grabsteine von Sklaven aus dem Bergbaurevier von Laureion sind bekannt. Sind Sklaven auf Grabsteinen Dienersklaven ihrer Herren, sollte der freie und bürgerliche Status ihres Herrn unterstrichen werden. An den physiognomischen Zügen sind diese Figuren als Sklaven kenntlich gemacht, durch eine plumpe Nase, breite Lippen, einen muskulösen Hals. Bekleidet sind sie mit einem kurzen Gewand aus grobem Stoff, das denjenigen auszeichnet, der einer körperlich schweren Arbeit nachgeht [MEYER, Gesten; SCHOLL, Bildfeldstelen; DERS., Gesellschaft; vgl. SCHMALTZ, Grabreliefs; STEARS, Women; DIES., Spinning Women].

Grabinschriften Grabinschriften sind meist lapidar, geben nur hin und wieder Hinweise auf die Todesumstände, nennen göttliche Mächte wie Hades, die Moiren oder Thanatos, tun kund, dass man mit der Bestattung dem Toten einen Dienst, eine Ehre, einen Beweis der Freundschaft geleistet hat. Bei Kindern werden Gefühle der Zuneigung geäußert, auch der Trauer. Aufgrund eines würdigen Lebens verdiene der Tote Nachruhm, befreit ist er von irdischer Last und den Mühen des Lebens. Es sind vielfach stereotyp Tugenden wie *areté*, *dikaiosýne* oder *sophía* aufgeführt [PFOHL, Grabinschrift]. Eine unmittelbare Bezugnahme von Grabepigramm zu bildlicher Darstellung gibt es nicht. Grabinschrift bzw. -epigramm sollen den Toten ‚identifizieren', wohingegen die Bilder die über den Tod hinausreichende Verbundenheit vergegenwärtigen sollen, insbesondere durch die *dexíosis* [BREUER, Reliefs; CLAIRMONT, Gravestone].

Über die Jenseitsvorstellungen geben die Grabreliefs kaum Auskunft. Dem Tod, *thánatos*, wird der Schlaf, *hýpnos*, an die Seite gestellt, ein Zustand, den man sich ähnlich vorstellte. Bildlich wird dies in der Weise umgesetzt, dass Thanatos und Hypnos den Leichnam wegtragen [MINTSI, Hypnos]. Beim Eintritt des Todes entweicht dem Körper die Seele, *psyché*, dargestellt als ein kleines geflügeltes Wesen, das davonfliegt. Nach der Überfahrt über den Acheron, für die den Toten ein Geldstück in den Mund gelegt worden war, weilen die Seelen der Verstorbenen im Reich des Hades, einer düsteren Welt [3.4: GARLAND, Death 13–20, 38–47; VERMEULE, Death, zu ägyptischen Einflüssen bezüglich der Vorstellung vom Elysium]. Weil den Toten Kraft und Geist fehlen, können sie auf die Ereignisse im Diesseits nicht mehr einwirken, ja zeigen sich unwissend über die Vorgänge dort. Den Toten soll man zwar Ehre und Opfer entgegenbringen, aber selbst haben sie nicht die Macht, dies zu erzwingen [3.4: GARLAND, Death 1–12].

Jenseitsvorstellungen

Das Gesetz des Demetrios von Phaleron am Ende des 4. Jh. beendete die attische Grabmalkunst. Es durften nur noch einfache, sarkophagähnliche Marmorblöcke oder kleinere Säulchen aufgestellt werden. J. ENGELS erwägt, ob prunkvolle Grabmale von Metöken und Fremden zu einer erneuten Einschränkung des Grabluxus geführt haben könnten [3.4: Grabluxusgesetze]. Die in den Gräbern gefundenen Beigaben hatten geringeren Wert [3.4: KNIGGE, Kerameikos 39–42].

Einschränkung des Grabluxus

4.8 Das Haus. Wohnung und Arbeitsstätte

Diskutiert wird in der Bauforschung die Frage nach der Entstehung der klassischen Hausformen. W. HOEPFNER/L. SCHWANDNER [Haus] sehen das Pastas-Haus als „künstliche Schöpfung der neuen wissenschaftlichen Architektur" des 5. Jh. F. LANG [3.5: Siedlungen 101 f.] hat demgegenüber Vorläufer in archaischer Zeit nachgewiesen, aus denen sich dieser Haustyp in einer längeren Entwicklung herausgebildet hat. Zudem wird versucht, anhand der Binnengliederung des Hauses und durch Fundstücke, die einzelnen Räumen zuweisbar sind, die Funktion der Räume und damit die soziale Struktur des Hauses zu bestimmen [so NEVETT, House 53–79 zu Olynth, 80–126 zu anderen Städten in Griechenland]. Erschwert wird eine solche Untersuchung dadurch, dass die Zahl solcher Fundstücke gering ist, die Fundstellen bei den Ausgrabungen nicht hinreichend genau dokumentiert wurden, Objekte aus dem oberen Geschoss bei einer Zerstörung in das untere Geschoss gelangt oder Ackergeräte in Hütten auf den Feldern ver-

Entstehung der klassischen Hausformen

Binnengliederung des Hauses

wahrt worden sein könnten. Insgesamt ergibt sich eine gewisse Regelhaftigkeit, doch bestreitet L. NEVETT [House] eine feste Aufteilung und eine Standardisierung, von der W. HOEPFNER/L. SCHWANDNER [Haus] ausgegangen waren. Auch in den vorderen Räumen des Hauses oder in Läden und Werkstätten wurden Toiletteartikel und Schmuck gefunden. Ob bei städtischen Neuplanungen mit normierten „Typenhäusern", also mit in Reihe gebauten, gleiche Grundrisse aufweisenden Häusern, zu rechnen ist, ist umstritten [HOEPFNER, Griechen 201–206, 218; vgl. 6.7: RAEDER, Vitruv 322–324]. Es ist möglich, dass lediglich die Straßenverläufe und die Größe der *insulae* festgelegt wurden, die innere Bebauung aber unterschiedlich war. Aufgrund der Kleinteiligkeit von Handel und Handwerk ist von einem engen Nebeneinander von Wohnen und Arbeiten auszugehen. Feste Bautypen für Werkstätten oder Manufakturen gab es nicht. Stattdessen wurden einzelne Räume des Hauses für einen zur Straße hin gelegenen Laden oder für eine Werkstatt hergerichtet. Umbauten dieser Art sind am archäologischen Befund ablesbar [ZIMMER, Arbeit].

"Typenhäuser"

Werkstätten

Männer- und Frauenräume

Eine Einteilung des Hauses in einen *gynaikón* und einen *andrón* bzw. in eine private und eine hausöffentliche Sphäre, die mit einer Trennung der Arbeits- und Umgangsbereiche von Mann und Frau verbunden werden, sollte nicht zu schematisch begriffen werden. Im baulichen Befund und durch die Fundobjekte lässt sich eine solch klare Trennung nicht nachvollziehen. Utensilien von Frauen finden sich in allen Räumen. Ungewiss ist, ob Bildszenen auf Vasen, die Frauen beim Spinnen oder Weben und im Beisein von Kindern darstellen, in das Ambiente des *gynaikón* zu stellen sind. Wahrscheinlich wurden die Räume je nach Jahreszeit für verschiedene Zwecke genutzt. Insbesondere in sehr kleinen Häusern war eine Trennung geschlechtsspezifischer Bereiche sowieso nicht möglich. L. NEVETT sieht daher im Haus eine integrierte, um den Hof angeordnete Einheit, in der sich die Mitglieder der Hausgemeinschaft frei bewegen konnten. Allein der Bereich, in den ein Hausfremder eingelassen wurde, war beschränkt und während dessen Anwesenheit zogen sich die weiblichen Hausangehörigen in die rückwärtigen Räume bzw. in die des Obergeschosses zurück [House 72; WALKER, Housing; 6.7: RAEDER, Vitruv 349–352]. Über die Ausstattung der Räume und die im Haus benutzten Gerätschaften vor allem zum Zubereiten der Speisen geben die Komödien des Aristophanes, Verkaufslisten konfiszierten Besitzes und archäologische Funde zahlreiche Informationen [SPARKES, Kitchen; DERS., Aristophanes].

Ausstattung

Peristylhäuser

Die Entstehung einer Repräsentationsarchitektur im Hausbau wird mitunter mit einer Entpolitisierung und dem Zerfall der Polisgesellschaft, einem Rückzug des Bürgers in eine private Sphäre erklärt [3.5: HÖCKER, Haus 201]. Allerdings fehlen dafür stichhaltige Belege, und andere Indizien sprechen gegen eine Entpolitisierung als allgemeine Tendenz. Die Ursache könnte in einer gesellschaftlichen Desintegration der Eliten liegen, die sich nicht mehr an die normative Vorstellung einer prinzipiellen Gleichheit aller Bürger gebunden sahen [6.7: RAEDER, Vitruv 345]. Im 4. und 3. Jh. waren große Stadthäuser mit Peristylhöfen, Wandmalereien, Mosaiken und Statuen geschmückt, hatten zwar Vorratsräume und Räume für hauswirtschaftliche Arbeiten, aber nur in Ausnahmefällen Räume für eine gewerbliche oder landwirtschaftliche Produktion. So ist vorauszusetzen, dass reiche Athener weitere Häuser oder Höfe auf dem Land besaßen, die entsprechende Einrichtungen für die Verarbeitung landwirtschaftlicher Produkte aufwiesen [HOEPFNER, Griechen 244f., 325–327; KIDERLEN, *Megale Oikia*; DERS., Stadthäuser; WALTER-KARYDI, Wohnhaus; 6.7: RAEDER, Vitruv 333f.].

In kleineren Siedlungen im ländlichen Bereich gehörten zu den unregelmäßiger angelegten Bauernhäusern auch im 4. Jh. noch Misthaufen und Ölpressen, so dass es dort eine wesentlich engere Verzahnung von bäuerlichem Wirtschaften und Wohnen gab [AULT, Koprones]. Heute noch teilweise erhaltene Türme gehörten zu sog. Turmgehöften, also Bauernhäusern, die zur sicheren Verwahrung von Vorräten und als Rückzugsmöglichkeit einen Turm integrierten [HOEPFNER, Griechen 247–257; LOHMANN, Chora]. Nach einer These von S. MORRIS könnten die Türme auch abschließbare Wohnungen von Sklaven gewesen sein [4.6: Towers; 4.6: DIES., Architecture]. Eine Zusammenstellung literarischer und archäologischer Quellen zu Bauernhäusern findet sich bei S. ISAGER und J. E. SKYDSGAARD [3.1: Agriculture 67–82].

Bauernhäuser

4.9 Die Integration des Hauses in die Gesellschaft

Größere, über die Kernfamilie hinausgehende Verwandtschaftsgruppen spielten auch in klassischer Zeit nur eine untergeordnete Rolle. Für das alltägliche Leben hatten sie wenig Relevanz. Allein in gewissen rechtlichen Fragen, beim Intestaterbrecht oder bei der Abfassung und Hinterlegung von Testamenten waren sie wichtig [4.9: HUNTER, Policing 13; 1: POMEROY, Families 19f.; ROY, Oikos].

Verwandtschaft

Unterschiedliche Standpunkte gibt es in der Frage, ob in klassischer Zeit das Wort *phílos* allein den ‚Freund' benennt und diesen damit von Verwandtschaft und Nachbarschaft abgrenzt [so 3.6: KONSTAN, Friendship 53–56, 67–72] oder ob das Bedeutungsspektrum größer war und *phílos* auch gegenüber Familienmitgliedern und Nachbarn gebraucht werden konnte [4.9: HERMAN, Friendship 10ff.; 3.6: SCHMITZ, Nachbarschaft 413f.]. Die weit verbreitete Maxime, dem Freund helfen und dem Feind schaden, wird als typisches Kennzeichen für das griechische Denken in Gegensätzen angesehen [BLUNDELL, Friends; 3.6: KONSTAN, Friendship 56–59]. Die Merkmale der Freiwilligkeit, der Gleichrangigkeit und der moralischen Verpflichtung zur Hilfe führten im späten 5. und im 4. Jh. zu einer lebhaften philosophischen Diskussion über das rechte Handeln von Freunden [FITZGERALD, Friendship; 3.6: KONSTAN, Friendship 72–82; PANGLE, Aristotle]. Weil Freundschaft auf Vertrauen basierte und nicht einklagbar war, wurde

Freundschaft

durch den philosophischen Diskurs versucht, die moralische Verpflichtung, den Freund nicht im Stich zu lassen, zu stärken. Bezeichnend ist, dass es in den philosophischen Diskussionen nicht um eine Unterstützung des Freunds im politischen Raum ging [HUMPHREYS, Interests 32].

Freundschaften im politischen Raum

Die politische Bedeutung von Freundschaften wird unterschiedlich bewertet. W. R. CONNOR [Politicians 35–84] sah die athenische Politik im 5. Jh. durch Netzwerke von Freunden bestimmt. Erst nach dem Tod des Perikles hätte sich mit dem Demagogen Kleon ein neuer Politikstil durchgesetzt: Politischer Einfluss sollte nicht mehr auf Reichtum, Zugehörigkeit zu einer angesehenen Familie und Freundschaften beruhen, sondern allein auf einer Loyalität zum Demos. Zu Recht hat D. KONSTAN [3.6: Friendship 67] Zweifel an dieser Position geäußert. Zwar habe es Freundschaften unter Angehörigen der sozialen Elite gegeben, aber „relations among *philoi* were in principle separate from public life". Auch S. C. HUMPHREYS [Interests; DIES., Oikos] erkennt in der attischen Demokratie das systematisch betriebene Anliegen, politisch motivierte Heiraten und Freundschaftsbeziehungen im politischen Raum zu unterbinden. Auch päderastische Beziehungen werden seit der zweiten Hälfte des 5. Jh. zunehmend negativ bewertet [HUBBARD, Democracy]. Erst im 4. Jh. hätten persönliche Beziehungen wieder eine stärkere Rolle gespielt, da die Polis zur Durchführung militärischer Unternehmungen auch auf den Einsatz persönlichen Vermögens angewiesen war.

Nachbarschaft

Die Veränderungen in der Nachbarschaft finden ihren Niederschlag in einer semantischen Veränderung des Wortes ‚Nachbar' (*geíton*). Bezeichnete das Wort in archaischer Zeit jeden Mitbauern innerhalb der Siedlungsgemeinschaft, so überwog in klassischer Zeit die Bedeutung ‚unmittelbarer Hausnachbar'. Der Begriff löste sich aus einem exklusiv bäuerlichen Kontext und wurde fokussiert auf allein örtliche Nähe [3.6: SCHMITZ, Nachbarschaft 411–418]. Im bäuerlichen Bereich blieb aber eine besondere Wertschätzung

Demen

des Nachbarn bestehen. Durch die Reformen des Kleisthenes gewannen die Demen als dörfliche Siedlungszentren an Bedeutung und wurden zu Kristallisationspunkten einer Identität, die auch lokale Eigenarten ausbilden ließ [WHITEHEAD, Demes 327 f.; 4.1: OSBORNE, Demos 93–126, 188 f.]. Die Begriffe ‚Nachbarn' und *demótai* (Angehörige eines *démos*) wurden synonym gebraucht für eine lokal begrenzte Gruppe, die durch Heiraten untereinander verbunden war, in mündlicher Tradition Erinnerungen an frühere Ereignisse, Besitzverhältnisse und Grenzverläufe bewahrte und sich gegenseitig im Rechtsstreit unterstützte. Die Ausleihe gerade unter Nachbarinnen zeugt von einem gegenseitigen Vertrauen [3.6: SCHMITZ, Nachbarschaft

Binnenmigration

421–426]. Dörfliche Nachbarschaft blieb auch deswegen eine stabile Beziehung, weil viele Familien, durch Landbesitz gebunden, über Generationen an ihrem Wohnort blieben. Es gab zwar eine Migration vom Land in die Stadt Athen bzw. den Piräus, aber wohl kaum in umgekehrter Richtung, so dass es in den ländlichen Demen allenfalls einen geringen Zuzug anderer

4.9 Die Integration des Hauses in die Gesellschaft

Athener gab [DAMSGAARD-MADSEN, Inscriptions; ENGELS, Binnenwanderung; HANSEN u. a., Demes; WHITEHEAD, Demes 352–358].

Für die soziale und wirtschaftliche Existenz waren Nachbarn als unterstützende Zeugen vor Gericht besonders wichtig. Nachbarn, *demótai* und Phratriemitglieder waren umfassend über die Lebensumstände ihrer Dorfgenossen informiert, konnten Heiraten und eheliche Geburten, Adoptionen und die Teilnahme an Feldzügen bezeugen [zu Phratrien und Demen 1: LACEY, Familie 89f., 95–104; SISSA, Familie 248–251; LAMBERT, Phratries; WHITEHEAD, Demes]. In manchen griechischen Städten mussten Nachbarn bei Grundstücksverkäufen als Zeugen des Rechtsgeschäfts hinzugezogen werden [3.6: SCHMITZ, Nachbarschaft 426–431]. Idealiter waren auch im 5. und 4. Jh. die dörflichen Gemeinschaften noch Solidargemeinschaften. Die Gruppensolidarität konnte so weit gehen, dass Rechtsverstöße, die zu Lasten von Außenstehenden gingen, gedeckt wurden und niemand im Dorf bereit war, gegen einen Mitbewohner im Dorf auszusagen. In solchen Fällen mögen sich klientelartige Bindungen herausgebildet haben. Solche Bindungen könnten auch auf wirtschaftlicher Abhängigkeit basiert haben. Einem in Schwierigkeiten geratenen Bauern zu helfen, werden reiche Landbesitzer durchaus unternommen haben. Die Mitnutzung von Dreschplätzen oder Ölpressen könnte durch Arbeitseinsätze entlohnt worden sein [4.6: AMELING, Landwirtschaft 306–310; 4.1: FOXHALL, Control; 3.6: SCHMITZ, Nachbarschaft 438–444]. *Nachbarn als Zeugen*

Nachbarschaft war auch geprägt durch Habsucht, Neid und Böswilligkeit, durch Neugier, Gerede und Gespött, durch Streit, hinterhältige Intrigen und erbitterte Feindschaft. Gestritten wurde um den Verlauf einer Grenze, um gestohlenes Gut oder die Streichung einer Person aus dem Bürgerverzeichnis. Immer wieder gab es Vorwürfe, Sklaven, Freigelassene oder andere Personen dubioser Herkunft seien von den Dorfvorstehern gegen Geld in die Listen eingeschrieben worden [3.6: SCHMITZ, Nachbarschaft 456–464; WHITEHEAD, Demes 105–109, 293–298]. Die in Form von Rügen ausgeübten Strafrituale wie z. B. das Herausfordern aus dem Haus, das Einschlagen von Türen, das Eindringen in die Frauenräume oder die partielle Hauswüstung gab es in klassischer Zeit hingegen nicht mehr. Dafür waren die sozialen Voraussetzungen nicht mehr gegeben, und die Polis hatte in einem eigenen Rechtsverfahren (*díke aikeías*) solche Strafrituale unter Strafe gestellt [3.6: SCHMITZ, Nachbarschaft 306–312]. *Konflikte in den Demen*

Die strukturell bedingte Spannung zwischen Oikos, Phratrie und Demen auf der einen Seite und der Polis auf der anderen Seite ist vor allem von S. C. HUMPHREYS betont worden. In Oikos, Phratrie und Demen wirkten persönliche Beziehungen, die auf der Ebene der Polis ausgeschlossen werden sollten. Politisches Handeln hatte im Grundsatz egalitär, kompetitiv und unpersönlich zu sein; sein Ort war die Agora, das Gericht, das Theater oder das Gymnasion. Um diese Maximen durchzusetzen, wurde den Demen die lokale Gerichtsbarkeit entzogen und konnte gegen Entscheidungen der *Konflikte zwischen Demen und Polis*

Demotenversammlung vor athenischen Gerichten geklagt werden. Gesetze schufen verbindliche Regeln für die Erbfolge, an die die Häuser gebunden waren. Im Theater wurde ein Diskurs über ein angemessenes Verhalten der Mitglieder des Oikos und der Pflichten für die Polis geführt, also eine ‚Ideologie des Oikos' formuliert [Interests; DIES., Oikos]. Eine politisch wirkmächtige Klientel, wie es sie in Rom gab, konnte unter diesen Voraussetzungen in Athen nicht entstehen [DENIAUX/SCHMITT PANTEL, Relation; ARNAOUTOGLU, Patronage]. Ansehen und Einfluss reicher Athener in den Demen konnten nicht in stabile politische Macht umgesetzt werden [HUMPHREYS, Interests 28f.; DIES., Oikos; 4.6: AMELING, Landwirtschaft 306–310].

5. Haus und Familie in Sparta

Überblick In den letzten 25 Jahren sind mehrere Überblicksdarstellungen zum spartanischen Kosmos erschienen, die jeweils auch Erziehung, Ehe, Stellung der Frau, Besitzrecht und Besitzweitergabe sowie die Speisegemeinschaften beschreiben [CLAUSS, Sparta; DREHER, Sparta; HOOKER, Sparta; LÉVY, Sparte; LINK, Kosmos; NAFISSI, Kosmos; 1: POMEROY, Families 39–66; THOMMEN, Sparta]. Aufgrund der stark divergierenden Forschungsmeinungen sind darüber hinaus publizierte Beiträge wissenschaftlicher Fachkongresse einzubeziehen [FIGUEIRA, Society; HODKINSON/POWELL, Sparta; LUTHER u. a., Sparta; POWELL, Sparta; POWELL/HODKINSON, Sparta]. Einen zusammenfassenden Forschungsüberblick bietet S. HODKINSON [Society].

Literarische Quellen Die Rekonstruktion der gesellschaftlichen und familialen Strukturen Spartas hängt sehr stark von der Bewertung der Quellen ab. Allein die Lieder von Tyrtaios und Alkman bieten unmittelbare Zeugnisse aus spartanischer Perspektive für die Zeit um 630–600 v. Chr. Sie sind daher die wichtigste Quelle für die Verhältnisse im frühen Sparta [eine detaillierte Auswertung bei MEIER, Aristokraten]. Alle weiteren Quellen stammen von athenischen oder späteren Autoren (aus der römischen Kaiserzeit insbesondere Plutarch). Zu prüfen ist daher stets, ob ein verzerrt negatives oder ein stilisiertes Bild Spartas vorliegt. Denn bereits seit relativ früher Zeit hat der ‚Mythos Sparta' das Bild der Quellen geprägt. Auch die Spartaner selbst haben dazu beigetragen, ein bestimmtes Vergangenheitsbild zu konstruieren [FLOWER, Invention; 5.4: THOMMEN, Kosmos]. Hinzu kommt, dass die Zahl der erhaltenen Inschriften sehr gering ist. Die Auswertung der archäologischen Funde wird vielfach von der Frage geleitet, ob im 6.Jh. v. Chr. in der kunsthandwerklichen Produktion ein Bruch festzustellen ist, der eine Veränderung der Gesellschaft widerspiegelt [STIBBE, Sparta; 5.1: HODKINSON, Property 271–302; HODKINSON, Artistic Production]. Nach R. FÖRTSCH [Kunstverwendung] hat es einen Bruch in der Kunst des 6.Jh. nicht gegeben; zu bemerken sei aber eine Spannung zwischen einem aristokratischen, luxusorientierten und einem bürgerlichen, egalitären Lebensstil. Zumindest weisen die Artefakte aus Sparta eine eigenständige Entwicklung auf, bei Arbeiten in Bronze und Elfenbein, in Form von Bleivotiven und Tonmasken.

Keine Übereinstimmung herrscht in der Frage, wann die Umstrukturierung der spartanischen Gesellschaft zeitlich anzusetzen ist. Ältere Publikationen gingen davon aus, viele Einrichtungen Spartas seien auf die Zeit der Dorischen Wanderung und stammesstaatliche Strukturen zurückzuführen. In jüngerer Zeit hat R. SALLARES [2: Ecology] wieder auf diesen Ansatz zurückgegriffen: Die Einteilung der Gesellschaft in Altersklassen, die Praxis des ‚wife-sharing' und die Strafen für Junggesellen seien Relikte einer frühen ‚age class society' mit einem kollektiven Anspruch der Gruppe auf die zugehörigen Frauen. Dieser These wird allerdings mit großer Skepsis begegnet. Neuere Ansätze gehen weit überwiegend davon aus, dass Sparta in archaischer und klassischer Zeit sein soziales System den jeweiligen Erfordernissen angepasst, nicht aber erstarrte, frühe Relikte tradiert hat [HODKINSON, Society 89, 98]. In der neueren Forschung ist stärker die Diskussion in den Vordergrund getreten, ob der spartanische Sonderweg zumindest in seinen Grundstrukturen unmittelbar nach dem und ausgelöst durch den Zweiten Messenischen Krieg anzusetzen ist [so HODKINSON, Society; LINK, Frühes Sparta; NAFISSI, Kosmos; 5.3: SCHMITZ, Braut] oder ob sich der spartanische Kosmos erst allmählich im Zuge der Ausdehnung der spartanischen Macht bis ins 5. Jh. hinein herauskristallisiert hat, wobei dem athenisch-spartanischen Antagonismus und dem Helotenaufstand nach dem Erdbeben von 464 v. Chr. besondere Bedeutung zugeschrieben wird [THOMMEN, Politeia; DERS., Sparta; DREHER, Athen 115].

Eine grundlegende Kontroverse besteht auch in der Frage, ob die Familienstruktur, die Erziehung und das Zusammensein in Mahlgemeinschaften, Eheformen und Erbrecht weitgehend den Verhältnissen in anderen griechischen Poleis entsprachen [DREHER, Athen; HODKINSON, Society; THOMMEN, Sparta 129] oder ob Sparta einen signifikant anderen Weg, einen regelrechten Sonderweg eingeschlagen hatte [CARTLEDGE, Reflections; LINK, Frühes Sparta; 5.3: SCHMITZ, Braut]. Bemerkenswert ist auf jeden Fall das hohe Maß an gemeinschaftlicher Organisation und die starke Bezogenheit aller sozialen Einrichtungen auf die Gemeinschaft. „Die Zentrierung aller Kräfte auf die Gemeinde bedeutete eine Umwertung alles dessen, was in der Gesellschaft Homers gegolten hatte" [3.2: MARTIN, Vater 93].

5.1 Die wirtschaftliche Grundlage des Hauses

Es ist davon auszugehen, dass es in archaischer Zeit in Sparta eine soziale Elite gab, die sich durch Herkunft, Reichtum und Ansehen auszeichnete [5: MEIER, Aristokraten]. Die sozialen Unterschiede wurden nie vollständig eingeebnet, auch nicht nach der Eroberung Messeniens. Wie weit durch die Helotisierung Messeniens die Besitzunterschiede ausgeglichen wurden, wird kontrovers diskutiert. Es gibt jedenfalls hinreichende Quellen dafür, dass es auch noch in klassischer Zeit markante Besitzunterschiede gab, die sich im 4. Jh. weiter verstärkten, bis die Könige im 3. Jh. durch Schuldentilgungen und Bodenreformen einen Ausgleich herzustellen sich bemühten [5: HODKINSON, Society 96; DERS., Property; 5: LÉVY, Sparte 79f.; 5: REBENICH, Xenophon 116, 120]. Nach Ansicht von S. HODKINSON [Property] sei die langfristige Konzentration von Landbesitz und Reichtum in den Händen von wenigen eine der Ursachen für den Untergang Spartas gewesen.

Besitzrecht   Die Quellenangaben zum Besitzrecht in Lakonien und Messenien sind verworren. Es ist davon auszugehen, dass jeder Spartiate Anteil am messenischen Land bzw. den dort erwirtschafteten Erträgen hatte. Strittig ist, ob das messenische Land in der Hand des spartanischen Gemeinwesens blieb oder ob der *kláros* in Messenien privates Eigentum war. Wenn das Land in Messenien Kollektivbesitz blieb, hatte der Spartiate ein Nutzungsrecht über den ihm zugesprochenen *kláros*. Wenn es sich um privates Eigentum handelt, war jedenfalls das Besitzrecht eingeschränkt. Von einem solchen eingeschränkten Besitzrecht, das auch den Verkauf ausschloss, geht E. LÉVY [5: Sparte 74f.] aus. Nach S. HODKINSON sei Landbesitz in Messenien und Lakonien durchgehend privates Eigentum gewesen, von ungleicher Größe und veräußerbar; die *klároi* seien beim Erbgang geteilt worden. Die Angaben antiker Autoren, wonach Lykurgos in früher Zeit das Land in Lakonien (bzw. in Messenien) neu aufgeteilt und so eine Besitzgleichheit hergestellt habe, seien zu verwerfen bzw. stellten Konstrukte späterer Zeit dar, durch die eine Neuaufteilung des Bodens legitimiert werden sollte. Daher sei vom Bericht des Aristoteles auszugehen, der von großen Besitzunterschieden und einer Vererbung spricht und damit die Verhältnisse in klassischer Zeit angemessen beschreibe. Man müsse daher von Privatbesitz ausgehen [HODKINSON, Property 65–112; 5: LINK, Kosmos 42–47].

Unterschiedliche Besitzformen   Einige Quellen sprechen allerdings dafür, dass zwei Besitzformen nebeneinander existierten: die ‚alten Anteile' (*archaíai moírai*), die nicht verkauft werden durften, und weiterer Landbesitz, über den freier verfügt werden konnte, auch wenn ein Verkauf verpönt war [5: LÉVY, Sparte 75f.]. Komplizierter wird die Sache dadurch, dass im Laufe der Zeit eine Veränderung eingetreten, also ein ursprünglich zugewiesenes Landlos in das Eigentum des Spartiaten übergegangen sein könnte. Eine solche Position vertritt TH. FIGUEIRA: Nach dem Messenischen Krieg sei das messenische Land kollektiver Besitz geblieben, parzelliert und Spartiaten nach Abschluss der Erziehung in Form eines Landloses zugesprochen worden. Diese *klároi* konnten nicht verkauft oder vom Vater auf den Sohn übertragen werden. Nach dem Tod fielen sie wieder an die Gemeinschaft zurück. Neben dem eroberten Land in Messenien habe es in den Kerngebieten Lakoniens Güter von Reichen und kleinen ‚smallholders' gegeben; diese Güter waren durch Erbteilung Veränderungen unterworfen. Da nach dem Helotenaufstand von 464 v. Chr. durch den Tod zahlreicher Spartiaten hinreichend Landlose zur Verfügung standen, war eine strenge Trennung von kollektivem, zur Nutznießung überlassenem Besitz und Privatbesitz nicht mehr notwendig. Die *klároi* gerieten stärker unter familiale Kontrolle [FIGUEIRA, Kléros]. Die Frage, ob von zwei oder von einer Art von Besitz auszugehen ist, hat unmittelbar Konsequenzen für die Rekonstruktion des spartanischen Erbrechts (s. u.). Unbestritten ist aber, dass es in der zweiten Hälfte des 5. Jh. und im 4. Jh. v. Chr. privaten Landbesitz gab, der vererbt und als Mitgift vergeben werden konnte [FIGUEIRA, Kléros 48; HODKINSON, Property 81–85].

Die Frage des Besitzrechts stellt sich in gleicher Weise bei den Heloten. S. HODKINSON spricht sich dafür aus, dass die Heloten Privatbesitz waren, das Besitzrecht allerdings eingeschränkt war [Property 113–125]. J. DUCAT postuliert ebenfalls ein eingeschränktes Besitzrecht [Hilotes 19–29: „propriété essentiellement privé, avec une possibilité d'intervention de la collectivité" (28f.)]. Die kommunitären Praktiken in Sparta bewirkten, dass die Besitzverhältnisse als kollektive empfunden wurden. Nach E. LÉVY zeigt das Verbot, Heloten freizulassen oder zu verkaufen, ein Recht der Öffentlichkeit an den Heloten; 223 v. Chr. hätten sich viele Heloten *bei der Stadt* freigekauft, nicht bei dem, der das Landlos innehatte [5: Sparte 123f.]. Besitzrecht an Heloten

Da die Heloten nicht nach auswärts verkauft und nicht von ihrem ‚Herrn' freigelassen werden durften, sie Ehen eingehen und Kinder zeugen konnten, vermeidet man den Begriff Sklaverei, spricht stattdessen allgemeiner von Unfreiheit. Während P. CARTLEDGE [Helot Mirage] die besondere Ausgestaltung der Helotie in Sparta als Form der Unfreiheit herausstellt, setzen M. H. JAMESON [3.1: Labor] und H. VAN WEES [Conquerors] sie in Parallele zu anderen Formen der Unterdrückung in griechischen Poleis, in denen eine Vorbevölkerung in eine Abhängigkeit gezwungen wurde und landwirtschaftliche Arbeit leisten musste. Jüngst hat N. LURAGHI [Helotic Slavery] die Unterschiede zwischen Kaufsklaven und Heloten bestritten: Die Heloten seien in Schuldknechtschaft geraten, nicht Opfer der messenischen Kriege, sondern eines wirtschaftlichen Niedergangs. Für diese These gibt es aber keine hinreichende Grundlage in den Quellen. S. LINK [5.2: Snatching 9–12] lehnt die These daher ab und bekräftigt zu Recht den besonderen Charakter der spartanischen Helotie. Status der Heloten

Die Heloten erwirtschafteten die Basis für den Lebensunterhalt der Spartiaten [DUCAT, Hilotisme 38–46; DERS., Hilotes 56–64]. Ob die Heloten einzeln auf den Gütern lebten oder in dörflichen Strukturen, lässt sich durch archäologische Landschaftsbegehungen nicht hinreichend sicher nachweisen [ALCOCK, Exploitation]. TH. J. FIGUEIRA schätzt die Größe der *klároi* auf etwa 18 Hektar. Die Gesamtzahl der Heloten kann nur grob geschätzt werden, überstieg aber die Zahl der Spartiaten um ein Mehrfaches [FIGUEIRA, Demography; SCHEIDEL, Helot Numbers]. Tyrtaios spricht von Abhängigen, die die Hälfte der landwirtschaftlichen Erträge abgeben mussten. Es ist aber nicht sicher, ob diese Verse auf die Messenier zu beziehen sind oder allgemein das Schicksal Unterworfener beschreiben [5: MEIER, Aristokraten Wirtschaftliche Bedeutung der Heloten

266–269]. Nach S. LINK resultiert die Abgabenpflicht aus der alljährlichen Kriegserklärung an die Messenier [5: Frühes Sparta 45–58]. Die bei Plutarch überlieferten, genau festgelegten Erntemengen gehörten in eine deutlich spätere Zeit, sie gehen einher mit der Neuverteilung des Bodens unter Kleomenes III. [HODKINSON, Property 125–131; 5: LINK, Kosmos 1–9; 5: THOMMEN, Sparta 114]. Während der Gastmähler der Spartaner mussten die Heloten ihre Inferiorität durch Tragen von Tierfellen und übermäßiges Trinken von Wein symbolisch demonstrieren; ein Menschsein wurde ihnen damit abgesprochen [DUCAT, Mépris; DERS., Hilotes 107–118; 5.2: DAVID, Laughter, spricht von „degradation and dehumanisation"]. Heloten dienten auch im Haus. Sie mischten den Wein, begleiteten den Herrn auf einem Kriegszug; Frauen übernahmen Webarbeit oder waren Ammen. Neben der Unterdrückung der abhängigen Bevölkerung entwickelten sich dadurch auch persönliche Bindungen, die dazu beitrugen, die Herrschaft aufrechtzuerhalten [HODKINSON, Dependants 45–53; PARADISO, Iloti]. Aus sexuellen Verbindungen zwischen Spartiaten und Helotenfrauen gingen Bastarde (*nóthoi*) hervor, deren Zahl nicht gering gewesen zu sein scheint [HODKINSON, Dependants 53–55]. Neben den Heloten mag es regelrechte Kaufsklaven in Lakonien gegeben haben, doch ihre Zahl und wirtschaftliche Bedeutung waren gering [5: LÉVY, Sparte 112f.; 5: LINK, Kosmos 19–21; HODKINSON, Dependants 48].

Sklaven

5.2 Kindheit, Jugend und Erziehung

Tötung von Neugeborenen

Die Aussetzung von Kindern war eine auch in vielen anderen Poleis geübte Praxis (s. o. Kap. 4.2). Nicht die Aussetzung selbst, sondern allein die Tötung der Neugeborenen und die Entscheidung der Phylenältesten statt des Hausvaters sind das Besondere an der spartanischen Praxis [5: LINK, Kosmos 28f.]. Dass nur Jungen einer solchen Prüfung unterzogen wurden [so 5.3: POMEROY, Women 34–37], ist unwahrscheinlich. M. CLAUSS [5: Sparta 143] führte die Tötung auf eine Angst vor göttlicher Strafe zurück, da missgestaltete Kinder den Zorn der Götter hätten erregen können [dagegen 1: GARLAND, Life 88]. Nach S. LINK war dem Vater die Entscheidung entzogen worden, um zu verhindern, dass er ‚überzählige' gesunde Kinder aussetzte, die das Gemeinwesen habe aufziehen lassen wollen, um die Zahl der Spartiaten und damit von Schwerbewaffneten zu erhöhen [5: Kosmos 28–30; DERS., Aussetzung]. Fraglich ist aber, ob der Vater in früher Zeit überhaupt ein Recht über das von ihm gezeugte Kind hatte [1: GARLAND, Life 87f.; 5.3: SCHMITZ, Braut 575f.].

Quellen zum Erziehungssystem

Besondere Aufmerksamkeit wurde stets dem spartanischen Erziehungssystem entgegengebracht. Über Ablauf, Organisation, Leitung und Inhalte der mit 7 Jahren beginnenden Erziehung informieren Xenophon (4. Jh. v. Chr.), Plutarch (um 100 n. Chr.), hellenistische und römische Inschriften sowie verstreute literarische Nachrichten [einen allgemeinen Überblick gibt CARTLEDGE, Education]. Kontrovers diskutiert wird vor allem die Frage, ob die späteren Quellen für das 6., 5. oder 4. Jh. herangezogen werden können oder ob für die klassische Zeit allein von Xenophons *Staat der Lakedaimonier* auszugehen ist [Ausgabe, Übersetzung und Kommentar: 5: REBENICH, Xenophon; 5: LIPKA, Constitution]. Diese Frage hängt in entscheidendem Maße auch davon ab, inwieweit sich die Informationen in den verschiedenen Quellen widersprechen oder zur Deckung bringen lassen. Im Gegensatz zu vielen früheren Beschreibungen hält es N. M. KENNELL [Gymnasium 6-13] aus methodischen Gründen für fragwürdig, Plutarchs Beschreibung in der *Vita des Lykurgos* für die archaische und klassische Zeit heranzuziehen. Sowohl die Reformen des 3. Jh. als auch die Unterstellung Spartas unter römische Herrschaft nach 146 v. Chr. stellten historische Zäsuren dar, die sich auch im Erziehungssystem niedergeschlagen hätten. Zwar sei ein an der Tradition orientiertes Erziehungssystem jeweils neu eingerichtet und mit einem Rückbezug auf Lykurgos legitimiert worden, trotzdem sei es – wie in der politischen Ordnung – zu erheblichen Veränderungen gekommen. Es seien daher drei zeitliche Phasen zu unterscheiden, die Zeit der klassischen *agogé* bis ca. 255 v. Chr., die Phase von ca. 226 bis 188 v. Chr. und die Zeit der römischen *agogé* von 146 v. Chr. bis ins 4. Jh. n. Chr. [KENNELL, Gymnasium 13 f.]. Für die erste Phase können hauptsächlich Xenophon und Platon, für die zweite Phase zwei auf das Werk des Aristophanes von Byzanz zurückgehende Glossen und für die dritte Inschriften, Pausanias, Lukian und Notizen bei antiken Lexikographen herangezogen werden. Plutarch vereinigte Quellenmaterial unterschiedlicher Zeitstellung und verband dies mit eigenen Beschreibungen [ebd. 14-27]. KENNELL folgend schreiben einige Forscher wichtige Elemente der spartanischen Erziehung erst den Reformen Kleomenes' III. oder römischer Zeit zu [5: DREHER, Athen 55; 5: HODKINSON, Society 97 f.; 5: THOMMEN, Sparta 126-129]. Wiewohl die neuere Forschung der Mahnung zur methodischen Vorsicht zustimmt, so teilt sie doch nicht uneingeschränkt die starke Skepsis KENNELLS, der späte Quellen, insbesondere Plutarch, für die Rekonstruktion der spartanischen Erziehung in archaischer und klassischer Zeit ganz ausklammert [CARTLEDGE, Education 85]. E. LÉVY zweifelt daran, dass die Traditionsbrüche so einschneidend waren, da die Phasen einer Unterbrechung nur kurz waren [Remarques 151-154; 5: DERS., Sparte 50-52]. Während N. M. KENNELL die Einzigartigkeit der spartanischen Erziehung einschränkt, betonen andere ihre besonderen Merkmale, die bereits Xenophon hervorhebt, so die obligatorische Teilnahme, ohne die eine spätere Ausübung politischer Rechte nicht möglich war, die Organisation durch das Gemeinwesen oder die lange Dauer [CARTLEDGE, Education; LÉVY, Remarques 154-156]. Besonderheit der spartanischen Erziehung

Unstrittig ist, dass die spartanische *agogé* in mehrere Stufen unterteilt war und länger dauerte als eine schulische Ausbildung in anderen Poleis. Xenophon unterscheidet die Stufe der Kinder (*paídes*), der Jugendlichen (*mei-* Stufen der Erziehung *rákia, paidískoi*) und der „in der Reife Stehenden" (*hebóntes*). Plutarch teilt in eine Phase ab 7 Jahre und eine zweite ab 12 Jahre, an die sich die Zeit als Erzieher (*eirén*) anschließt. Altersklassen im engeren Sinne seien dies nach J. DUCAT [Education 53] nicht gewesen; eine Einteilung nach Alter bei Wettkämpfen und in der Erziehung sei in keiner Weise ungewöhnlich und lasse sich für viele griechische Städte nachweisen. Demgegenüber erkennt M. LUPI [Generazioni 31–43] in der spartanischen Gesellschaft drei Generationsklassen mit Einschnitten bei 30 und 60 Jahren; der letzten Phase der *agogé* (20–30 Jahre) sei als Übergang zur nächsten Generation besondere Bedeutung zugekommen.

<small>Benennungen der Altersstufen</small> Verschiedene Lösungen sind für die Deutung der auf Aristophanes von Byzanz zurückgeführten Glossen vorgeschlagen worden. In ihnen werden Namen von sechs bzw. sieben aufeinanderfolgenden Stufen genannt (*rhobídas, promikkidsómenos, mikkidsómenos, própais, país, melleíren* und *eirén*). Umstritten ist, ob mit diesen Namen die Altersstufen vom achten bis dreizehnten Lebensjahr, beginnend mit der außerhäuslichen Erziehung, bezeichnet sind, an die die Zeit der Ephebie, der Reife, anschloss [4.2: MARROU, Erziehung 31–46; MEISTER, Altersklassen], oder ob es die Namen der Altersstufen in der Zeit der Reife, also vom 14. bis 20. Lebensjahr, waren [TAZELAAR, *Paides*; KENNELL, Gymnasium 36–39]. Die Gleichsetzung mit der Zeit der Reife diente KENNELL als Argument dafür, den Unterschied zur Erziehung in klassischer Zeit zu untermauern, denn diese habe eine solche kleinteilige Untergliederung nicht gekannt. Der Bruch in der Kontinuität der Erziehung sei damit erwiesen [so KENNELL folgend 5: DREHER, Athen 55f., 114; 5: THOMMEN, Sparta 127–129; DUCAT, Education 48–50]. Nach L. THOMMEN habe es eine *agogé* im engeren Sinne (mit 6–7 Stufen) erst ab 226 v. Chr. gegeben, eingerichtet durch den von König Kleomenes III. beauftragten stoischen Philosophen Sphairos von Borysthenes. Hinzu kommt, dass auf kaiserzeitlichen Inschriften die beiden ersten Stufen fehlen, was auf eine weitere Veränderung in Organisation und Abfolge der Erziehung hinweise. Die Gruppen, Herden (*búai*) genannt, hätten nun unter einem *buagós* gestanden. Auch die für die Erziehung zuständigen Magistrate hatten sich verändert; die Gruppen standen unter der Aufsicht eines *patronómos* und von sechs *bídyoi* [CALAME, Choruses 215–219; KENNELL, Gymnasium 43–48].

<small>Existenz von Altersklassen?</small> Ausgehend von den Namen der sechs bzw. sieben Altersstufen in den hellenistischen Glossen ist aber auch eine andere Lösung möglich. Wenn eine Bezeichnung je drei Lebensjahre umfasst, so wäre die Zeit von der Geburt bis etwa zum 20. Lebensjahr abgedeckt. Die Informationen in den Glossen ließen sich dann mit einem zweiphasigen Erziehungssystem in Einklang bringen, wie es von Xenophon und Plutarch beschrieben wird. Damit ergäbe sich auch eine sinnvolle Korrelation zwischen dem Namen der Altersstufe und dem Alter. Unmittelbar einsichtig wäre auch, warum die ersten beiden Stufen, die sich auf ein Alter von der Geburt bis zum 7. Lebens-

Jahr beziehen, auf den kaiserzeitlichen Siegerinschriften fehlen [SCHMITZ, Altersklassen (mit einer Diskussion früherer Beiträge)]. Bei dieser Lösung bestünden keine grundlegenden Unterschiede zwischen den Einteilungen bei Xenophon, Plutarch, den Glossen und den Inschriften. Die Annahme, dass es in Sparta Altersklassen im engeren Sinne gegeben hat, würde damit wieder an Wahrscheinlichkeit gewinnen.

In mehreren Beiträgen wurde aufgezeigt, dass die Kinder während der Erziehung Lesen, Schreiben und Rechnen lernten, die Spartaner also nicht illiterat waren, wie manche antike Autoren aus athenischer Perspektive behaupteten [CARTLEDGE, Literacy; BORING, Literacy; MILLENDER, Literacy; vgl. DUCAT, Education 46f.]. Von den Quellen gut belegt ist aber, dass die Spartaner eine sehr spezielle Form der Kommunikation favorisierten und diese mit besonderer Autorität versahen, den kurzen, prägnanten und schlagkräftigen Spruch. Das Anleiten zur ‚lakonischen Kürze‘ (*brachylogía*) wurde während der Erziehung intensiv eingeübt. Die spartanische Erziehung legte also mehr Wert auf eine Integration in die Gesellschaft als auf eine Vermittlung von Wissen [DUCAT, Education 43]. Die Verpflichtung auf eine sehr knappe, schlichte, aber im Inhalt klare, nicht durch Rhetorik verschleierte Ausdrucksweise galt auch noch für die erwachsenen Spartiaten, selbst im politischen Raum [SCHMITZ, Sprache]. Für E. DAVID [Silence] gehört die strenge Sprachdisziplin zum ‚restricted code‘ in Sparta, ebenso wie spärliche Kleidung und einfache Ernährung. Insbesondere in der Erziehung zeigt sich die Priorität kollektiver Interessen und der Zwang zur Konformität [HODKINSON, Social Order 243, 246].

Elementarunterricht

Kommunikationsformen

Einen hohen Stellenwert hatten in der Erziehung der Sport und die Bewährung in sportlichen Wettkämpfen. L. THOMMEN sieht darin allerdings keine rein militärische Ausrichtung der Erziehung [5: Sparta 129]. Neben den Siegen in Mannschaftswettbewerben habe man auch Einzelsiege feiern können; Athleten, die bei überregionalen Spielen gesiegt hatten, wurden geehrt [5: HODKINSON, Society 93f.; DERS., Agonistic Competition]. Auch als Sparta seine politische Macht weitgehend eingebüßt hatte, blieb der Sport ein wesentlicher Bestandteil der Erziehung [zur hellenistischen Zeit ENGELS, Training; zur römischen Zeit KENNELL, Gymnasium 49–69].

Sport

Die Anleitung zum Stehlen von Lebensmitteln entspricht nach S. LINK [Snatching] einer auch in den homerischen Epen zu beobachtenden Mentalität, die in Sparta bewusst bewahrt worden sei. Durch das Stehlen seien die Spartiaten daran gewöhnt worden, von den Heloten Abgaben zu fordern. Das blutige Ritual der Auspeitschung (*diamastígosis*), das von Pausanias als Ersatz für ein früheres Menschenopfer gedeutet wird, ist erst für hellenistische und römische Zeit nachgewiesen. In dieser Zeit nahmen zahlreiche Schaulustige an dem Spektakel teil. Unklar ist, ob das bereits bei Xenophon belegte Stehlen von Käse am Altar der Artemis Orthía und die damit verbundene Auspeitschung mit der *diamastígosis* in Zusammenhang steht [5: REBENICH, Xenophon 96; KENNELL, Gymnasium 79].

Stehlen und Auspeitschen

Päderastie Inwieweit päderastische Beziehungen ein institutionalisierter Bestandteil der spartanischen Erziehung war, ist in der Forschung umstritten. C. CALAME [Choruses 246] und P. CARTLEDGE [Pederasty] hatten sich dafür ausgesprochen; E. LÉVY [5: Sparte 60–63] sieht in ihnen ein gewisses Substitut für die stark in den Hintergrund gedrängte elterliche Beziehung. S. LINK will hingegen durch einen Vergleich mit dem Erziehungssystem kretischer Städte nachweisen, dass in Sparta päderastische Beziehungen keine wesentliche Rolle gespielt hätten. Sie seien ein Relikt früherer Zeit und wären aufgrund der ihnen innewohnenden Möglichkeiten, aristokratische Beziehungen zu stärken und eine Hausmacht auszubilden, eher ein dem Konzept der spartanischen Erziehung widersprechendes Element. Jedenfalls wären sie bei der Aufnahme junger Männer in die Speisegemeinschaften oder in das Vollbürgerrecht der Erwachsenen unerheblich gewesen [LINK, *Paideia*]. Allerdings spricht die Imitation einer päderastischen Beziehung bei der Heirat (s. u. Kap. 5.3) dafür, dass homoerotische Beziehungen während der Erziehung allgemein verbreitet und nicht auf einen kleinen Kreis beschränkt waren. Da die homophilen Beziehungen nicht als Relikte eines frühen indogermanischen Initiationsritus angesehen werden können – in den homerischen Epen fehlen dafür jegliche Anhaltspunkte –, glaubt S. HODKINSON [5: Society 90] an eine Entstehung im Zusammenhang mit dem Aufkommen athletischer Wettkämpfe im 6. Jh.

Aufsicht über die Erziehung Zu Recht betont S. LINK, dass in Sparta die Erziehung ganz und gar von den politischen Institutionen geregelt und kontrolliert wurde. Leitung und Strafgewalt lagen bei den Eirenen und dem *paidonómos*, wohingegen die Väter der Kinder keinerlei Einfluss auf die Erziehung ihrer Kinder hatten [5: Kosmos 30 f.; DERS., *Paideia*; ähnlich HODKINSON, Social Order 245 f.]. Während der Zeit der *agogé*, also im Alter zwischen 7 und 20 bzw. 30 Jahren, übten die Väter keine Hausgewalt über ihre Kinder aus.

Krypteia Die Krypteia diente der Einschüchterung der messenischen Bevölkerung und der Aufrechterhaltung der spartanischen Herrschaft, hatte vielleicht auch Bedeutung als Initiationsritus [5: LINK, Kosmos 7; DERS., *Paideia* 8–13; eine Zusammenstellung der Quellen und einen Überblick über die Forschung bietet HANDY, *Krypteía*]. Die Krypteia in Sparta unterschied sich von ähnlichen Institutionen anderer Städte, in denen junge Männer sich abgesondert von den Siedlungen aufhielten, um das Polisterritorium vor äußeren und inneren Feinden zu schützen [DUCAT, Crypties]. Ob die Krypteia erst nach dem Helotenaufstand von 464 eingeführt wurde, muss ebenso unsicher bleiben wie die Frage, ob sie nur der Abschreckung diente, ohne dass die Zahl der getöteten Heloten sehr hoch war [5: THOMMEN, Sparta 129 f.]. E. LÉVY [Kryptie; 5: DERS., Sparte 63–66; DERS., Remarques 158] trennt für die Zeit seit dem 4. Jh. in zwei verschiedene Formen der Krypteia. Für viele junge Spartiaten bedeute sie eine längere Zeit der Absonderung und des Versteckthaltens, verbunden mit der Gewöhnung an Strapazen. Daneben wäre ein ausgesuchter Kreis von Personen zu kürzeren Kommandounternehmen gegen Heloten ausgesandt worden. S. LINK [Krypteia] zufolge war die Krypteia bis ins 4. Jh. hinein allein ein Ausdauer- und Abhärtungstraining. Erst nach dem Verlust Messeniens sei sie zu einem gegen die Heloten in Lakonien gerichtetes Terrorinstrument geworden.

Insgesamt war die Erziehung ausgerichtet auf Disziplin, Gehorsam und Respekt, körperliche und kriegerische Tüchtigkeit, Ausdauer und Wetteifer und die Bereitschaft zur Aufopferung für die Heimatstadt. All dies waren wichtige Voraussetzungen für die Kampfkraft und Kampfbereitschaft der Spartiaten [LÉVY, Remarques 154, 156–159; 5: DERS., Sparte 56–59]. Wettkampf und Konkurrenz waren stets dem Zusammenhalt der Gesellschaft untergeordnet, auf ein gemeinsames Ziel ausgerichtet [3.2: MARTIN, Vater 92, 94]. Grabsteine mit der Nennung des Namens erhielten nur diejenigen, die im Kampf für Sparta gefallen waren, und Frauen, die als *hieraí* gestorben waren, also bestimmte Aufgaben im Kult wahrgenommen hatten. Unter den Inschriften aus Lakonien und Messenien finden sich solche Grabsteine für im Krieg gefallene Spartiaten, für *hieroí* und *hieraí* sowie für Frauen, die im Kindbett gestorben waren [BRULÉ/PIOLOT, Death].

Ziele der Erziehung

Dass auch die Mädchen an der Erziehung teilhatten, bei Choraufführungen und an sportlichen Wettkämpfen (in spärlicher Kleidung) teilnahmen, ist unbestritten [HODKINSON, Agonistic Competition 150–152; 5: THOMMEN, Sparta 134–136; 5.3: POMEROY, Women 3–27]. Da die Mädchen nicht Tag und Nacht in altersgleichen Gruppen lebten, hätten sie – so S. B. POMEROY – ein gewisses Maß an Privatheit und Muße genossen. Das Ziel bei ihrer Erziehung sei gewesen, Mütter aus ihnen zu machen, die die besten Hopliten und Töchter zum Gebären weiterer Hopliten hervorbrächten [5.3: Women 3f.], was eine einseitige Sicht darstellt. S. B. POMEROY selbst weist auf die Kenntnis von Alkmans Dichtungen und anderer mündlicher Traditionen hin, die kaum unter dieser Zielsetzung zu verstehen ist. C. CALAME hat in einer detailreichen Untersuchung die Bedeutung von Choraufführungen und Tänzen im Kult für die Sozialisation der Mädchen dargestellt. Für gleichgeschlechtliche Beziehungen gibt es nur wenige sichere Quellenbelege [Choruses 141–205, 214–263; DUCAT, Education 57–59].

Erziehung der Mädchen

5.3 Heirat, Ehe und Besitzübertragung. Frauen in Sparta

Die Spartaforschung geht mehrheitlich davon aus, dass es in Sparta so wie in anderen griechischen Poleis ein eheliches Zusammenleben gegeben hat, vielleicht mit der Einschränkung, dass die jungen Männer bis zum 30. Lebensjahr in den Männergemeinschaften und erst anschließend mit der Frau in einem Haus lebten [1: LACEY, Familie 187–197]. Nach E. LÉVY sei auch in Sparta die Ehe durch *engýe*, *ékdosis* und (ein zeitlich herausgezögertes) *synoikeín* konstituiert worden. Der Brautraub, von dem Plutarch spricht, sei als „matérialisation rituelle de l'*ekdosis*" aufzufassen [5: Sparte 86f.].

Eheliches Zusammenleben

a) Heirat, Ehe und Besitzübertragung

Hochzeitsbrauch Für den merkwürdigen, bei Plutarch überlieferten Hochzeitsbrauch wurden verschiedene Lösungen vorgeschlagen: Er markiere als Initiationsritus den Übergang vom unverheirateten Mädchen zur verheirateten Frau. Verbunden sei damit ein Umkehrungsritus, der apotropäische Bedeutung habe, also böse Kräfte bannen sollte [PARADISO, Cerimonia nuziale]. Durch den Rollentausch sei die Geschlechterdifferenz überwunden und eine Vervollkommnung der beiden Geschlechter erreicht worden. Die Ganzheitlichkeit und Vollkommenheit, einst durch die Trennung in zwei Geschlechter zerstört, sei so symbolisch wieder hergestellt worden [THOMMEN, Frauen 140; 5: DERS., Sparta 137f.]. Allerdings finden wir in der sozialen Ordnung Spartas sonst keine Hinweise auf eine solche symbolische Wiederherstellung geschlechtlicher Einheit. Andere sehen in dem Ritual den schrittweisen Übergang von einer homo- zu einer heterosexuellen Beziehung. Da während der zweiten Phase der Erziehung homoerotische Beziehungen gepflegt wurden, hätten die jungen Erwachsenen an eine heterosexuelle Beziehung herangeführt werden sollen [DEVEREUX, Homosexuality]. Am häufigsten findet sich die These einer Probeehe, durch die eine rechtlich bindende Ehe aufgeschoben wurde. Mit der Probeehe habe man die Zahl der Kinder erhöhen, einen Rückgang der spartanischen Bürgerschaft stoppen wollen [1: LACEY, Familie 187–189; 1: POMEROY, Frauenleben 56; BOGINO, Matrimonio; CARTLEDGE, Wives 102]. Allerdings passt das Scheren der Haare nicht mit der gewünschten Geheimhaltung einer Probeehe zusammen.

Alternative Deutungen Ein wichtiger Anhaltspunkt für die Deutung des Hochzeitsrituals ist die Parallelität mit den homophilen Beziehungen während der *agogé*. Dass diese Beziehung bei der Braut imitiert wurde, ist nicht von der Hand zu weisen. Bestätigt wird dies durch eine Information des Hagnon von Tarsos, wonach spartanische Männer vor der Hochzeit mit Jungfrauen (*parthénoi*) verkehren so wie bei päderastischen Beziehungen. M. LUPI [5.2: Generazioni 65–94] hat gezeigt, dass es dabei um heterosexuelle Beziehungen geht, die dem Modell päderastischer Beziehungen nachgebildet sind. Aus diesem Ansatz

Stabilisierung der Generationsklassen ergeben sich zwei mögliche Konsequenzen: LUPI vertritt die Ansicht, dass die Spartaner mit 20 Jahren geheiratet hätten, die Braut aber in einer ersten Phase der Ehe weiterhin bei den Eltern gewohnt habe; die Zeugung von Nachkommenschaft habe bewusst vermieden werden sollen. Erst mit 30 Jahren sei der Mann in den Kreis der ‚Väter' aufgenommen worden und habe Kinder zeugen sollen. Hätte das Paar in den folgenden Jahren keine Kinder bekommen, seien die Männer verspottet und bestraft worden. Ziel dieser Regelungen war es, den zeitlichen Abstand zwischen den Generationsklassen stabil zu halten, den Wechsel in die nächste Generationsklasse auf 30 und 60 Jahre festzulegen. Dadurch hätten Probleme bei der Hofüber-

Vermeidung einer rechtmäßigen Ehe gabe eingedämmt werden sollen [5.2: Generazioni 97–114; 5.2: DERS., Sparta Compared]. In der Imitation einer päderastischen Beziehung kann aber auch der Versuch gesehen werden, eine rechtlich gültige Ehe zu umgehen. Durch den Raub der Braut und die Imitation einer gleichgeschlechtlichen Beziehung wurden jedenfalls die Bestandteile, die in Athen eine rechtmäßige Ehe ausmachten (nämlich *engýe, ékdosis* und *synoikeín*), vermieden. Da auch in Athen die Regelung einer rechtmäßigen Ehe auf den Status der Kinder und deren Erbrecht zielte, kann auch im Fall von Sparta vermutet werden, dass es nicht die Ehe war, die ‚abgeschafft' werden sollte, sondern die Besitzweitergabe vom Vater auf den Sohn [SCHMITZ, Braut]. Mehrere Anzeichen deuten darauf hin, dass sich Sparta eine gewisse Zeit nach dieser radikalen Umgestaltung herkömmlichen Formen ehelichen Zusammenlebens wieder annäherte.

S. LINK geht von der Gleichzeitigkeit verschiedener Eheformen im 5. und 4. Jh. aus. Neben der aus alter Tradition herrührenden Raubehe habe es die Brautwerbung gegeben, bei der der Brautwerber um das Einverständnis des Brautvaters nachgesucht habe. Der Brautraub könnte zu einem weitgehend bedeutungslosen Relikt herabgesunken sein, indem sich beide Familien vor dem ‚Brautraub' auf die Ehe geeinigt hätten [5: LINK, Kosmos 35f.; ähnlich BOGINO, Matrimonio 225; HODKINSON, Inheritance 91]. Eine bei Hermippos überlieferte weitere Form der Eheschließung, wonach junge Männer und junge Frauen in einen dunklen Raum gesperrt wurden, um einen Partner zu finden, verdient nach S. LINK keinen Glauben [5: Kosmos 36f.]. Denkbar wäre diese verpflichtende Form der Partnerfindung für diejenigen, die vorher keine Braut geraubt hatten, sei es in der ursprünglichen Form, sei es symbolisch. Jedenfalls würde auch für diese Form gelten, dass *engýe* und *ékdosis* keine Rolle spielten. *Brautraub*

Insgesamt gesehen könnten die Deutungsversuche hinsichtlich der Ehe (und des daraus resultierenden Erbrechts) kaum disparater sein. Während ein Teil der Forschung die spartanische Form der Ehe der athenischen Praxis weitgehend annähert [LÉVY, LINK, THOMMEN, DREHER], geht ein anderer von grundsätzlichen Unterschieden aus, die nur als ‚Sonderweg' Spartas aufgefasst werden können [LUPI, SCHMITZ]. Diejenigen, die sich für eine Probeehe in Sparta aussprechen, sehen das Interesse Spartas, die Zahl der Kinder zu erhöhen. M. LUPI geht demgegenüber davon aus, dass eine frühe Zeugung von Kindern vermieden werden sollte, um die Generationsklassen zu stabilisieren. Einige nehmen an, dass durch den Hochzeitsbrauch eine rechtmäßige Ehe begründet wurde, andere sprechen sich für eine spätere, durch die Geburt von Kindern bewirkte Legalisierung der Ehe aus, wieder andere für eine grundsätzliche ‚Abschaffung' der Ehe als Rechtsform. Welches Modell die größte Wahrscheinlichkeit für sich beanspruchen kann, hängt vor allem von den Folgerungen ab, die sich aus den unterschiedlichen Prämissen ergeben. *Kontroversen*

Explizite Bestimmungen zum Erbrecht in Sparta sind nicht überliefert. Grundverschiedene Ansätze ergeben sich daraus, ob man allein von (privatem) Hausbesitz ausgeht, der messenische *kláros* also dem Hausbesitz *Erbrecht* zugeschlagen wurde, oder von zwei verschiedenen Besitzformen, dem (privaten) Besitz in Lakonien und einem zugesprochenen Landlos in Messenien.

Modell von Hodkinson
Wenn es in Sparta allein Privatbesitz an Land gab, ist die Angabe Plutarchs hinsichtlich der Zuweisung eines Landloses als unhistorisch abzulehnen. S. HODKINSON [Land Tenure 393] postuliert stattdessen eine patrilineare Erbteilung, da für ein (in der älteren Forschung hin und wieder angenommenes) Anerbenrecht keine ausreichenden Belege vorhanden sind. Insbesondere aus einer Bemerkung des Aristoteles hat S. HODKINSON weitere Schlussfolgerungen gezogen. Nach Aristoteles gehörten in Sparta etwa zwei Fünftel des Landes Frauen, wegen der großen Zahl der Erbtöchter und der hohen Mitgiften. Daraus sei abzuleiten, dass Frauen einen Anteil an der Erbschaft in Form einer Mitgift erhielten. Aufgrund des bei Aristoteles angegebenen Zahlenverhältnisses vermutet S. HODKINSON, dass Töchter – so wie im kretischen Gortyn – die Hälfte desjenigen Anteils erhielten, den Söhne erbten [Land Tenure 387–403; DERS., Inheritance 80–82; DERS., Ownership; 5.1: DERS., Property 65–112, 400–409; zustimmend 5: LÉVY, Sparte 78; 5: LINK, Kosmos 38; 5: THOMMEN, Sparta 139f.]. Durch das sowohl über Söhne als auch über Töchter weitergegebene Erbe sollte eine Verarmung von Familien, ein soziales Auseinanderdriften von Reich und Arm verhindert werden [HODKINSON, Inheritance 82–89]. Insgesamt kommt S. HODKINSON [5.1: Property 65–112] zu folgendem Ergebnis: Zwischen ca. 550–220 v. Chr. gab es in Sparta durchweg privaten Landbesitz, der durch Realteilung zwischen den Söhnen (und durch Mitgiften an die Töchter) auf die nächste Generation überging. Möglichkeiten der Schenkung, der testamentarischen Vererbung und der Adoption bestanden bereits vor dem 4. Jh. Dass in Sparta Adoptionen möglich waren, spricht dafür, dass Besitz über die Familie weitergegeben wurde [ebd. 82 f.; allerdings kann dies keine patrilineare Besitzweitergabe beweisen]. Im Unterschied zum athenischen Erbrecht hätten die spartanischen Frauen ein Besitzrecht. Sie erhielten selbst dann eine Mitgift, wenn Brüder vorhanden waren [Land Tenure 394–404; DERS., Ownership 103–136; 5.1: DERS., Property 94–103]. Frauen waren daher „significant holders of landed property" [HODKINSON, Ownership 104].

Modell zweier unterschiedlicher Besitzformen
Diejenigen, die das Modell zweier unterschiedlicher Besitzformen favorisieren [5: LÉVY, Sparte 75 f.], akzeptieren die Angabe Plutarchs, bei der Geburt sei jedem Spartiaten ein Landlos zugesprochen worden, das nach dem Tod wieder an die Polis zurückfiel. So habe es nach Ansicht TH. FIGUEIRAS [5.1: Klēros] in den Kerngebieten Lakoniens Güter von *áristoi* und kleinen Bauern gegeben, die aufgrund der Vererbung in Realteilung Veränderungen unterworfen waren. Davon zu unterscheiden seien *klároi* in Messenien, die nicht vom Vater auf den Sohn übergehen durften, sondern einem jeden zugewiesen wurden. Auf diese Güter beziehe sich das Verkaufsverbot. Erst der Rückgang der Bürgerzahl seit der Mitte des 5. Jh. hätte dazu geführt, dass die strikte Trennung der beiden Landformen aufgeweicht wurde. Ähnlich geht auch E. LÉVY [5: Sparte 76–78] davon aus, dass es

einen Wechsel von einer Zuweisung der Landlose zu einer patrilinearen Vererbung gegeben habe, und zwar relativ früh.

Auch die These von einer avuncolinearen Erbfolge in archaischer Zeit geht von der Prämisse aus, dass es zwei verschiedene Arten von Landbesitz gab. Damit die messenischen *klároi* im Besitz des Gemeinwesens blieben und nicht vom Vater auf den Sohn vererbt wurden, wurde durch den merkwürdigen ‚Hochzeitsbrauch' verhindert, dass eine rechtmäßige Ehe zustande kam. So wurde eine rechtliche Beziehung zwischen Vater und Sohn durchtrennt. Ein Landgut in Messenien konnte nur zugesprochen werden. Der Besitz in Lakonien wurde weiterhin über das Haus vererbt, konnte jedoch nur an die Kinder der Schwester übergehen, da der Mann rechtlich nicht der Vater seiner leiblichen Kinder war. Da Hausbesitz nur über Frauen vermittelt werden konnte, konnte eine Tochter ohne Brüder (eine Erbtochter) den Besitz tatsächlich innehaben; sie war nicht nur Platzhalterin für einen Erben in der nächsten Generation [SCHMITZ, Braut 578–585].

<small>Modell einer avuncolinearen Erbfolge</small>

Wenn in Sparta eine avuncolineare Erbfolge bestand, bedeutet das Verbot einer Ehe von Halbgeschwistern, die zwei verschiedene Mütter haben, eine wirkungsvolle Verhinderung einer Besitzkumulation. Da die Väter keinen Besitz an ihre leiblichen Söhne vererben konnten, konnten Halbgeschwister von zwei verschiedenen Vätern ohne weiteres eine Verbindung eingehen [SCHMITZ, Braut 578–580]. S. LINK [5: Kosmos 38f.] und S. HODKINSON [Ownership 116] argumentieren im entgegengesetzten Sinne: In Sparta seien Ehen unter Halbgeschwistern von zwei verschiedenen Vätern erlaubt gewesen, um eine Kumulation von Besitz geradezu zu ermöglichen, zum Schaden der Gemeinschaft, denn dadurch sei es zu einer sehr ungleichen Verteilung von Besitzverhältnissen gekommen. Dabei bleibt aber unbeantwortet, warum in Sparta die Ehe unter Halbgeschwistern von zwei verschiedenen Müttern verboten war und warum sich die Interessen der Häuser gegenüber denen der Gemeinschaft in diesem Punkt haben durchsetzen können.

<small>Ehe unter Halbgeschwistern</small>

Allgemein akzeptiert ist, dass die ungewöhnliche Bezeichnung für die Erbtochter, nicht *epíkleros* („zum Erbe gehörig"), sondern *patroúchos* („die das Väterliche innehat"), darauf schließen lässt, dass Frauen Land besitzen konnten [CARTLEDGE, Wives 98; BOGINO, Matrimonio 230; 5: LINK, Kosmos 38; SCHMITZ, Braut 584f.]. Dies und die Tatsache, dass Erbtöchter auch außerhalb der väterlichen Verwandtschaft heiraten konnten, beweist, dass in Sparta eine starke Patrilinearität von untergeordneter Bedeutung war [KUNSTLER, Dynamics].

<small>Erbtöchter</small>

Zur Frage, ob Frauen bei der Heirat eine Mitgift erhielten, gibt es sich widersprechende Quellenzeugnisse. Nach Plutarch hätte Lykurgos Mitgiften verboten, nach Aristoteles hätten Frauen in Sparta viel Besitz inne, auch aufgrund von hohen Mitgiften. Die Forschung ist in diesem Punkt unentschieden: D. M. MACDOWELL [5: Law 82] spricht sich für, S. LINK [5: Kosmos 37f.] gegen ein entsprechendes Verbot Lykurgs aus. Vorstellbar ist, dass sich

<small>Mitgift</small>

erst in klassischer Zeit ein Mitgiftsystem etablierte, denn auch für Athen lässt sich eine Mitgift (*proíx*) als Absicherung der Frau in der Ehe erst seit etwa 400 v. Chr. nachweisen. Ein Verbot Lykurgs könnte sich hingegen auf Brautgaben bezogen haben oder stand im Kontext der ‚Abschaffung' der Ehe. Ohne Zweifel stärkte die Mitgift die gesellschaftliche Position der Frau in Sparta [MILLENDER, Ideology 370–372], zumal sie ein Besitzrecht an der Mitgift hatte und die Mitgift Land umfassen konnte [HODKINSON, Land Tenure 398–404; DERS., Ownership].

b) Frauen in Sparta

Nach verbreiteter Meinung waren spartanische Frauen eigenständiger, ökonomisch unabhängiger, selbstbestimmter und freier als die Frauen in Athen. Dieses Bild ist aus Komödien des Aristophanes und Ausführungen des Aristoteles abgeleitet. Sie zeigen, dass spartanische Frauen an athletischen Übungen und sportlichen Wettkämpfen teilnahmen und vermögensfähig waren, ja z. T. über große Vermögenswerte auch an Landbesitz verfügten. Andere verweisen demgegenüber darauf, dass diese Äußerungen aus feindlicher athenischer und damit verzerrter Perspektive stammen: Spartanische Frauen würden, weil sie die Grenzen zwischen männlicher und weiblicher Sphäre überschritten, von diesen Autoren ‚barbarischen' Frauen angeglichen [MILLENDER, Ideologie]. Wenn man dieses verzerrte Bild zurechtrücke, unterscheide sich das Leben der spartanischen Frau nicht wesentlich von dem athenischer Frauen [5: DREHER, Athen 120f.]. Trotzdem scheinen mir die Unterschiede signifikant und einer Erklärung bedürftig. Die auffällige Teilnahme an sportlichen Wettkämpfen, auch unter den Augen einer Öffentlichkeit, und die Vermögensfähigkeit der Frau sind in den Quellen ausreichend belegt. Die Relativierung von L. THOMMEN [5: Sparta 141], dass sich Frauen nur im Rahmen der Ausbildung sportlich betätigten und dies einer wohlhabenden Bürgerschicht vorbehalten blieb, scheint mir nicht gerechtfertigt. Die Vermögensfähigkeit der Frau ist sicherlich durch das Erbrecht bedingt und spricht m.E. einmal mehr für eine außergewöhnliche Form der Besitzübertragung. Aufgrund der Vermögensfähigkeit haben Spartanerinnen (auch kostbare) Weihegaben in Tempeln aufstellen und Gespanne bei Wagenrennen finanzieren können [HODKINSON, Ownership 109–112]. Frauen traten im öffentlichen Raum stärker in Erscheinung [DUCAT, Femme].

Keine hinreichenden Anhaltspunkte gibt es dafür, dass Frauen im Regelfall die Bewirtschaftung der Landgüter selbst übernommen hätten, weil die Männer aufgrund des militärischen Trainings und der häufigen Kriegführung den größten Teil der Zeit abwesend waren, und dass erst die Frauen ihren Männern die gesellschaftliche Stellung ermöglicht hätten [so DETTENHOFER, Frauen; zurückgewiesen auch von 5: THOMMEN, Sparta 140f.; HODKINSON, Ownership 118]. Vielmehr ist davon auszugehen, dass in der Regel die Männer ihr Landgut in Lakonien – mit Hilfe von Heloten – bewirtschaftet haben [MILLENDER, Ideology 370–372; 5: DREHER, Athen 114f., 120].

Eine besondere Bedeutung für die Bewertung der Stellung der Frau hat die Regelung, dass eine Frau mit mehreren Männern Geschlechtsverkehr eingehen konnte. Dies hat allerdings nichts mit einer Promiskuität oder einer freieren sexuellen Selbstbestimmung der Frau zu tun [so zu Recht 5: THOMMEN, Sparta 139]. Erklärungsansätze gehen dahin, dass durch eine Polyandrie die fruchtbaren Jahre der Frau nicht nur für die eigene Familie ausgenutzt werden sollten und so die Zahl der Kinder insgesamt gesteigert wurde. Dies würde auf eine Einführung der Regelung in der Mitte des 5. Jh. hindeuten [HODKINSON, Inheritance 110; CARTLEDGE, Wives 102–104; MILLENDER, Ideology 364–366; MOSSÉ, Women 142f.]. S. LINK plädiert für ein geschicktes Ausnutzen von Erbstrategien, da es dem Hausvater überlassen blieb, welche Kinder er als eheliche anerkennen und welche er als uneheliche aus dem Recht auf ein Erbe ausschließen wollte [5: LINK, Kosmos 39f.; vgl. BOGINO, Matrimonio 229–233]. Anders urteilt S. HODKINSON [Inheritance 92ff., 105–110]: Während die Familien bemüht waren, die Zahl der Erben klein zu halten, war das Gemeinwesen daran interessiert, die Zahl der Kinder zu erhöhen. Dies habe die Polis durch Einführung der Polyandrie und eine Senkung des Heiratsalters zu erreichen versucht. In einem anderen Licht erscheint die Polyandrie, wenn man von einer avunkolinearen Erbfolge ausgeht. Sie wäre dann ein Äquivalent zu der im archaischen Athen möglichen Polygamie und hätte den Sinn gehabt, der spartanischen Frau Nachkommenschaft zu sichern [SCHMITZ, Braut 580–584]. Inwieweit bei der Polyandrie eugenische Gründe, die Xenophon und Plutarch in Rechnung stellen, bereits in archaischer Zeit eine Rolle spielten, lässt sich nicht bestimmen [MILLENDER, Ideology 366–369; vgl. MOSSÉ, Women 141f.].

Da der Mann einer weiteren geschlechtlichen Verbindung der Frau zustimmen musste, kann die Polyandrie nicht als Zeichen einer größeren Selbstbestimmung der Frau gewertet werden [MILLENDER, Ideology 366]. Ob aus der Zustimmung des Mannes auf eine Kyrieia über die Frau geschlossen werden kann, ist umstritten [dafür CARTLEDGE, Wives 100; HODKINSON, Ownership 105; dagegen BOGINO, Matrimonio 225f.].

5.4 Die Syssitien und die Stellung der Alten

Die Syssitien haben ihren Ursprung in den in ganz Griechenland seit archaischer Zeit verbreiteten Symposien. Die Besonderheit der spartanischen Syssitien liegt darin, dass jeder Spartiate, nicht nur der Angehörige der sozialen Elite, Mitglied in einer Speisegemeinschaft war, die Teilnahme also obligatorisch war [4.9: SCHMITT-PANTEL, Banquet 62–76; 5: LÉVY, Sparte 67–69, spricht von einer „démocratisation du banquet"]. Von der regelmäßigen Entrichtung der in Naturalien geleisteten Beiträge war der

Bürgerstatus abhängig [5.2: DUCAT, Education 48]. Die spartanischen Syssitien waren also keine nur der Geselligkeit und der sozialen Selbstvergewisserung dienende Einrichtung, sondern unterstanden den Regeln des Gemeinwesens, zumal sie auch für die militärische Organisation von Bedeutung waren [5: HODKINSON, Society 90f.; 5: THOMMEN, Sparta 130; SINGOR, Syssitia]. Die meisten gehen davon aus, dass die jungen Männer bis zum Alter von 30 Jahren auch in ihren Gemeinschaften schliefen, während die Älteren in der Dunkelheit nach Hause zurückkehrten [5.2: HODKINSON, Social Order 242; 5: REBENICH, Xenophon 108; 5.3: DETTENHOFER, Frauen 64]. In den Syssitien sollte der Gemeinschaftsgeist gestärkt werden [5: NAFISSI, Kosmos 173–191; 5: THOMMEN, Politeia 45f.]; sie waren ein Substitut für das zurückgedrängte Leben in der Hausgemeinschaft [3.2: MARTIN, Vater 91; vgl. 5: REBENICH, Xenophon 107; SINGOR, Syssitia 72f.]. Demgegenüber sieht S. LINK [Syssitien] die spartanischen Syssitien durch Ungleichheit und Abgeschlossenheit geprägt, die vorrangig auf das Wohl der eigenen Mahlgefährten zielten. Ihre Ausweitung über die soziale Elite hinaus gehe auf neureiche Bevölkerungsteile zurück, die in den Messenischen Kriegen aufgestiegen seien. Da es sich um relativ kleine Gruppen handelte, konnten die Syssitien keinen die gesamte Gesellschaft umfassenden, disziplinierenden Verhaltensdruck ausüben; sie hätten vielmehr logenartigen Charakter gehabt. Die sich daraus ergebenden negativen Folgen habe Agis IV. in der Mitte des 3. Jh. beheben wollen, als er die Syssitien als Gruppen von 200 und 400 Mitgliedern neu einrichtete. Die ungewöhnliche Form der Aufnahme neuer Mitglieder und die Geheimhaltung sind m.E. aber eher Anzeichen einer nach außen demonstrierten Geschlossenheit und Einmütigkeit, die es dem Einzelnen schwerer machten, Sonderinteressen durchzusetzen. Insofern scheint mir doch das Bemühen um einen Gemeinschaftsgeist zu überwiegen.

Stärkung des Gemeinschaftsgeists

Starke Stellung der Alten
Unbestritten ist in der Forschung, dass die Stellung der Alten im Vergleich zu anderen griechischen Poleis ungewöhnlich stark war. Dies galt nicht nur bei der Aufsicht über die Erziehung, sondern auch hinsichtlich ihrer Stellung in den Syssitien [5.2: HODKINSON, Social Order 251–254] und im politischen Bereich [DAVID, Old Age; SCHMITZ, Macht]. Das Senioritätsprinzip ist eines der wichtigsten Ordnungsprinzipien Spartas [5.2: HODKINSON, Social Order 244]. Es bewirkte, dass den Alten allein aufgrund ihres Alters ein höherer Status und mehr Macht zukamen; ein Ausscheiden aus dieser Position höherer Autorität gab es nicht. Das Senioritätsprinzip trug so dazu bei, Generationskonflikte zu verhindern und Möglichkeiten zurückzudrängen, durch persönliche Qualitäten oder individuelle Leistungen Ansehen zu erlangen. Persönliche Macht zu akkumulieren war erschwert worden [5.2: SCHMITZ, Altersklassen 125]. Das in Sparta aufgehobene familienbezogene Verhältnis zwischen Vater und Sohn findet seinen Gegenpart in einer überaus starken Stellung des Alters. „Im Rahmen der spartanischen politischen Organisation zählen nicht die Väter als Väter bestimmter Familien und

Söhne, sondern als ältere und alte Mitglieder einer politischen Gemeinschaft, deren oberstes Ziel es war, den inneren Zusammenhalt zur Aufrechterhaltung der Herrschaft über Heloten und Messenier zu sichern" [3.2: MARTIN, Vater 93f.].

Institutionen, die partikulare Interessen hätten bündeln und so eine Spaltung hätten bewirken können, hatten in Sparta geringe Bedeutung. Zwar gehörten alle Spartiaten einer der drei Phylen und einer *obá*, einer wohl territorialen Einheit, an, doch dienten diese Einrichtungen fast ausschließlich organisatorischen Zwecken und gewannen keine politische Eigenständigkeit [5: DREHER, Athen 38f.]. Sie trugen eher zu einer Stärkung eines kollektiven Selbstbewusstseins bei. Kultgemeinschaften oder politisch einflussreiche Priesterschaften sind für Sparta nicht bekannt. Selbst Hetairien oder hetairieartige Verbände hatten nach dem 6.Jh. keine Bedeutung mehr, vielleicht weil Institutionen wie die Phylen und *obaí* an ihre Stelle getreten waren [5: MEIER, Aristokraten 194–201].

Phylen und obaí

Hetairien

5.5 Sparta in hellenistischer Zeit

Die Rekonstruktion der Verhältnisse in archaischer und klassischer Zeit wird dadurch erschwert, dass während des 3.Jh. grundlegende Bodenreformen angestrebt wurden, die mit Rückgriff auf Einrichtungen des Lykurgos legitimiert wurden. Informationen, die sich bei Plutarch bewahrt haben, könnten also auf diese Legitimationsversuche des 3.Jh. statt auf archaische Zeit zurückgehen. Es ist daher zweifelhaft, ob es im 7. oder 6.Jh. eine gleichmäßige Verteilung von Land bzw. eine Neuaufteilung des Landes gegeben hatte, wie sie im 3.Jh. angestrebt wurde. Auch die Zuweisung von Land durch die Phylenältesten könnte eine Konstruktion aus nachklassischer Zeit sein [5.3: HODKINSON, Inheritance 80–82; 5.3: MOSSÉ, Women 139f.]. N. M. KENNELL geht von grundlegenden Veränderungen des spartanischen Erziehungswesens durch König Kleomenes III. und während der römischen Herrschaft aus [5.2: KENNELL, Gymnasium; s. o. S. 123f.]. Die Helotie hat jedenfalls über die Befreiung Messeniens (370 v. Chr.) hinaus in Lakonien bis zur römischen Herrschaft fortbestanden [5.1: KENNELL, Helots].

Für den Niedergang Spartas werden der Rückgang der Bürgerschaft (Oliganthropie) und die starke Konzentration von Besitz in den Händen weniger Reicher verantwortlich gemacht. Im 4. und 3.Jh. hätten diese Tendenzen dramatische Ausmaße angenommen. Verantwortlich dafür seien die hohen Verluste in den Kriegen seit 371 v. Chr. gewesen [5: CARTLEDGE/SPAWFORTH, Sparta 23f.]. Zahlreiche Spartiaten hätten ihren Beitrag zu den Syssitien nicht mehr aufbringen können und so ihren Status als *homoíoi* und das Bürgerrecht verloren. [ebd. 6, 42f.]. Aber auch die Erbteilung hat nach Ansicht von S. HODKINSON zu der Besitzkonzentration beigetragen. Im Gegensatz zu unteren und mittleren Schichten hätten die Reichen durch gezielte Heiratsallianzen, durch Kauf und Schenkungen ihren Besitz ver-

Landreform

Erziehung

Helotie

Oliganthropie

Besitzkonzentration

größert. Die Tatsache, dass ein großer Teil des Landes in der Hand von Frauen war, begünstigte solche Heiratsstrategien. Die Reichen bildeten zunehmend eine oligarchische Elite, eine Plutokratie [5.3: Hodkinson, Land Tenure 386, 394–400; 5.1: Ders., Property 399–445; 5.3: Ders., Ownership; vgl. 5: Lévy, Sparte 79f., 269–271; 5: Rebenich, Xenophon 89]. Auffällig ist insbesondere die starke Stellung, die die Frauen spartanischer Könige aufgrund ihres Reichtums innehatten [5.3: Hodkinson, Land Tenure 400–403; 5.3: Ders., Ownership 122–125]. Sie genossen Unterstützung durch eine Anhängerschaft und handelten relativ eigenständig, ja konnten sogar politischen Einfluss ausüben [5.3: Hodkinson, Ownership 113; 5.3: Mossé, Women 145–149].

6. Haus und Familie im hellenistischen Griechenland

6.1 Die wirtschaftliche Grundlage des Hauses

Sozioökonomische Verhältnisse

Grundlegend für die wirtschaftlichen Verhältnisse in den Gesellschaften der hellenistischen Welt ist immer noch die breit angelegte und auf dem damals bekannten Material aufgebaute Darstellung von M. Rostovtzeff [Gesellschaftsgeschichte]. Für die griechischen Städte hebt er auf der einen Seite die große Bedeutung von Rhodos, Delos und einigen anderen Städten als Umschlagplätze des Handels hervor, deren Kaufleute und Handwerker von den neuen politischen Rahmenbedingungen profitieren konnten. Auch in der Landwirtschaft habe ein hoher Stand gehalten werden können. Auf der anderen Seite sah M. Rostovtzeff [ebd. 142–190] zahlreiche Anhaltspunkte für einen allgemeinen Niedergang des Wohlstands und eine ständige Bedrohung der persönlichen Freiheit durch Kriege und Piraterie. Der soziale Gegensatz zwischen Arm und Reich sei in dieser Zeit schärfer geworden. Ähnlich charakterisiert H.-J. Gehrke [Hellenismus 68f.] die sozioökonomische Situation. Einer stärkeren Urbanität, bei der Handel und Warenaustausch einen höheren Stellenwert erhalten hätten, stehe eine Konzentration von Landbesitz und eine Akkumulation von Reichtum in den Händen der städtischen Eliten gegenüber, was die Zahl der mittleren Bauern habe sinken lassen. Ihre wirtschaftliche Situation sei prekärer geworden. Potente Honoratioren, deren wirtschaftliche Basis Grundbesitz darstellte, hätten die Gewinne, die der Handel bot, genutzt. Sie bildeten eine neue Funktionselite in den Städten und im Reich und zeigten sich durch Stiftungen unterschiedlichster Art als „Wohltäter" (*euergétai*) der Stadt.

Bodenrecht

Privater Landbesitz und Königsland

Im Bodenrecht blieben die althergebrachten Formen bestehen, unterschieden sich daher in den verschiedenen Regionen der hellenistischen Welt stark voneinander. Herrschte in den griechischen Städten privater Landbesitz in den Händen der Bürger vor, so prägte in Makedonien und in den vorher zum persischen Reich gehörenden Landesteilen das Königsland die Besitzverhältnisse. M. ROSTOVTZEFF war davon ausgegangen, dass es außer den Polisterritorien in den griechisch geprägten Küstenregionen und dem von Pächtern bewirtschafteten Königsland keine anderen Kategorien von Landbesitz größeren Ausmaßes gab [zu Makedonien: Gesellschaftsgeschichte 193f.]. Demgegenüber hat CH. SCHULER eine differenziertere Sicht eingefordert, wobei er alle inschriftlichen Belege einer erneuten Prüfung unterzogen hat [Siedlungen 159–194; zum ptolemäischen Ägypten MANNING, Land]. Zwar seien die Begriffe *kleruchiké gé* (Kleruchenland) und *idióktetos gé* (Privatland) auf den Inschriften Kleinasiens nicht direkt belegt, doch wiesen indirekte Anhaltspunkte darauf hin, dass es im Seleukidenreich auch Privatland gegeben habe. Da die Inschriften fast ausschließlich Auskunft über Besitzverhältnisse in den griechischen Städten gäben, sei eine quantitative Gewichtung der einzelnen Besitzformen nicht möglich. Es sei aber davon auszugehen, dass der König nicht das gesamte, sondern nur einen Teil des Landes außerhalb der Polisterritorien als Königsland beansprucht habe. Die Vergabe von Land an prominente Einzelpersonen setzte die sowohl in der makedonischen als auch in der achaimenidischen Monarchie verankerte Tradition der *doreai* fort. Güter dieser Größe sprengten die in den griechischen Städten üblichen Besitzgrößen. Übertragen worden seien Gebiete mit den dazugehörenden Dörfern und den in ihnen lebenden Bauern, den *laoí*. Über die abhängigen Bauern hätten diese Magnaten gewisse Verfügungsrechte gehabt, aufgrund derer sie Abgaben von ihnen einfordern konnten. Da sie zum Ortswechsel eine Erlaubnis brauchten, seien die *laoí* faktisch stark an das Dorf gebunden gewesen. Abgesehen von diesen Besitzformen gab es des Weiteren Kolonien, wobei die Siedler volles Eigentum an ihren *kléroi* erhielten, und Dorfgemeinden, die Tempeln unterstanden.

doreaí

6.2 Die Familienstruktur

Besondere Bedingungen gelten für die königliche Familie. Die herausgehobene Stellung der ptolemäischen Herrscherin sieht S. B. POMEROY in der Tradition des makedonischen Königshauses stehend, denn Vorbilder gibt es dafür in den griechischen Städten klassischer Zeit nicht. Auch die zahlreichen Ehen mit z. T. polygamen Tendenzen, Konkubinatsverhältnissen und politisch motivierten Eheschließungen, die zu einem Netzwerk innerhalb der hellenistischen Herrscherhäuser führten, werden dort ihren Ursprung gehabt haben [6.4: POMEROY, Women 3–28, 51–55; 6.4: SMITH, Marriage 47]. Im Einzelnen ist schwer festzumachen, ob bei den Königen mehrere Ehen gleichzeitig bestanden oder sich sukzessiv anschlossen. Die Stellung der Frauen am Hof hing maßgeblich auch davon ab, ob die von ihnen geborenen Kinder als potenzielle Nachfolger anerkannt wurden. Da es keine klaren Prinzipien königlicher Legitimation durch Abstammung gab, wohnt den Dynastien eine gewisse Instabilität inne. Trotzdem hielt man an den

Königliche Familie

polygamen Tendenzen mit der damit einhergehenden höheren Zahl von Kindern fest, wahrscheinlich wegen der hohen Kindersterblichkeit und der Möglichkeit zu politischen Heiratsverbindungen [OGDEN, Polygamy 117–212].

Komödien Menanders Nach Ansicht vieler Forscher markieren die Komödien Menanders eine veränderte Einstellung zur Heirat (s. u. Kap. 6.4) und einen höheren Stellenwert der Familie innerhalb der Polis. Kritisch zu werten ist hingegen die verbreitete Auffassung, dass die Komödien eine Abkehr von der Politik und einen Rückzug ins Privatleben widerspiegelten. Über das Ziel hinaus schießt die These von C. B. PATTERSON [1: Family 180–225], dass die Komödien gleichsam den Entwurf eines neuen Gesellschaftssystems propagierten, das sich gegen die Polis und gegen die Isolierung des einzelnen Menschen wende und eine „private community of families/households" anstrebe, eine Gesellschaft, die erkenne, dass die Häuser aufeinander angewiesen seien. Die Komödien Menanders dürften eher Tendenzen einer Neubewertung von Heirat und Ehe aufgegriffen als eine dezidierte Absicht verfolgt haben. Die Loslösung von alten Normvorstellungen hinsichtlich innerfamilialer Beziehungen wurde in den Komödien zur Diskussion gestellt [zu den methodischen Schwierigkeiten einer Auswertung der Komödien in familienhistorischer Hinsicht 6.4: FANTHAM, Sex 44–52].

Neubürgerlisten aus Milet und Ilion Inschriften, die Rückschlüsse auf die Struktur der Familie erlauben, liegen aus Milet und Ilion aus dem späteren 3. und der erste Hälfte des 2. Jh. v. Chr. vor [BRULÉ, Famille; GÜNTHER, Familienstruktur]. Schwierigkeiten haben der Forschung Ungleichgewichte in den Alters- und Geschlechtsgruppen bereitet. Auffällig ist, dass in diesen Inschriften deutlich mehr Männer als Frauen, relativ wenige Kinder und deutlich mehr Söhne als Töchter aufgelistet sind. Dass stets der Mann vor der Frau und in Ilion die männlichen vor den weiblichen Kindern genannt sind, verweist auf die nach wie vor geltende patrilineare Struktur der Familie. L.-M. GÜNTHER [Familienstruktur] schätzt *Größe der Familie* die Größe der Familie auf etwa vier bis sechs Personen ohne eventuell vorhandene Hausklaven. Allerdings ist Skepsis angebracht, ob die Inschriften als unmittelbares Abbild von Haushalten ausgewertet werden können. Bei Migranten ist nicht zu erwarten, dass sie in einem Umfang, wie es für eine ansässige Bevölkerung vorauszusetzen ist, von Familienangehörigen begleitet wurden und sich in der Fremde ansiedelten. Die Listen können also nicht repräsentativ sein [PETROPOULOU, Kreta 128f.; 6.3: POMEROY, Infanticide]. Viele der Migranten könnten als jüngere Söhne allein ihr Glück in der Fremde gesucht und die Eltern in der Heimat zurückgelassen haben. Ein hoher Anteil von ledigen jungen Erwachsenen oder von Männern allein mit Frauen kann daher nicht erstaunen [BRULÉ, Famille 247]. Darüber hinaus ist zu berücksichtigen, dass es zunächst um die namentliche Erfassung derer ging, die in der Stadt Bürgerrecht genießen sollten. Deshalb finden sich in den Eintragungen zwar Mütter, die bei ihren Söhnen lebten, nie aber der alte Vater oder ein inzwischen erwachsener Sohn. Da diese wie der Hausvater eigenes Bürgerrecht hatten, werden sie getrennt aufgeführt sein, unabhängig davon, ob sie eine eigene Wohnung hatten oder nicht [FRISCH, Ilion 158f.]. Dies würde den hohen Anteil einzeln eingetragener Personen (in Ilion immerhin knapp 60 Prozent aller Eintragungen und knapp 40 Prozent aller Personen) erklären können [BRULÉ, Famille 236–241; GÜNTHER, Familienstruktur 35]. P. BRULÉ und L.-M. GÜNTHER werten hingegen die Eintragungen von Einzelpersonen als Einzelhaushalte und schließen auf eine hohe Zahl von Witwen, die entweder allein oder im Haus ihrer Söhne lebten. Nicht sicher entscheiden lässt sich auch, ob nur die Witwen erfasst wurden, die noch Kinder gebären, also Bürgerrecht vermitteln konnten, oder alle Witwen. Einzeln aufgeführte Frauen waren wohl solche, die keine unmittelbaren Angehörigen hatten bzw. nicht bei ihren Angehörigen im Haus lebten. Durch den Nachweis verwandtschaftlicher Verbindungen kann L.-M. GÜNTHER [Familienstruktur 34] zeigen, dass ältere Witwen dann allein wirtschafteten, wenn im Haus ihrer Söhne bereits mehrere Kinder lebten oder wenn bei einem Neffen eine zu versorgende alte Mutter mit im Haus lebte. Die Zahl der erweiterten Familien, bei denen drei Generationen, zwei Brüder gemeinsam oder die Familie mit einer unverheirateten Schwester des Mannes unter einem Dach lebten, ist nicht außergewöhnlich hoch; von personenstarken Groß- oder Stammfamilien kann jedenfalls nicht gesprochen werden [BRULÉ, Famille 248f.; GÜNTHER, Familienstruktur 29, 35]. Bemerkenswert ist die relativ hohe Zahl der unehelichen Kinder, die in die Bürgerschaft Milets aufgenommen wurden.

Witwen

Erweiterte Familien

Eine wichtige Grundlage für demographische und familienhistorische Analysen bieten – trotz verschiedener methodischer Schwierigkeiten – Haushaltsdeklarationen, Zensus- und Steuerlisten aus Ägypten, die bereits aus ptolemäischer Zeit, in hoher Zahl dann aus der römischen Kaiserzeit überliefert sind [umfassende Auswertungen durch HOMBERT/PRÉAUX, Recensement, sowie CLARYSSE, Counting, für die ptolemäischen, 2: BAGNALL/FRIER, Demography, für die kaiserzeitlichen Dokumente; kürzere Überblicke bei 6.1: DEPAUW, Companion 130–137 und 1: POMEROY, Families 193–207]. S. B. POMEROY [1: Families 198–201] sieht die Vorbilder solcher Registrierungen eher in Zensuserhebungen, wie sie in griechischen Städten im 4. und 3. Jh. durchgeführt wurden, als in vorptolemäischen Traditionen, wiewohl es Registrierungen von Personen, Vieh und Besitz bereits in pharaonischer Zeit gab. Aufgeführt sind jeweils der Haushaltsvorstand, eventuell der Beruf, der Name der Ehefrau, Kinder, im Haus lebende Verwandte und Sklaven bzw. einheimische (Lohn-)Bauern. Bei der Auswertung ist indes zu beachten, dass je nach Quellenart manche Personengruppen nicht erfasst werden, z. B. von bestimmten Steuern befreite Personen. Auch Kinder konnten, bis sie zur Reife gelangten, ausgenommen sein. Inwieweit Aussagen aus der Auswertung der Dokumente auch auf andere Gebiete der hellenistischen Welt übertragen werden dürfen, ist kaum zu beantworten.

Zensusdokumente

Insgesamt zeigen die Dokumente eine große Vielfalt unterschiedlicher Familienformen, neben Einzelpersonen und Paaren ohne Kinder solche mit Kindern, ein Elternteil allein mit Kind, erweiterte Familien mit einer verwitweten Mutter oder unverheirateten Schwester sowie Gemeinschaften von Brüdern (*frérèches*) [2: BAGNALL/FRIER, Demography 57–66, 146f., 179ff.]. Hinzu kommen Sklaven, Lohnbauern und Mieter im Haus. In den Dörfern scheint der Anteil von erweiterten und multiplen Haushalten größer gewesen zu sein als in den *metrópoleis* [ebd. 66–74].

6.3 Kindheit, Jugend und Erziehung

Zahl der Kinder   Aufgrund der Listen der Neubürger aus Milet und Ilion schließt P. BRULÉ [6.2: Famille 241f.] auf eine im Durchschnitt relativ niedrige Zahl von Kindern pro Familie, nämlich von weniger als zwei Kindern. Dies entspricht allerdings nicht der Fertilitätsrate, da die (vielleicht noch junge) Frau weitere Kinder bekommen konnte, weitere Nachkommenschaft in früher Kindheit gestorben sein könnte oder die Familie inzwischen Kinder im Alter über 18 Jahren hatte, die unter eigenem Namen separat in die Bürgerlisten eingetragen waren. Auch A. PETROPOULOU [6.2: Kreta 130] hält die durchschnittliche Zahl von etwa zwei Kindern pro Familie nicht für repräsentativ.

Aussetzung   Nach Ansicht von S. B. POMEROY [Infanticide] sei die Zahl der ausgesetzten Kinder in hellenistischer Zeit höher gewesen, weil Migration und das Leben als Söldner und Soldat ungünstige Voraussetzungen für das Aufziehen von Mädchen gewesen seien. Wenn die Zahl der heiratsfähigen Mädchen durch Aussetzung stark dezimiert war, mussten die Männer in fortgeschrittenerem Alter sehr junge Frauen heiraten, um die Unterschiede in der Stärke der Alterskohorten auszugleichen, oder sie lebten mit fremden oder unfreien Konkubinen zusammen [6.4: POMEROY, Women 135f.]. Neben den Belegen in der Neuen Attischen Komödie und von „Genährten" (*threptoí*) in Freilassungsinschriften [3.3: WESTERMANN, Slave Systems 30, schließt daraus auf ausgesetzte Säuglinge] sind insbesondere die Einbürgerungslisten Milets aus dem späten 3. Jh. v. Chr. als Beleg für eine hohe Zahl ausgesetzter Kinder herangezogen worden, denn es sind wesentlich mehr Söhne als Töchter registriert [POMEROY, Infanticide; 6.4: DIES., Women 137]. P. BRULÉ schätzt den Anteil ausgesetzter Mädchen auf über 50 Prozent [6.2: Famille 233f., 242–244]. Dass eine uneinheitliche Registrierung zu dem starken Überhang von Jungen geführt haben könnte, hält P. BRULÉ für unwahrscheinlich: Warum sollten einige Mädchen eingetragen worden sein, andere nicht? In den Einbürgerungslisten aus der Stadt Ilion stehen 20 Jungen nur 10 Mädchen gegenüber: Neun Ehepaare hatten einen Sohn, fünf eine Tochter; bei den sieben Ehepaaren mit zwei und drei Kindern ist stets mindestens ein Sohn dabei. Auf den Listen aus Milet sind jedoch auch Familien nachgewiesen, die nur eine Tochter hatten, auch wenn meist die Zahl der Söhne die der Töchter übersteigt. Zu berücksichtigen ist aber, dass Töchter aufgrund der frühen Verheiratung das Elternhaus früh verließen, was ihre Zahl in den Familien reduzierte. Trotzdem beurteilen die meisten das Ungleichgewicht als so stark, dass mit Aussetzungen von Mädchen gerechnet werden müsse [6.2: Petropoulou, Kreta 130]. Auch Zensuslisten aus Ägypten geben kein klares Bild, da wahrscheinlich nicht alle Söhne oder Töchter erfasst sind: In manchen sind wesentlich mehr Söhne registriert als Töchter, in anderen ist aber die Zahl der insgesamt registrierten Männer und Frauen etwa gleich hoch, in wenigen die Zahl der Frauen sogar höher. Bagnall/Frier [2: Demography 144, 151–153] sehen in den Zensusdokumenten keine sicheren Anhaltspunkte dafür, dass das ungleiche Geschlechterverhältnis wesentlich durch Kindstötung oder Aussetzung beeinflusst sei. Ausgesetzte Kinder konnten, wurden sie aufgenommen, als Sklaven aufgezogen werden [4.2: Eyben, Family Planning]. Die Aufzucht fremder, also meist ausgesetzter Kinder durch Ammen lässt sich durch Ammenverträge erst für die römische Kaiserzeit belegen [Herrmann, Ammenverträge].

Kinder, die aufgezogen wurden, erhielten die Zuwendung und Liebe der Eltern. Bilder aus hellenistischer Zeit zeigen den Säugling auf dem Arm der Mutter oder das auf den Knien der Mutter sitzende Kleinkind; in Grabepigrammen wurden sie mit Koseworten angeredet. Die nach wie vor höhere Bedeutung der Söhne wird daran deutlich, dass ihnen häufiger Grabsteine aufgestellt oder Grabepigramme gewidmet waren [Le Dinahet, Enfance].

Elterliche Liebe

Auch in hellenistischer Zeit findet sich bei der Namengebung die Praxis der Nachbenennung, meist nach dem Großvater, wobei sowohl Belege für den Großvater väterlicherseits als auch mütterlicherseits vorliegen, zunehmend auch eine Nachbenennung nach dem Vater [Bresson, Nomination; 6.2: Brulé, Famille 244–247; 6.2: Günther, Familienstruktur 24f.; 6.2: Günther, Bürgerrechtsverleihungen 411].

Namengebung

In hellenistischer Zeit bestand die Praxis fort, dass im öffentlichen Raum nicht die Familie als Familie, sondern deren Angehörige integriert in die Alters- und Geschlechtsgruppen auftraten, als *paídes* (Kinder), Ephebben, *parthénoi* (unverheiratete Frauen), erwachsene Männer und verheiratete freie Frauen [6.4: van Bremen, Participation 145–156]. Besondere Bedeutung hat diese Einteilung für die Ausbildung im Gymnasium und in der Palaistra, die nach Altersgruppen gegliedert war. Zu den Namen der Altersgruppen, der Organisation der Ausbildung, den rechtlichen Bestimmungen und der kulturellen Bedeutung der gymnasialen Ausbildung für die Stadt und für eine griechische Identität gibt es zahlreiche Untersuchungen [Dreyer, Neoi; Gauthier, Gymnase]. Besondere Bedeutung hat dabei das Gymnasiarchengesetz aus dem makedonischen Beroia [Gauthier/Hatzopoulos, Beroia]. Die Ausführungen dort beziehen sich weitgehend auf die militärische und sportliche Ausbildung; in anderen Städten umfasste sie aber auch Literatur, Musik und Philosophie. Im Vordergrund stand die Ausbildung der jungen Männer (*néoi*), doch waren auch die *paídes* bei wichtigen religiösen Festen zugelassen [Gauthier, Gymnase].

Gymnasium und Palaistra

142   6. Haus und Familie im hellenistischen Griechenland

Ausbildung von   Offenbar haben sich die Möglichkeiten für Mädchen und junge Frauen,
Mädchen   eine intellektuelle, künstlerische oder sogar wissenschaftliche höhere Bildung zu erwerben, verbessert. In der Regel wurde diese Bildung durch private Lehrer oder den Vater vermittelt. Auch der Anteil der Frauen, die lesen und schreiben konnten, nahm zu [POMEROY, Education].

6.4 Heirat und Ehe. Die Position der Ehefrau im Haus

Bürgerrecht und   R. VAN BREMEN [6.2: Family Structures 313–317] geht davon aus, dass in den
Eherecht   meisten Poleis Griechenlands und Kleinasiens Bürgerrecht in der Stadt und Erbrecht in der Familie davon abhingen, dass beide Elternteile Bürger der Stadt waren, also eine auf die Polis bezogene Endogamie festgeschrieben war [für Tenos vgl. 6.5: ÉTIENNE, Ténos]. Aus diesem Grund könnte bei den Einbürgerungslisten Wert darauf gelegt worden sein, dass nicht nur die männlichen Neubürger, sondern auch deren Frauen, Töchter und Mütter eingetragen wurden, um das Bürgerrecht auch den aus diesen Ehen hervorgehenden Kindern zu sichern. In einem inschriftlichen Verzeichnis aus Rhodos sind einige Personen ausdrücklich als *matróxenoi* bezeichnet, also als solche, die von einer fremden Mutter abstammten. Um Heiraten mit fremden Frauen zu ermöglichen, konnten Städte untereinander das Recht der *epigamía* gewähren, doch handelt es sich bei den inschriftlich überlieferten Fällen stets um Isopolitieverträge, die auch weitergehende Rechte einer politischen Vereinigung fixierten. In Einzelfällen wurden Sonderregelungen getroffen, so im Sympolitievertrag zwischen den karischen Städten Latmos und Pidasa von 323/321 v. Chr., mit der Bestimmung, dass in den ersten sechs Jahren Ehepartner aus der jeweils anderen Stadt genommen werden *mussten*. R. VAN BREMEN [ebd. 316] geht zu Recht davon aus, dass es sich dabei um einen singulären Fall handelt, der keine allgemeine Tendenz zu einem freieren Umgang mit dem Bürger- und Eherecht anzeigt. In Städten mit strikter polisbezogener Endogamie waren zwar Ehen mit auswärtigen Partnern nicht verboten, werden aber wegen des Statusverlustes in der folgenden Generation kaum eingegangen worden sein. Häufiger werden solche Ehen unter Fremden gewesen sein, wenn beide Ehepartner der Gruppe dauerhaft ansässiger Fremder (Metöken) angehörten, insbesondere in Städten wie Rhodos, in denen die Zahl der Metöken sehr hoch war. In einigen Fällen lassen sich exogame, die Grenzen der Polis überschreitende Ehen nachweisen: So ist aus den Listen der Neubürger, die im 3. Jh. v. Chr. in Milet angesiedelt wurden, ersichtlich, dass zugewanderte Männer mit Frauen aus anderen Städten verheiratet waren [6.2: GÜNTHER, Bürgerrechtsverleihungen 387–403; vgl. 6.5: WOLFF, Privatrecht 65]. Nach einer Bestimmung im Sympolitievertrag zwischen Pidasa und Milet aus dem 2. Jh. v. Chr. sollten die Pidasäer in die Bürgerschaft Milets aufgenommen werden, und zwar mit Frauen und Kindern, sofern diese aus Pidasa oder einer anderen griechischen Stadt stammten. In Pidasa waren also Heiraten mit fremden

Frauen als legitime Ehen angesehen worden. Zu bedenken ist jedoch, dass Pidasa eine relativ kleine Stadt war. A.-M. VÉRILHAC und C. VIAL [4.3: Mariage 72 f.] sehen diese Praxis als außergewöhnlich an, da nur eine weitere Stadt in hellenistischer Zeit bekannt sei, die exogame Heiraten akzeptiert hätte. Aus weiteren Inschriften Milets aus dem späten 3. Jh. lassen sich enge Verflechtungen innerhalb der milesischen Oberschicht erkennen. Vorherrschend war also eine soziale Homogamie, die Heirat innerhalb derselben Schicht, wie sie in den von einer Honoratiorenschicht geleiteten griechischen Städten nicht anders zu erwarten ist [6.2: GÜNTHER, Familienstruktur 24–29]. Homogamie

Hin und wieder sind aus den Bürgerrechtsurkunden Verwandtenehen ersichtlich, Heiraten zwischen Onkel und Nichte oder zwischen Halbgeschwistern, die von demselben Vater abstammten, doch bleiben solche Heiraten relativ selten, so dass nicht von einem durchgängigen Heiratsmuster gesprochen werden kann [6.2: BRULÉ, Famille 249–251]. Ob durch solche Ehen der hausväterliche Besitz zusammengehalten oder eine starke innere familiale Solidarität bekundet werden sollte, lässt sich nicht entscheiden. Das Heiratsalter der Frau wird relativ niedrig gewesen sein [BRULÉ ebd.]. A. PETROPOULOU [6.2: Kreta 128 f.] sieht in dem verbreiteten Söldnerdienst einen möglichen Grund, ein höheres Heiratsalter anzunehmen. Verwandtenehen

Die Komödien des Menander werden als Hinweise darauf gewertet, dass Ehen nicht mehr nur als Zweckverband gesehen wurden, sondern auf Liebe und affektiven Beziehungen beruhen konnten [6.1: GEHRKE, Hellenismus 74; 4.3: OMITOWOJU, Rape 204–229]. Die Ehe blieb aber grundlegend für die rechtmäßige Abkunft und damit für die Weiterführung des Hauses. In Menanders Komödien war nicht der voreheliche Geschlechtsverkehr als solcher der Grund dafür, dass Männer ihre Frauen aus dem Haus wiesen, sondern die Geburt eines Bastards. In dieser Hinsicht ist das Fehlverhalten des Mannes, der die junge Frau vergewaltigt hatte, und das ‚Fehlverhalten' der Frau auf eine Stufe gestellt: So wie der Mann einen Bastard gezeugt hatte, hatte die Frau einen Bastard geboren [KONSTAN, Sex]. Der durch Gewalt erzwungene voreheliche Geschlechtsverkehr und die Geburt eines (vermeintlich) unehelichen Kindes wurden in den Komödien nicht kriminalisiert und konnten durch eine Ehe ‚geheilt' werden [4.3: COLE, Sanctions 105–107; FANTHAM, Sex 53–56; 4.3: OMITOWOJU, Rape 169–229]. Auch am Anfang des 3. Jh. war nicht die Gewalthandlung das ausschlaggebende Kriterium für die Bewertung einer Vergewaltigung, sondern die anfechtbare Weitergabe von Besitz. Dadurch verschwimmen die Grenzen zwischen Vergewaltigung, Verführung und Ehebruch [4.3: OMITOWOJU ebd.; 4.3: DOBLHOFER, Vergewaltigung 108, 110; vgl. FANTHAM, Sex]. Eheliche Liebe

Vorehelicher Geschlechtsverkehr

Eine Zusammenstellung und detaillierte rechtshistorische Auswertung aller griechischen Eheverträge aus Ägypten hat U. YIFTACH-FIRANKO [Marriage] vorgelegt. Sie sind eine für die Antike einmalige und herausragende Quelle für die Ehe, die Mitgift, die Rechtsfähigkeit der Frau und die Schei- Eheverträge dung. Wie an der Höhe der Mitgift zu erkennen, bezogen sie sich meist auf bessere Kreise. Solche schriftlich abgefassten Eheverträge waren nicht erforderlich und auch nicht allgemein üblich. Sie konnten auch noch einige Jahre nach der Eheschließung abgefasst werden, so dass in einigen Fällen schon Kinder geboren waren [6.4: RUPPRECHT, Papyruskunde 108; SMITH, Mariage 49]. S.B. POMEROY [Women 83–98] führt deren Abfassung auf die unsicheren Zeiten und die unterschiedliche Herkunft der griechischen Siedler zurück, denen eine gemeinsame Rechtsbasis fehlte. Nach Ansicht von U. YIFTACH-FIRANKO [Marriage 41–54] ist stets von einer formellen *ékdosis* auszugehen, auch wenn dies nicht ausdrücklich genannt ist. Fälle, in denen Vater und Mutter gemeinsam ihre Tochter in eine Ehe geben, deuten auf eine partnerschaftliche Entscheidung im Haus hin [4.3: CANTARELLA, Women 91f.; vgl. YIFTACH-FIRANKO, ebd.]. In den in den Eheverträgen enthaltenen Klauseln, wonach der Ehemann keine andere Frau ins Haus bringen und keine Kinder mit einer anderen Frau zeugen durfte, sieht I. WEILER [6.6: Sklavin 118] ein Indiz dafür, „dass sich in den Geschlechterbeziehungen zur Zeit des Übergangs zum Hellenismus die emotionelle Einstellung zum Ehepartner allmählich änderte". In den Verträgen würden neue Töne einer Ehemoral sichtbar, „die freilich mehr vermutet als bewiesen werden können" [ebd. 119].

Mitgift Nach Meinung von H.-J. WOLFF [4.4: *proix*] hatte sich die Bedeutung der Mitgift in hellenistischer Zeit gewandelt. In klassischer Zeit hätte sie dazu gedient, Vermögen aus der Herkunftsfamilie der Frau an die aus der Ehe hervorgehenden Kinder zu übertragen und so deren Position zu sichern. In hellenistischer Zeit hätte die Unterhaltssicherung der Frau im Vordergrund gestanden [6.5: WOLFF, Privatrecht; zustimmend HÄGE, Ehegüterrecht]. Demgegenüber hat U. YIFTACH-FIRANKO [Marriage 105–108, 115–121] eingewandt, dass viele der in den Eheverträgen vereinbarten Mitgiften so großzügig bemessen waren, dass sie den Unterhalt der Frau mehr als sicherstellten. Durch sie wurde die Ehe insbesondere in den ersten Jahren wirtschaftlich abgesichert. Die Mitgift, in den Verträgen mit *phernḗ*, vor Gericht hingegen als *proíx* bezeichnet, hätte auch als Kapitalanlage eingesetzt werden können. Wichtigste Bestandteile der Mitgift waren Geld, Kleidung und Schmuck. In zwei Fällen sind aber auch Sklaven (einmal eine Sklavin mit einem Säugling) belegt [ebd. 107–111, 114f.; 6.6: SCHOLL, Corpus 243f.]. Ob auch Land Bestandteil einer Mitgift sein konnte, lässt sich für die ptolemäische Zeit nicht einwandfrei sichern [Diskussion der Positionen und Quellen bei YIFTACH-FIRANKO, Marriage 111–113; vgl. POMEROY, Women 156]. Insbesondere die großzügig bemessenen Mitgiften waren geeignet, die Position der Frau im Haus zu stärken.

Scheidung Bei der Ehescheidung wurden bereits in vorptolemäischer Zeit übliche Praktiken weitergeführt. Frauen konnten ihren Mann aus eigenem, freiem Willen verlassen [YIFTACH-FIRANKO, Marriage 197–205]. Scheidungsdokumente regelten die Rückzahlung der Mitgift und die Leistung von Strafzahlungen durch denjenigen, der die Scheidung verursacht hatte [SMITH, Marriage 54f.; YIFTACH-FIRANKO, Marriage 197–205]. Über die ordnungsgemäße Rückzahlung der Mitgift und über die Erbansprüche der ehelichen Kinder konnte es zu Konflikten kommen [YIFTACH-FIRANKO, Marriage 32–39].

Da nach Ausweis von Zensusdokumenten häufiger eine „Mutter" (nicht aber ein Vater) mit zum Haushalt gehörte, bei denen es sich um verwitwete Frauen handeln dürfte, lässt sich erschließen, dass das Heiratsalter beim Mann deutlich höher lag als bei der Frau [1: POMEROY, Families 204f.]. Konkrete Belege weisen auf ein Heiratsalter beim Mann von etwa 28 Jahren, bei der Frau von etwa 14 Jahren hin [1: POMEROY, Families 223; SMITH, Marriage 48; 2: BAGNALL/FRIER, Demography 143].

Heiratsalter

Einen unmittelbaren Zusammenhang zwischen Migration und einer Schwächung der hausväterlichen Gewalt sieht S. B. POMEROY als gegeben an [1: Families 108–112]. Losgelöst von verwandtschaftlichen Bindungen hätten Frauen mehr Aufgaben und Rechte übertragen werden müssen; sie hätten dadurch eine größere Verfügungsgewalt über ihr Vermögen und mehr Bewegungsfreiheit erhalten. Die strikte Kontrolle eines *kýrios* sei nicht mehr möglich gewesen [ebd. 205]. Verstärkt worden sei diese Tendenz durch die neue monarchische Ordnung, die das politische Handeln der Polis beschränkt, den Wert des Bürgerrechts gemindert und dessen Exklusivität geschwächt habe. Die Polis als wichtigster Bezugsrahmen, auf den das Handeln und Ansehen des Hauses ausgerichtet waren, sei zurückgetreten, und dadurch hätten sich die Interessen stärker auf das Haus und eine private Sphäre konzentriert [4.3: BLUNDELL, Women 198–200; 1: PATTERSON, Family 191; 6.2: POMEROY, Values 206; SHIPLEY, Greek World 102–106]. Allerdings lässt sich eine stärkere Konzentration auf das Private als Folge einer Schwächung der Polis kaum wirklich belegen, zumal davon auszugehen ist, dass die Entwicklungen in den verschiedenen Regionen im östlichen Mittelmeerraum sehr unterschiedlich verliefen. R. VAN BREMEN widerspricht daher der Ansicht von S. B. POMEROY und verweist darauf, dass in manchen Städten die vermögensrechtliche (und damit auch die öffentliche) Position von Frauen bereits in klassischer Zeit eine andere gewesen sei als in Athen. Statt mit einer ‚Entwurzelungstheorie' die veränderte Stellung der Frau zu begründen, sollten stärker die Kontinuitäten zur klassischen Zeit betont werden. Die wenigen vorhandenen, meist inschriftlich überlieferten Dokumente zeigten, dass Migranten nicht in eine ihnen völlig fremde Welt kamen, sondern in Städten aufgenommen wurden, in denen das gleiche oder ein nur wenig abweichendes Ehe- und Erbrecht galt, religiöse Praktiken und Gemeinschaften in ähnlicher Form bestanden, politische Partizipation auf städtischer Ebene ähnlich geregelt war. Anders stellt sich die Situation in den Fällen dar, in denen Migranten in fremde Kulturkreise kamen, in denen andere Sprachen gesprochen wurden und eine Integration wesentlich

Hausväterliche Gewalt

Verhältnis von Oikos und Polis

Migration

schwieriger war [6.2: VAN BREMEN, Family Structures 313–322; DIES., Women 231–237].

<small>Frauen im öffentlichen Raum</small>

Unumstritten ist, dass sich in hellenistischer Zeit der Status der Frau deutlich verbessert hat. Als Gattinnen von Königen, schließlich als Königinnen selbst drangen Frauen in den politischen Raum vor. Auf städtischer Ebene traten Frauen als Stifterinnen auf und wurden dafür geehrt. Sie finanzierten Theaterbauten und Bäder, spendeten als Priesterinnen Geld für Festspiele und Bankette, in Übernahme der Gymnasiarchie Öl, Wein und Opferfleisch, Spenden, die sie aus ihrem landwirtschaftlichen Besitz bestritten. Weil die Städte in hellenistischer Zeit gestatteten, dass einzelne Familien als Honoratioren in eigenem Namen der Gemeinschaft Wohltaten erwiesen, partizipierten auch Frauen an dieser Präsenz einzelner Häuser im öffentlichen Raum. Die zahlreichen Belege für dieses öffentliche Agieren von Frauen sind von R. VAN BREMEN zusammengetragen und systematisch ausgewertet worden. Sie setzen eine veränderte vermögensrechtliche Stellung der Frau voraus [Participation 11–40, 170–190; DIES., Women; 6.5: ÉTIENNE, Ténos; vgl. 4.3: BLUNDELL, Women 198–200; 4.3: CANTARELLA, Women 97]. Inschriftliche Dokumente des 3. und 2. Jh. aus Boiotien zeigen, dass Frauen ebenso häufig wie Männer einen Grabstein erhielten, sie Weihungen vornahmen, Sklaven freiließen, Land pachteten und Städten Darlehen bzw. Schenkungen gewährten [ROESCH, Béotie]. Eine Konzentration von Land in den Händen von Frauen lässt sich allerdings nicht nachweisen. Formal blieb zwar eine *kyrieía* bestehen, doch stellte dies anscheinend kaum eine Beeinträchtigung für die Frauen dar, über ihr Vermögen zu verfügen. Allerdings ist in vielen Fällen nicht sicher zu entscheiden, inwieweit die *kyrieía* eine formelle geworden war und wie weit die Entscheidungsbefugnis der Frau tatsächlich reichte [6.5: VIAL, Délos 78–80]. Erworben hatten die Frauen das Vermögen durch väterliches oder eheliches Erbe. In den Städten Erythrai und Priene sind für das 3. Jh. v. Chr. Frauen belegt, die Landbesitz innehatten (*kleroménoi*), der von nicht geringerer Größe war als der von Männern. Große Güter wurden von einem eigenen Verwalter (*oikonómos*) geführt [VAN BREMEN, Participation 40, 205–225, 253f., 261–272; DIES., Women 228–230; 6.2: DIES., Family Structures 326–330; 6.5: ÉTIENNE, Ténos; ROESCH, Béotie; 4.3: SCHAPS, Women 48–60]. In einer Inschrift aus Milet aus dem Jahre 211/10 v. Chr. sind unter 36 Bürgern, die eine Anleihe der Stadt à 3600 Drachmen zeichneten, auch fünf Frauen nachgewiesen; der dadurch begründete Rentenanspruch kam in nicht wenigen Fällen auch Frauen (meist den Töchtern) zugute [6.2: GÜNTHER, Familienstruktur 24].

<small>Vermögensrechtliche Stellung</small>

<small>Gynaikonómoi</small>

Beschränkt und kontrolliert wurde das öffentliche Auftreten von Frauen durch einen städtischen Magistraten, den *gynaikonómos*, der in vielen griechischen Städten über die Teilnahme von Frauen an Hochzeiten und Kultfeiern wachte. S. B. POMEROY [1: Families] bewertet die Einrichtung eines solchen Amtes als gesellschaftliche Beschränkung und Kontrolle der weiblichen

Sphäre. Eingerichtet worden sei es als Reaktion auf die größere Bewegungsfreiheit der Frau. Eine exzessive Demonstration von Reichtum, übertriebene Trauerbekundungen und ausgelassenes Feiern bei Kultfesten hätten dadurch unterbunden werden sollen. Zurückhaltender urteilt R. VAN BREMEN [6.2: Family Structures 323f.], die das Amt in Parallele zu dem des Gymnasiarchen und *paidonómos* sieht. Der *gynaikonómos* habe auf die *eukosmía*, also das sittliche Verhalten der Mädchen und Frauen im Kult, bei Stadtfesten und Prozessionen achten sollen. Insgesamt zeigt sich daran das Bestreben der hellenistischen Städte, sich als Gemeinschaft um die Erziehung der Jugend zu kümmern, anders als in der römischen Gesellschaft, in der dies dem *pater familias* übertragen war.

In hellenistischer Zeit gab es eine neue Generation weiblicher Poeten, Frauen begegnen als Schülerinnen von Philosophen, insbesondere im Pythagoreismus [4.3: BLUNDELL, Women 200; POMEROY, Women 59–72]. Viele Frauen konnten lesen und schreiben, auch wenn mehr Frauen als Männer beim Abfassen von Schriftstücken die Hilfe Dritter brauchten [4.3: CANTARELLA, Women 91f.; COLE, Women].

<small>Dichtung und Philosophie</small>

6.5 Besitzübertragung und die Stellung der Alten im Haus

Indirekte Hinweise für das Erbrecht liegen allein für das ptolemäische Ägypten und für Delos in der Zeit der Unabhängigkeit vor, wobei umstritten bleibt, ob z. B. aus der Verpflichtung der Kinder, für Schulden der Eltern aufzukommen, auf das Erbrecht zurückgeschlossen werden kann [6.4: VAN BREMEN, Participation 252f.; VIAL, Délos 50–68]. Wahrscheinlich traten Frauen nur dann in die Positionen des Erben ein, wenn der Ehemann verstorben war und keine erwachsenen Söhne vorhanden waren. Die Frau konnte in einem solchen Fall auch vom Ehemann zum Vormund der gemeinsamen Kinder bestellt werden. Hatte eine Tochter keinen Bruder, konnte sie vom Vater zur Erbin eingesetzt werden. Epiklerosregelungen wie im klassischen Athen bestanden offenbar nicht [6.2: POMEROY, Values 206; VIAL, Délos 62–65; 68]. Dies verdeutlicht, dass Patrilinearität an Bedeutung verloren hatte und sich Erbstrategien grundlegend verändert hatten. Waren keine männlichen Erben vorhanden, konnte die Tochter, da sie vermögensfähig war, das Erbe übernehmen. In dem Falle, dass Brüder vorhanden waren, blieben Töchter aber (abgesehen von der Mitgift) vom Erbe ausgeschlossen [6.4: VAN BREMEN, Participation 252–254; ETIENNE, Ténos; 4.3: SCHAPS, Rights 23; VIAL, Délos 53]. Die Praxis, junge Erwachsene zu adoptieren, wenn männliche Erben fehlten, bestand in hellenistischer Zeit fort [RICE, Adoption]. Auch durch *paramoné*-Verpflichtungen konnte eine Altersversorgung gesichert werden [4.5: GNILKA, Altersversorgung 272f.; s. u. S. 151].

<small>Erbrecht</small>

Die Praxis, per Testament über sein Vermögen zu verfügen, testamentarisch die Aufstellung von Statuen anzuordnen oder an Städte oder private

<small>Testamente</small>

Vereinigungen Vermächtnisse auszustellen, war bei Angehörigen der städtischen Elite keine Seltenheit. In ähnlicher Weise dürfte auch über den innerhalb der Familie weitergegebenen Besitz testamentarisch verfügt worden sein, wobei davon auszugehen ist, dass die rechtlichen Bestimmungen nicht immer voll und ganz eingehalten wurden. Jedenfalls haben Männer für den Fall ihres Todes die Ehefrau testamentarisch zur Erbin (*kleronómos*) bestellt [6.4: VAN BREMEN, Participation 254]. Durch Erbschaften mit Vermögen ausgestattet, konnten Witwen bzw. Töchter ihrerseits ebenfalls über Besitztümer testamentarisch verfügen, wie das Beispiel der Epikteta aus Thera um 200 v. Chr. zeigt [6.4: VAN BREMEN, Participation 212–216; 6.2: POMEROY, Values 206–209; WITTENBERG, Testamento (mit dt. Übersetzung)]. Die gegenüber der klassischen Zeit freiere testamentarische Verfügung kommt auch in einer Klage des Polybios zum Ausdruck, dass in Boiotien Besitz vielfach nicht mehr den Familienangehörigen, sondern Speisegemeinschaften und Vereinen hinterlassen würde, eine Äußerung, die allerdings als übertrieben angesehen wird [WEBER, Altersbilder 118f.].

Rentenzahlungen Eine familienhistorische Auswertung der inschriftlich überlieferten Anleihe der Stadt Milet hat L.-M. GÜNTHER [6.2: Familienstruktur 24f.] vorgelegt. Die Anleihe aus dem Jahr 211/10 v. Chr. in Höhe von je 3600 Drachmen wurde von 36 Bürgern Milets gezeichnet. Dadurch erwarben sie einen Rentenanspruch von 30 Drachmen monatlich, entweder zugunsten des Zeichnenden selbst oder zugunsten eines Angehörigen oder Verwandten. Aus solchen Anleihen entwickelte sich indes kein Renteninstitut, da es vorrangig um das Interesse der Stadt ging, in sehr kurzer Zeit einen hohen Geldbetrag aufzubieten. Zudem waren diejenigen, die die Anleihe zeichneten, Angehörige der milesischen Oberschicht, die auf solche Rentenzahlungen nicht angewiesen waren, auch nicht im Alter.

Witwen Witwen, die im heiratsfähigen Alter waren, gingen in der Regel eine neue Ehe ein. Wurden Frauen in höherem Alter zur Witwe, lebten sie im Haus ihrer Söhne und wurden von ihnen ernährt. Allein in den Fällen, in denen ihre Söhne selbst bereits Kinder hatten, wohnten sie nicht mit im selben Haus, wahrscheinlich wegen der dort beengten Verhältnisse. Trotzdem dürften sie in engem Kontakt zu ihren unmittelbaren Verwandten gestanden haben. L.-M. GÜNTHER leitet daraus ab, dass Witwen in den Gesellschaften der griechischen Poleis respektiert und nicht marginalisiert wurden [GÜNTHER, Witwen, gegen die Position von I. WEILER]. Hatten sie von ihren verstorbenen Ehemännern Vermögen geerbt, traten sie als selbständige Geschäftsfrauen auf und konnten bis ins hohe Alter über das Familienvermögen verfügen [WEBER, Altersbilder 117f.].

Prekäre Stellung der Alten Im Hellenismus hatte zwar die Verpflichtung, dass sich die Familienangehörigen um die alten Eltern kümmern mussten, weiterhin Bestand, doch Klagen zeigen, dass die Situation der Alten trotzdem prekär war. Insbesondere der Söldnerdienst und die verbreitete Migration trugen dazu bei, dass Söhne von ihren Eltern getrennt lebten und sich ihrer nicht annehmen konnten. Die Neubürgerlisten aus Milet und Ilion lassen erkennen, dass viele Migranten sich als Einzelpersonen oder nur mit ihrer Frau in einer anderen Stadt ansiedelten [WEBER, Altersbilder]. Gestützt wurde die Stellung der Alten im Haus möglicherweise durch eine Aufwertung ihrer Stellung in der Öffentlichkeit. Die in vielen griechischen Städten nachgewiesenen Ältestenräte (*gerusíai*) lassen aber nicht erkennen, ob tatsächlich eine hohe Altersvoraussetzung bestand und in welcher Weise Alte privilegiert waren. Auch wenn die Ältestenräte aber nur nominell die Autorität der Älteren vereinigten, so übernahmen die Alten, die *gérontes*, in vereinsähnlicher Weise Aufgaben und Funktionen in den Gymnasien [3.2: BRANDT, Alter 89f.; WEBER, Altersbilder 120, 128]. Eine Aufwertung des hohen Alters und der Alten sah auch G. MINOIS [3.2: Old Age 65–68] als gegeben. Sie spiegelt sich in speziellen Schriften über das Alter, die in hellenistischer Zeit abgefasst wurden, auch wenn die Alten in der Neuen Attischen Komödie nach wie vor den Spott über sich ergehen lassen mussten, als eigensinnig und starrköpfig und mit körperlichen Altersmerkmalen karikiert wurden [3.2: BRANDT, Alter 91f., 98–101].

gerusíai

Die Einrichtung von Stiftungen, die der Sicherung des Grabs und alljährlichen Totenopfern und -feiern dienten, wertet S. B. POMEROY [1: Families 108–114; 6.2: DIES., Values 206–209] als eine Reaktion auf kleiner gewordene Verwandtschaftsverbände in Folge starker Migration. Auch wenn die Immigranten Frau und Kinder mitbrachten, so fehlte ihnen doch die Einbindung in eine größere Verwandtschaftsgruppe, wie sie die Phratrien in Athen darstellten. Kulte wurden gestiftet, Kultgemeinschaften eingerichtet und aus dem Vermögen jährliche Leistungen festgeschrieben, die für Opfer und Mahlzeiten zum Gedenken an die Toten bereitgestellt wurden. Dass diese in Form eines Testaments abgefassten Bestimmungen auf Inschriftstelen öffentlich ausgestellt wurden, zeigt, welchen Wert man dem Bewahren der Erinnerung und des verwandtschaftlichen Zusammenschlusses beimaß. Gewiss zielten die Stiftungen auch darauf, das Ansehen der Familie in der städtischen Öffentlichkeit zu steigern.

Stiftungen für ein Totengedenken

6.6 Sklaven im Haus

Aufgrund der Komödien Menanders, die in das ausgehende 4. und beginnende 3. Jh. v. Chr. zu datieren sind, schätzt R. SCHOLL die Zahl der Sklaven in kleinen und mittleren Haushalten als relativ gering ein [Corpus 244]. Größer scheint die Zahl von Sklaven in den Häusern bekannter Philosophen gewesen zu sein; die bei Diogenes Laertios überlieferten Testamente nennen mehrfach 10 und mehr Sklaven [3.3: WESTERMANN, Slave Systems 34]. In den griechischen Städten des Mutterlandes und im westlichen Kleinasien wird sich die Situation der Sklaven im Haus wenig geändert haben. Der Sklavenbesitzer hatte ein uneingeschränktes Recht, den Sklaven für jede Arbeit einzusetzen, ihn zu vermieten oder zu verkaufen. Auch das Züch-

Zahl der Sklaven

Rechte des Herrn

tigungsrecht blieb unangetastet, ja wurde vielfach auch auf die Zeit der Freilassung ausgedehnt, solange eine Paramonéverpflichtung bestand, der Sklave also im Haus des Freilassers lebte. Eigenständiges Wirtschaften von Sklaven und die Praxis des Freikaufs setzen voraus, dass Sklaven über Vermögenswerte des Herrn verfügen und Besitz erwerben konnten, auch wenn dieser rechtlich Eigentum des Herrn blieb. Für Fehlverhalten konnte der Sklave selbst belangt werden [3.3: WESTERMANN, Slave Systems 38; 3.3: DERS., Sklaverei 937–939].

<small>Eigenständiges Wirtschaften</small>

Die in der Forschung weit verbreitete Auffassung, in griechischen Städten nicht nur klassischer, sondern auch hellenistischer Zeit sei die Praxis der Freilassung wesentlich seltener als in römischer Zeit, wird durch einen Brief Philipps V. an die griechische Stadt Larisa aus dem Jahr 214 v. Chr. bestätigt: Der Stadt wird empfohlen, die Bürgerschaft durch Aufnahme von Neubürgern zu erhöhen. Dabei wird auf die römische Praxis verwiesen, nach der sogar Sklaven durch Freilassung zu Bürgern werden konnten, offenbar ein für griechische Städte ungewöhnlicher und allen Traditionen entgegenstehender Ratschlag [3.3: WEILER, Sklavenstatus 174–178]. Allerdings wurde nicht generell in allen Städten Freigelassenen ein Bürgerrecht verweigert und ihnen nur das Recht, sich als Mitbewohner anzusiedeln, eingeräumt. Denn nach Aussage einiger Inschriften war zumindest in Einzelfällen ehemaligen Sklaven ein Bürgerstatus verliehen worden. Möglicherweise war ein Zugang zur Bürgerschaft dann grundsätzlich verwehrt, wenn es sich um geborene Sklaven handelt. Alles in allem ist jedenfalls mit beträchtlichen Unterschieden in den verschiedenen Städten zu rechnen [ebd. 181–188].

<small>Freilassung</small>

Eine Auswertung der delphischen Freilassungsurkunden ergibt, dass in der ersten Hälfte des 2. Jh. die Zahl der freigelassenen Kaufsklaven die der hausgeborenen Sklaven weit übertrifft, in der zweiten Hälfte des 2. Jh. die Zahl der freigelassenen Kaufsklaven deutlich abnimmt, die Freilassung von hausgeborenen Sklaven auf das Doppelte bis Dreifache ansteigt. Im 1. Jh. v. Chr. sinkt die Zahl der freigelassenen Kaufsklaven auf eine verschwindend geringe Zahl. W. L. WESTERMANN [3.3: Slave Systems 32–37; vgl. 3.3: DERS., Sklaverei 933 f.] erklärt dies mit dem Verlust der griechischen Unabhängigkeit und den sich daraus ergebenden wirtschaftlichen Schwierigkeiten; die Sklavenmärkte hätten sich stärker auf Rom ausgerichtet. Indem der Zugang zu den im Krieg erbeuteten Sklaven erschwert war, habe man durch eine Erhöhung hausgeborener Sklaven diesen Verlust auszugleichen versucht. Insgesamt nimmt die Zahl der Belege ab, von etwa neun Freilassungen pro Jahr zwischen ca. 200 und 150 v. Chr. über durchschnittlich sechseinhalb in der Zeit zwischen ca. 150 und 100 v. Chr. auf nur noch zwei in der ersten Hälfte des 1. Jh. Da überwiegend ein oder zwei Sklaven, nur selten drei oder mehr Sklaven freigelassen wurden, wird für Zentralgriechenland die Zahl der Sklaven in den Häusern nicht allzu hoch eingeschätzt. Die Situation der „Königsbauern" (*basilikoí laoí*), die in Kleinasien die großen königlichen Domänen bewirtschafteten (s. o. Kap. I.6.1),

<small>Delphische Freilassungsurkunden</small>

war kaum geeignet, in größerem Maße Sklaven für die landwirtschaftliche Arbeit einzusetzen [6.1: ROSTOVTZEFF, Gesellschaftsgeschichte 362; 3.3: WESTERMANN, Slave Systems 31; 3.3: DERS., Sklaverei 933]. In der Mehrzahl waren die auf den delphischen Freilassungsinschriften genannten Personen Frauen, was auf sexuelle Beziehungen zwischen Herrn und Sklavin schließen lasse [TUCKER, Women 225-231; WEILER, Sklavin]. Fremd blieben den Griechen der Selbstverkauf in eine Unfreiheit, durch den man eine gesicherte Versorgung erreichen wollte, und der Verkauf von Kindern in die Sklaverei, um so Schuldforderungen zu begleichen. Solche in Syrien und Ägypten bereits vorher bestehende Praktiken lebten allerdings in hellenistischer Zeit in der nichtgriechischen Bevölkerung fort und wurden von den Herrschern nicht unterbunden [3.3: WESTERMANN, Slave Systems 29f.; 3.3: DERS., Sklaverei 930f.]. Selbstverkauf in die Sklaverei

Kontroverse Diskussionen über den rechtlichen Status der Freigelassenen hat der Umstand ausgelöst, dass die unter Auflage der *paramoné* gewährte Freilassung widerrufen werden konnte [zur Paramoneklausel: ALBRECHT, Rechtsprobleme 154-200; DARMEZIN, Affranchissement; 3.3: WEILER, Sklavenstatus 184-187; vgl. YOUNI, Maîtres 183-186]. Auch konnte der Freilasser die vom Freigelassenen erwartete Arbeitsleistung durch Strafmaßnahmen erzwingen [HERRMANN, Paramone 230-233]. Keine Informationen geben die Freilassungsurkunden darüber, wie die Sklaven, vor allem auch die Sklavinnen, zu den Kaufsummen kamen, die sie für den Freikauf aufbringen mussten [TUCKER, Women 227f.]. Der Herr jedenfalls erhielt auf diese Weise zumindest einen beträchtlichen Teil der vom Sklaven angesparten Summe zurück und war für eine Versorgung alter und kranker Sklaven nicht mehr verantwortlich. Von der Freikaufsumme konnte er einen neuen Sklaven kaufen. Eine (an Bedingungen geknüpfte) Freilassung hatte für den Herrn außerdem den Vorteil, dass er so die Leistungsbereitschaft des Sklaven steigern und für sich eine Versorgung im Alter sichern konnte, insbesondere wenn er keine Kinder hatte oder diese weit entfernt von ihm lebten [ADAMS, Paramoné 3f., 44f.; TUCKER, Women 230-232; 6.5: WEBER, Altersbilder 118f.]. In der Freilassungsurkunde konnte auch die Verpflichtung festgeschrieben werden, für die Bestattung des Freilassers und den Totenkult zu sorgen [HERRMANN, Paramone 230-233]. Paramoné

6.7 Haus und Siedlung

Einen mit zahlreichen Abbildungen, Grundrissplänen und Rekonstruktionszeichnungen versehenen Überblick über Hausformen in hellenistischer Zeit gibt W. HOEPFNER [4.8: Griechen 441ff., bes. 450-454, 496-524]. Er sieht insbesondere in den Herrscherpalästen in Pergamon und Pella die Vorbilder für die aufwändig gestalteten Peristylhäuser in hellenistischer Zeit [ebd. 516]. Diese reich mit Wandmalereien, Mosaiken, bisweilen einem zweiten Peristyl ausgestatteten Häuser sind ein charakteristisches Merkmal dieser Epoche; Peristylhäuser

Beispiele solch reich ausgestatteter Häuser gibt es vor allem aus Delos [4.8: NEVETT, House 114–123; RAEDER, Vitruv 324–346]. An der Umwandlung des Hauptwohnraumes (*oíkos*) in einen Empfangs- und Speisesaal manifestiere sich ein gesellschaftlicher Wandel: „Die Familien öffneten sich, man speiste mit Freunden und Gästen im größten Raum und stellte zu diesem Zweck Triklinien auf. Der früher bescheidene Oikos wurde zum repräsentativen Empfangsraum, das ganze Haus zum Vorzeigeobjekt" [4.8: HOEPFNER, Griechen 517]. Auch wenn herkömmliche *andrónes* weiterhin benutzt wurden, so setzte sich die neue Art des Speisens im Triklinon durch [ebd. 518–520]. J. RAEDER [Vitruv 339] sieht in dem Bestreben, Reichtum und gesellschaftliche Stellung im Wohnhaus zu zeigen, einen gegenüber der klassischen Zeit neuen Zug des privaten Wohnens im Hellenismus. Da insbesondere in der Oberschicht die Trennung der Geschlechter abgeschwächt wurde, bezeichnen *andronítis* und *gynaikonítis* nicht mehr geschiedene Bereiche innerhalb des Hauses, sondern selbständige, bisweilen vermietete Wohnungen im Erdgeschoss (*andronítis*) und im Obergeschoss (*gynaikonítis*) [ebd. 346–360].

andrónes

In abgelegeneren Gebieten finden sich aber auch Hausformen, die denen der klassischen Zeit entsprechen und eine Trennung zwischen einem hausöffentlichen und einem der Familie vorbehaltenen Bereich aufweisen [4.8: NEVETT, House 114–123]. Einen systematischen Überblick über die Siedlungs- und Hausformen im hellenistischen Kleinasien und über deren antike Bezeichnungen gibt CH. SCHULER [6.1: Siedlungen 17–55]. Einzelgehöfte [ebd. 57–100] sind für die hellenistische Zeit literarisch, inschriftlich und durch archäologische Befunde in großer Zahl nachgewiesen. Die isoliert gelegenen Höfe weisen beträchtliche Größenunterschiede auf, gehörten überwiegend aber einer landbesitzenden Oberschicht [ebd. 83–89]. Sie waren mit Dreschplätzen, Wein- und Olivenpressen, Vorratsräumen, Zisternen, Pferchen und Stallungen sowie Taubenhäusern ausgestattet [ebd. 90–100].

Herkömmliche Hausformen

III. Literatur

Die Literaturangaben in Teil II beziehen sich auf die
parallelen Unterkapitel dieses Literaturverzeichnisses,
sofern nicht auf andere Unterkapitel verwiesen wird.

1. Einleitung

BEAUCHET, LUDOVIC, Histoire du droit privé de la république athénienne 1–2. Le droit de famille, Paris 1897 (Ndr. 1969).
BLANCK, HORST, Einführung in das Privatleben der Griechen und Römer, Darmstadt 1976.
BLÜMNER, HUGO/KARL FRIEDRICH HERMANN, Lehrbuch der griechischen Privatalterthümer, Freiburg/Leipzig ³1882 (zuerst 1852).
ERDMANN, WALTER, Die Ehe im alten Griechenland, München 1934.
FLACELIÈRE, ROBERT, Griechenland. Leben und Kultur in klassischer Zeit, Stuttgart 1977 (franz. 1959).
GARLAND, ROBERT, The Greek Way of Life. From Conception to Old Age, New York 1990.
GERNET, LOUIS, Droit et société dans la Grèce ancienne, Paris 1955.
GLOTZ, GUSTAVE, La solidarité de la famille dans le droit criminel en Grèce, Paris 1904 (Ndr. 1973).
GSCHNITZER, FRITZ, Griechische Sozialgeschichte. Von der mykenischen bis zum Ausgang der klassischen Zeit, Wiesbaden 1981.
HARRISON, ALICK R. W., The Law of Athens 1. The Family and Property, Oxford 1968.
KRAUSE, JENS-UWE, Antike, in: GESTRICH, ANDREAS/JENS-UWE KRAUSE/MICHAEL MITTERAUER, Geschichte der Familie, Stuttgart 2003, 21–159.
LACEY, WALTER K., Die Familie im Antiken Griechenland, Mainz 1983 (engl. 1968).
VON MÜLLER, IWAN, Die griechischen Privataltertümer. HdA IV 1,2, München ²1893.
NAGLE, D. BRENDAN, The Household as the Foundation of Aristotle's Polis, Cambridge 2006.
PATTERSON, CYNTHIA B., The Family in Greek History, Cambridge, Mass./London 1998.

PERNICE, ERICH, Griechisches und römisches Privatleben, in: GERCKE, ALFRED/EDUARD NORDEN (Hrsg.), Einleitung in die Altertumswissenschaft 2, Leipzig/Berlin ³1922, 1–82.
POMEROY, SARAH B., Families in Classical and Hellenistic Greece, Oxford 1997.
POMEROY, SARAH B., Frauenleben im klassischen Altertum, Stuttgart 1985 (engl. 1975).
THALHEIM, THEODOR/KARL FRIEDRICH HERMANN, Lehrbuch der griechischen Rechtsaltertümer, Freiburg/Leipzig ⁴1895.
TODD, STEPHEN C., The Shape of Athenian Law, Oxford 1993.
WEBER, MAX, Wirtschaft und Gesellschaft, Tübingen 1922.
WEISS, EGON, Griechisches Privatrecht auf rechtsvergleichender Grundlage 1, Leipzig 1923.
WOLFF, HANS JULIUS, Eherecht und Familienverfassung in Athen, in: DERS., Beiträge zur Rechtsgeschichte Altgriechenlands und des hellenistisch-römischen Ägypten, Weimar 1961, 155–242 (zuerst 1944).
ZOEPFFEL, RENATE, Aristoteles Oikonomika. Schriften zu Hauswirtschaft und Finanzwesen, Berlin 2006.

2. Demographische Grundlagen

CORVISIER, JEAN-NICOLAS/WIESLAW SUDER, Polyanthropia – oliganthropia. Bibliographie de la démographie du monde grec, Paris 1996.
SUDER, WIESLAW, Census populi. Bibliographie de la démographie de l'antiquité romaine, Bonn 1988.

BAGNALL, ROGER S./BRUCE W. FRIER, The Demography of Roman Egypt, Cambridge 1994.
BISEL, SARA C./JANE BISEL, Health and Nutrition at Herculaneum: An Examination of Human Skeletal Remains, in: JASHEMSKI, WILHELMINA F./FREDERICK G. MEYER (Hrsg.), The Natural History of Pompeii, Cambridge 2002, 451–475.
BOYAVAL, BERNARD, Remarques à propos des indications d'âges des étiquettes de momies, in: ZPE 18, 1975, 49–74.
BRESSON, ALAIN, Démographie grecque ancienne et modèles statistiques, in: RELO 21, 1985, 7–34.
CAPASSO, LUIGI u. a., Die Flüchtlinge am Strand. Die Untersuchungen der Skelette aus den Bootshäusern, in: MÜHLENBROCK, JOSEF/DIETER RICHTER (Hrsg.), Verschüttet vom Vesuv. Die letzten Stunden von Herculaneum, Mainz 2005, 45–55.
CLAUSS, MANFRED, Probleme der Lebensalterstatistiken aufgrund römischer Grabinschriften, in: Chiron 3, 1973, 395–417.

CORVISIER, JEAN-NICOLAS/WIESLAW SUDER, La population de l'antiquité classique, Paris 2000.
ENGELS, DONALD, The Use of Demography in Ancient History, in: CQ 34, 1984, 386–393.
FRIER, BRUCE W., Demography, in: The Cambridge Ancient History 11. The High Empire, A. D. 70–192, Cambridge 2000, 787–816.
FRIER, BRUCE W., More is Worse: Some Observations on the Population of the Roman Empire, in: SCHEIDEL, Debating, 139–159.
FRIER, BRUCE W., Natural Fertility and Family Limitation in Roman Marriage, in: CPh 89, 1994, 318–333.
FRIER, BRUCE W., Roman Life Expectancy. Ulpian's Evidence, in: HSPh 86, 1982, 212–251.
GOLDEN, MARK, A Decade of Demography, in: Polis & Politics. Studies in Ancient Greek History Presented to M. H. Hansen, Kopenhagen 2000, 23–40.
HINARD, FRANÇOIS (Hrsg.), La mort, les morts et l'au-delà dans le monde romain, Caen 1987.
HOPKINS, KEITH, Graveyards for Historians, in: HINARD, Mort, 113–126.
HOPKINS, KEITH, On the Probable Age Structure of the Roman Population, in: Population Studies 20, 1966/67, 245–264.
LASSÈRE, JEAN-MARIE, Difficultés de l'estimation de la longévité – Questions de méthode, in: HINARD, Mort, 91–97.
LO CASCIO, ELIO, Le procedure di *recensus* dalla tarda reppublica al tardo antico e il calcolo della populazione di Roma, in: La Rome impériale: Démographie et logistique, Rom 1997, 3–76.
MACMULLEN, RAMSAY, The Epigraphic Habit in the Roman Empire, in: AJPh 103, 1982, 233–246.
MEYER, ELIZABETH, Explaining the Epigraphic Habit in the Roman Empire, in: JRS 80, 1990, 74–96.
PARKIN, TIM G., Demography and Roman Society, Baltimore/London 1992.
PARKIN, TIM G., Old Age in the Roman World, Baltimore/London 2003.
RAEPSAET, GEORGES, A propos de l'utilisation de statistiques en démographie grecque. Le nombre d'enfants par famille, in: AC 42, 1973, 536–543.
SALLARES, ROBERT, The Ecology of the Ancient Greek World. Ithaca 1991.
SALMON, PIERRE, Les insuffisances du matériel épigraphique sur la mortalité dans l'antiquité romaine, in: HINARD, Mort, 99–112.
SALMON, PIERRE, La limitation des naissances dans la société romaine, Brüssel 1999.
SAMUEL, A. E. u. a., Death and Taxes. Ostraka in the Royal Ontario Museum, Toronto 1971.
SCHEIDEL, WALTER, Death on the Nile. Disease and the Demography of Roman Egypt, Leiden 2001.

SCHEIDEL, WALTER (Hrsg.), Debating Roman Demography, Leiden/Boston/Köln 2001.
SCHEIDEL, WALTER, Gräberstatistik und Bevölkerungsgeschichte: Attika im achten Jahrhundert, in: ROLLINGER, ROBERT/CHRISTOPH ULF (Hrsg.), Griechische Archaik, Berlin 2004, 177–186.
SCHEIDEL, WALTER, The Greek Demographic Expansion: Models and Comparisons, in: JHS 123, 2003, 120–140.
SCHEIDEL, WALTER, Libitina's Bitter Gains: Seasonal Mortality and Endemic Disease in the Ancient City of Rome, in: AncSoc 25, 1994, 151–175.
SCHEIDEL, WALTER, Measuring Sex, Age and Death in the Roman Empire. Explorations in Ancient Demography, Ann Arbor 1996.
SCHEIDEL, WALTER, Progress and Problems in Roman Demography, in: DERS., Debating, 1–81.
SCHEIDEL, WALTER, Roman Age Structure: Evidence and Models, in: JRS 91, 2001, 1–26.
SCOBIE, ALEX, Slums, Sanitation, and Mortality in the Roman World, in: Klio 68, 1986, 399–433.
SHAW, BRENT D., The Seasonal Birthing Cycle of Roman Women, in: SCHEIDEL, Debating, 83–110.
SHAW, BRENT D., Seasons of Death. Aspects of Mortality in Ancient Rome, in: JRS 86, 1996, 100–138.
STOREY, GLENN R./RICHARD R. PAINE, Latin Funerary Inscriptions. Another Attempt at Demographic Analysis, in: 11. Congresso internazionale di epigrafia greca et latina, Rom 1999, 847–862.
VESTERGAARD, TORBEN u. a., The Age-Structure of Athenian Citizens Commemorated in Sepulchral Inscriptions, in: C & M 43, 1992, 5–21.
VIRLOUVET, CATHERINE, Existait-il des registres de décès à Rome au Ier siècle apr. J.-C.?, in: La Rome impériale: Démographie et logistique, Rom 1997, 77–88.
WIERSCHOWSKI, LOTHAR, Art. Demographie, in: Mensch und Landschaft in der Antike. Lexikon der historischen Geographie, Stuttgart 1999, 94–97.
WIERSCHOWSKI, LOTHAR, Die historische Demographie – ein Schlüssel zur Geschichte?, in: Klio 76, 1994, 355–380.

3. Haus und Familie in archaischer Zeit

3.1 Die wirtschaftliche Grundlage des Hauses

AMOURETTI, MARIE-CLAIRE, L'agriculture de la Grèce antique. Bilan des recherches de la dernière décennie, in: Topoi 4, 1994, 69–93.
AMOURETTI, MARIE-CLAIRE, Le pain et l'huile dans la Grèce antique. De l'araire au moulin, Paris 1986.

AMOURETTI, MARIE-CLAIRE, Paysage et alimentation dans le monde grec antique: conclusion, in: Pallas 52, 2000, 221–228.
AMOURETTI, MARIE-CLAIRE, Les ressources végétales méconnues de la *chôra*, in: BRUNET, MICHÈLE (Hrsg.), Territoires des cités grecques, Athen/Paris 1999, 357–369.
AMOURETTI, MARIE-CLAIRE, Les rythmes agraires dans la Grèce antique, in: CAUVIN, MARIE-CLAIRE (Hrsg.), Rites et rythmes agraires, Lyon/Paris 1991, 119–126.
BRAUN, THOMAS, Barley Cakes and Emmer Bread, in: WILKINS, JOHN u. a. (Hrsg.), Food in Antiquity, Exeter 1995, 25–37.
BURFORD, ALISON, Land and Labour in the Greek World, Baltimore/London 1993.
CORVISIER, JEAN-NICOLAS, Le bilan des land surveys pour la Grèce, in: CHANDEZON, CHRISTOPHE/CHRISTINE HAMDOUME (Hrsg.), Les hommes et la terre dans la méditerranée gréco-romaine, Toulouse 2004, 15–33.
DESCAT, RAYMOND, L'acte et l'effort. Une idéologie du travail en Grèce ancienne ($8^{\text{ème}}$-$5^{\text{ème}}$ siècle av. J. C.), Besançon 1986.
FISCHER, JOSEF, Nahrungsmittel in den Linear B-Täfelchen, in: Chiron 33, 2003, 175–194.
FORBES, HAMISH/LIN FOXHALL, Ethnoarchaeology and Storage in the Ancient Mediterranean, in: WILKINS, JOHN u. a. (Hrsg.), Food in Antiquity, Exeter 1995, 69–86.
GALLANT, THOMAS W., Risk and Survival in Ancient Greece. Reconstructing the Rural Domestic Economy, Cambridge 1991.
GARNSEY, PETER, Famine and Food Supply in the Graeco-Roman World, Cambridge 1988.
GARNSEY, PETER, Food and Society in Classical Antiquity, Cambridge 1999.
GARNSEY, PETER, Yield of the Land, in: WELLS, Agriculture, 147–153.
GRASSL, HERBERT, Zur materiellen Situation der arbeitenden Frauen im Altertum, in: ULF, CHRISTOPH (Hrsg.), Ideologie – Sport – Außenseiter, Innsbruck 2000, 243–253.
HALSTEAD, PAUL, Traditional and Ancient Rural Economy in Mediterranean Europe. Plus ça change?, in: JHS 107, 1987, 77–87.
HALSTEAD, PAUL/GLYNIS JONES, Agrarian Ecology in the Greek Islands. Time, Stress, Scale and Risk, in: JHS 109, 1989, 41–55.
HENNIG, DIETER, Grundbesitz bei Homer und Hesiod, in: Chiron 10, 1980, 35–52.
HODKINSON, STEPHEN, Animal Husbandry in the Greek Polis, in: WHITTAKER, CHARLES R. (Hrsg.), Pastoral Economies in Classical Antiquity, Cambridge 1988, 35–74.
ISAGER, SIGNE/JENS E. SKYDSGAARD, Ancient Greek Agriculture. An Introduction, London/New York 1992.
JAMESON, MICHAEL H., Agricultural Labor in Ancient Greece, in: WELLS, Agriculture, 135–146.

NOACK-HILGERS, BEATE, Die Kunst des Pflügens, in: HERZ, PETER/GERHARD WALDHERR (Hrsg.), Landwirtschaft im Imperium Romanum, St. Katharinen 2001, 157–203.
OSBORNE, JOHN, Classical Landscape with Figures. The Ancient Greek City and its Countryside, London 1987.
RICHTER, WILL, Die Landwirtschaft im homerischen Zeitalter. Archaeologia Homerica II H, Göttingen 1968.
SARPAKI, ANAYA, The Palaeoethnobotanical Approach. The Mediterranean Triad or Is It a Quartet?, in: WELLS, Agriculture, 61–76.
SCHNEIDER, HELMUTH (/DIETER HÄGERMANN), Landbau und Handwerk 750 v. Chr. bis 1000 n. Chr. Propyläen Technikgeschichte, Berlin 1991.
WELLS, BERIT (Hrsg.), Agriculture in Ancient Greece, Stockholm 1992.

3.2 Die Hausgemeinschaft

ANDREEV, JURIJ V., Die homerische Gesellschaft, in: Klio 70, 1988, 5–85.
ARTHUR, MARYLIN B., Early Greece: The Origins of the Western Attitude toward Women, in: Women in Antiquity. Arethusa 6,1, 1973, 7–58 (= PERADOTTO, JOHN J./JOHN P., SULLIVAN [Hrsg.], Women in the Ancient World. The Arethusa Papers, New York 1984).
BIRCHLER, PATRIZIA, L' iconographie de la vieillesse en Grèce archaique, Genf 2004.
BRANDT, HARTWIN, Wird auch silbern mein Haar. Eine Geschichte des Alters in der Antike, München 2002.
BYL, SIMON, Lamentations sur la vieillesse chez Homère et les poètes lyriques du VIIème et VIème siècles, in: LEC 44, 1976, 234–244.
CALAME, CLAUDE, L' Éros dans la Grèce antique, Paris ^{2}2002.
CONTIADES-TSITSONI, ELENI, Hymenaios und Epithalamion. Das Hochzeitslied in der frühgriechischen Lyrik, Stuttgart 1990.
FALKNER, THOMAS M., The Poetics of Old Age in Greek Epic, Lyric, and Tragedy, Norman 1995.
FATHEUER, THOMAS, Ehre und Gerechtigkeit, Münster 1988.
FINLEY, MOSES I., Marriage, Sale, and Gift in the Homeric World, in: RIDA 2, 1955, 167–194 (= DERS., Economy and Society in Ancient Greece, London 1981, 233–245).
FINLEY, MOSES I., Die Welt des Odysseus, München 1979 (engl. ^{2}1978).
FLAIG, EGON, Tödliches Freien. Penelopes Ruhm, Telemachs Status und die sozialen Normen, in: Historische Anthropologie 3, 1995, 364–388.
HANSON, VICTOR DAVIS, The Other Greeks. The Family Farm and the Agrarian Roots of Western Civilization, New York u. a. 1995.
INGALLS, WAYNE B., Attitudes towards Children in the Iliad, in: EMC 42, 1998, 13–34.
LATACZ, JOACHIM, Frauengestalten bei Homer, in: Die Frau in der Gesellschaft. Humanistische Bildung 11, Stuttgart 1987, 43–71.

LEDUC, CLAUDINE, Heirat im antiken Griechenland, in: SCHMITT-PANTEL, PAULINE (Hrsg.), Geschichte der Frauen 1, Frankfurt a. M. 1997, 263–320.

MARTIN, JOCHEN, Zur Stellung des Vaters in antiken Gesellschaften, in: SÜSSMUTH, HANS (Hrsg.), Historische Anthropologie, Göttingen 1984, 84–109.

MAURITSCH, PETER, Sexualität im frühen Griechenland, Wien etc. 1992.

MINOIS, GEORGES, History of Old Age. From Antiquity to the Renaissance, Cambridge/Oxford 1989 (franz. 1987).

NAEREBOUT, FRITS G., Male-Female Relationships in the Homeric Epics, in: BLOK, JOSINE/PETER MASON (Hrsg.), Sexual Asymmetry, Amsterdam 1987, 109–146.

OAKLEY, JOHN H./REBECCA H. SINOS, The Wedding in Ancient Athens, Madison 1993.

PARKIN, TIM, Ageing in Antiquity. Status and Participation, in: JOHNSON, PAUL/PAT THANE (Hrsg.), Old Age from Antiquity to Post-Modernity, London/New York 1998, 19–42.

PERYSINAKIS, IOANNIS NIKOLAOS, Penelope's ἕεδνα again, in: CQ 91, 1991, 297–302.

PFISTERER-HAAS, SUSANNE, Mädchen und Frauen am Wasser, in: JbDAI 117, 2002, 1–79.

PRATT, LOUISE H., The Old Women of Ancient Greece and the Homeric Hymn to Demeter, in: TAPhA 130, 2000, 41–65.

PREISSHOFEN, FELIX, Untersuchungen zur Darstellung des Greisenalters in der frühgriechischen Dichtung, Göttingen 1977.

RAAFLAUB, KURT A., Homeric Society, in: MORRIS, IAN/BARRY POWELL (Hrsg.), A New Companion to Homer, Leiden u. a. 1997, 624–648.

REINSBERG, CAROLA, Ehe, Hetärentum und Knabenliebe im antiken Griechenland, München ²1993.

QUERBACH, CARLYN A., Conflicts Between Young and Old in Homer's *Iliad*, in: BERTRAM, STEPHEN (Hrsg.), The Conflict of Generations in Ancient Greece and Rome, Amsterdam 1976, 55–64.

SCHEIDEL, WALTER, Feldarbeit von Frauen in der antiken Landwirtschaft, in: Gymnasium 97, 1990, 405–431.

SCHEIDEL, WALTER, Frau und Landarbeit in der Alten Geschichte, in: SPECHT, EDITH (Hrsg.), Nachrichten aus der Zeit. Ein Streifzug durch die Frauengeschichte des Altertums, Wien 1992, 195–235.

SIURLA-THEODORIDOU, VASILIKI, Die Familie in der griechischen Kunst und Literatur des 8. bis 6. Jahrhunderts v. Chr., München 1989.

SNODGRASS, ANTHONY M., An Historical Homeric Society?, in: JHS 94, 1974, 114–125.

STEHLE, EVA, Performance and Gender in Ancient Greece, Princeton 1997.

STRASBURGER, HERMANN, Der soziologische Aspekt der homerischen Epen, in: Gymnasium 60, 1953, 97–114.

TANDY, DAVID W./WALTER C. NEALE, Hesiod's *Works and Days*, Berkeley u. a. 1996.
ULF, CHRISTOPH, Die homerische Gesellschaft, München 1990.
WAGNER-HASEL, BEATE, Geschlecht und Gabe. Zum Brautgütersystem bei Homer, in: ZRG 105, 1988, 32–73.
WEINSANTO, MARC, L'évolution du mariage de l'Iliade à l'Odyssee, in: LÉVY, EDMOND (Hrsg.), La femme dans les sociétés antiques, Strasbourg 1983, 45–58.
WICKERT-MICKNAT, GISELA, Die Frau. Archaeologia Homerica III R, Göttingen 1982.
WICKERT-MICKNAT, GISELA, Frauen im archaischen und klassischen Griechenland, in: Gymnasium 98, 1991, 343–351.

3.3 Sklaven und Gesinde

BELLEN, HEINZ/HEINZ HEINEN (Hrsg.), Bibliographie zur antiken Sklaverei, Stuttgart 2002.

BERINGER, WALTER, ‚Servile Status' in the Sources for Early Greek History, in: Historia 31, 1982, 13–32.
FERNÁNDEZ NIETO, FRANCISCO J., Die Freilassung von Sklaven in homerischer Zeit, in: DERS. (Hrsg.), Symposion 1982. Akten der Gesellschaft für griechische und hellenistische Rechtsgeschichte 5, Köln/Wien 1989, 21–29.
GSCHNITZER, FRITZ, Studien zur griechischen Terminologie der Sklaverei 2. Untersuchungen zur älteren, insbesondere homerischen Sklaventerminologie, Wiesbaden 1976.
LENCMAN, JAKOV A., Die Sklaverei im mykenischen und homerischen Griechenland, Wiesbaden 1966.
SCHUMACHER, LEONHARD, Sklaverei in der Antike, München 2001.
WEILER, INGOMAR, Die Beendigung des Sklavenstatus im Altertum, Stuttgart 2003.
WESTERMANN, WILLIAM L., Art. Sklaverei, in: RE Suppl. VI (1935), 894–1068.
WESTERMANN, WILLIAM L., The Slave Systems of the Greek and Roman Antiquity, Philadelphia 1955.
WICKERT-MICKNAT, GISELA, Unfreiheit im Zeitalter der homerischen Epen, Wiesbaden 1983.
WICKERT-MICKNAT, GISELA, Unfreiheit in der frühgriechischen Gesellschaft, in: Historia 35, 1986, 129–146.

3.4 Tod und Bestattung

HERFORT-KOCH, MARLENE, Tod, Totenfürsorge und Jenseitsvorstellungen in der griechischen Antike. Eine Bibliographie, München 1992.

AHLBERG, GUDRUN, Prothesis and Ekphora in Greek Geometric Art, Göteborg 1971.
ALEXIOU, MARGARET, The Ritual Lament in Greek Tradition, Cambridge ²2002.
ANDRONIKOS, MANOLIS, Totenkult. Archaeologia Homerica III W, Göttingen 1968.
BERNHARDT, RAINER, Luxuskritik und Aufwandsbeschränkungen in der griechischen Welt, Stuttgart 2003.
BOARDMAN, JOHN, Painted Funerary Plaques and Some Remarks on Prothesis, in: ABSA 50, 1955, 51–66.
ENGELS, JOHANNES, *Funerum sepulcrorumque magnificentia.* Begräbnis- und Grabluxusgesetze in der griechisch-römischen Welt, Stuttgart 1998.
GARLAND, ROBERT, The Well-Ordered Corpse: An Investigation into the Motives Behind Greek Funerary Legislation, in: BICS 36, 1989, 1–15.
GARLAND, ROBERT, The Greek Way of Death, New York 1985.
KNIGGE, URSULA, Der Kerameikos von Athen, Athen 1988.
KURTZ, DONNA C./JOHN BOARDMAN, Thanatos. Tod und Jenseits bei den Griechen, Mainz 1985 (engl. 1971).
MOMMSEN, HEIDE, Exekias I. Die Grabtafeln, Mainz 1997.
MORRIS, IAN, Death-Ritual and Social Structure in Classical Antiquity, Cambridge 1992.
TOHER, MARK, The Tenth Table and the Conflict of the Orders, in: RAAFLAUB, KURT A. (Hrsg.), Social Struggles in Archaic Rome, Berkeley u. a. 1986, 301–326.
ZSCHIETZSCHMANN, WILLY, Die Darstellungen der Prothesis in der griechischen Kunst, in: MDAI(A) 53, 1928, 17–47.

3.5 Das Haus. Wohnung und Arbeitsstätte

HÖCKER, CHRISTOPH, Art. Haus II., in: DNP 5, 1998, 200–210.
LANG, FRANZISKA, Archaische Siedlungen in Griechenland: Struktur und Entwicklung, Berlin 1996.
LANG, FRANZISKA, Minoische, mykenische und geometrische Zeit, in: HOEPFNER, WOLFRAM (Hrsg.), Geschichte des Wohnens 1, 5000 v. Chr.-500 n. Chr., Stuttgart 1999, 87–122.
SCHATTNER, THOMAS G., Griechische Hausmodelle: Untersuchungen zur frühgriechischen Architektur, Berlin 1990.

3.6 Die Integration des Hauses in die Gesellschaft

BREMMER, JAN N., Adolescents, *Symposion*, and Pederasty, in: MURRAY, OSWYN (Hrsg.), Sympotica. A Symposium on the Symposion, Oxford 1990, 135–148.
FOXHALL, LIN, A View from the Top. Evaluating the Solonian Property Classes, in: MITCHELL, LYNETTE G./PETER J. RHODES (Hrsg.), The Development of the *Polis* in Archaic Greece, London/New York 1997, 113–136.
GERNET, LOUIS, Mariages de tyrans, in: ders., Anthropologie de la Grèce antique, Paris 1968, 344–359 (zuerst 1954).
HAMMER, DEAN C., Ideology, the Symposium, and Archaic Politics, in: AJPh 125, 2004, 479–512.
HERMAN, GABRIEL, Ritualised Friendship and the Greek City, Cambridge 1987.
HÖLKESKAMP, KARL-JOACHIM, Schiedsrichter, Gesetzgeber und Gesetzgebung im archaischen Griechenland, Stuttgart 1999.
HUBBARD, THOMAS, Pindar's *Tenth Olympian* and Athlete-Trainer Pederasty, in: VERSTRAETE/PROVENCAL, Same-Sex Desire, 137–171.
KONSTAN, DAVID, Friendship in the Classical World, Cambridge 1997.
MANN, CHRISTIAN, Athlet und Polis im archaischen und frühklassischen Griechenland, Göttingen 2001.
MARTIN, JOCHEN, Von Kleisthenes zu Ephialtes, in: Chiron 4, 1974, 5–42.
MARTINA, ANTONIO, Solon. Testimonia veterum, Rom 1968.
MILLETT, PAUL, Hesiod and his World, in: PCPhS 210, 1984, 84–115.
MURRAY, OSWYN, The Symposion as Social Organisation, in: HÄGG, ROBIN (Hrsg.), The Greek Renaissance of the Eighth Century B.C., Stockholm 1983, 195–199.
PERCY, WILLIAM A., Reconsiderations about Greek Homosexualities, in: VERSTRAETE/PROVENCAL, Same-Sex Desire, 13–61.
RAAFLAUB, KURT A., Homer to Solon: The Rise of the Polis, in: HANSEN, MOGENS HERMAN (Hrsg.), The Ancient Greek City-State, Kopenhagen 1993, 41–105.
RUSCHENBUSCH, EBERHARD, *Sólonos nómoi*. Die Fragmente des solonischen Gesetzeswerkes, Wiesbaden 1966 (Ndr. 1983).
SCANLON, THOMAS F., The Dispersion of Pederasty and the Athletic Revolution in Sixth-Century BC Greece, in: VERSTRAETE/PROVENCAL, Same-Sex Desire, 63–85.
SCHMITZ, WINFRIED, Nachbarschaft und Dorfgemeinschaft im archaischen und klassischen Griechenland, Berlin 2004 (vgl. DERS. in: HZ 268, 1999, 561–597).
SCHNEIDER, THOMAS, Félix Bourriots Recherches sur la nature du génos und Denis Roussels Tribu et cité in der althistorischen Forschung der Jahre 1977–1989, in: Boreas 14/15, 1991/92, 15–31.

SEAFORD, RICHARD, Reciprocity and Ritual. Homer and Tragedy in the Developing City-State, Oxford 1994.
SPAHN, PETER, ‚Freundschaft' und ‚Gesellschaft' bei Homer, in: LUTHER, ANDREAS (Hrsg.), Geschichte und Fiktion in der homerischen *Odyssee*, München 2006, 163–216.
SPAHN, PETER, Individualisierung und politisches Bewußtsein im archaischen Griechenland, in: RAAFLAUB, KURT (Hrsg.), Anfänge politischen Denkens in der Antike, München 1993, 343–363.
SPAHN, PETER, Oikos und Polis. Beobachtungen zum Prozeß der Polisbildung bei Hesiod, Solon und Aischylos, in: HZ 231, 1980, 529–564.
STEIN-HÖLKESKAMP, ELKE, Adel und Volk bei Theognis, in: EDER, WALTER/ KARL-JOACHIM HÖLKESKAMP (Hrsg.), Volk und Verfassung im vorhellenistischen Griechenland, Stuttgart 1997, 21–35.
STEIN-HÖLKESKAMP, ELKE, Adelskultur und Polisgesellschaft, Stuttgart 1989.
ULF, CHRISTOPH, Gemeinschaftsbezug, soziale Stratifizierung, Polis, in: PAPENFUSS, DIETRICH/VOLKER M. STROCKA (Hrsg.), Gab es das Griechische Wunder? Griechenland zwischen dem Ende des 6. und der Mitte des 5. Jahrhunderts v. Chr., Mainz 2001, 163–186.
VERSTRAETE, BEERT C./VERNON PROVENCAL (Hrsg.), Same-Sex Desire and Love in Greco-Roman Antiquity and in the Classical Tradition of the West, New York u. a. 2005.
WEES, HANS VAN, Greed, Generosity and Gift-Exchange in Early Greece and the Western Pacific, in: JONGMAN, WILLEM/MARC KLEIJWEGT (Hrsg.), After the Past. Essays in Ancient History in Honour of H. W. Pleket, Leiden u. a. 2002, 341–376.
WINTERLING, ALOYS, Die Männergesellschaften im archaischen Griechenland, in: Universitas 45, 1990, 717–727.

4. Haus und Familie im klassischen Athen

4.1 Die wirtschaftliche Grundlage des Hauses

CHANDEZON, CHRISTOPHE, L'élevage en Grèce (fin V^e-fin Ier siècle a.C.). L'apport des sources épigraphiques, Bordeaux/Paris 2003.
EHRENBERG, VICTOR, Aristophanes und das Volk von Athen, Zürich/ Stuttgart 1968 (engl. ^{3}1962).
FOXHALL, LIN, Small, Rural Farmstead Sites in Ancient Greece, in: KOLB, FRANK (Hrsg.), Chora und Polis, München 2004, 249–270.
FOXHALL, LIN, The Control of the Attic Landscape, in: 3.1: WELLS, Agriculture, 155–159.
FOXHALL, LIN/HAMISH A. FORBES, Σιτομετρεία: The Role of Grain as a Staple Food in Classical Antiquity, in: Chiron 12, 1982, 41–90.

GARNSEY, PETER, Mountain Economies in Southern Europe, in: DERS., Cities, Peasants and Food in Classical Antiquity, Cambridge 1998, 166–179.
HARRIS, EDWARD M., Workshop, Marketplace and Household, in: CARTLEDGE, PAUL u. a. (Hrsg.), Money, Labour and Land. Approaches to the Economies of Ancient Greece, London/New York 2002, 67–99.
HERFST, PIETER, Le travail de la femme dans la Grèce ancienne, Utrecht 1922.
JAMESON, MICHAEL H., Sacrifice and Animal Husbandry in Classical Greece, in: WHITTAKER, CHARLES R. (Hrsg.), Pastoral Economies in Classical Antiquity, Cambridge 1988, 87–119.
LANG, FRANZISKA, Landwirtschaft, in: Die griechische Klassik. Idee oder Wirklichkeit. Ausstellungskat. Berlin/Bonn, Berlin/Mainz 2002, 452–457.
LOHMANN, HANS, Agriculture and Country Life in Classical Attica, in: 3.1: WELLS, Agriculture, 29–60.
LOHMANN, HANS, Atene. Forschungen zur Siedlungs- und Wirtschaftsstruktur des klassischen Attika, Köln 1993.
LOHMANN, HANS, Zur Prosopographie und Demographie der attischen Landgemeinde Atene, in: OLSHAUSEN, ECKART/HOLGER SONNABEND (Hrsg.), Stuttgarter Kolloquium zur Historischen Geographie des Altertums, Bonn 1991, 203–258.
MOSSÉ, CLAUDE, Homo oeconomicus, in: VERNANT, JEAN-PIERRE (Hrsg.), Der Mensch der griechischen Antike, Frankfurt a. M. 1993, 31–62.
OSBORNE, ROBIN, Demos: The Discovery of Classical Attika, Cambridge 1985.
OSBORNE, ROBIN, 'Is It a Farm?' The Definition of Agricultural Sites and Settlements in Ancient Greece, in: 3.1: WELLS, Agriculture, 21–27.
SCHOLTEN, HELGA, Die Bewertung körperlicher Arbeit in der Antike, in: AncSoc 33, 2003, 1–22.

4.2 Kindheit, Jugend und Erziehung

KARRAS, MARGRET/JOSEF WIESEHÖFER, Kindheit und Jugend in der Antike. Eine Bibliographie, Bonn 1981.

BECK, FREDERICK A. G., Album of Greek Education. The Greeks at School and Play, Sydney 1975.
BECK, FREDERICK A. G., Greek Education 450–350 B. C., London 1964.
CHARLIER, MARIE-THÉRÈSE/GEORGES RAEPSAET, Etude d'un comportement social. Les relations entre parents et enfants dans la société athénienne à l'époque classique, in: AC 40, 1971, 589–606.
DEISSMANN-MERTEN, MARIELUISE, Zur Sozialgeschichte des Kindes im antiken Griechenland, in: MARTIN, JOCHEN/AUGUST NITSCHKE (Hrsg.), Zur Sozialgeschichte der Kindheit, Freiburg/München 1986, 267–316.

DICKMANN, JENS-ARNE, Das Kind am Rande. Konstruktionen des Nicht-Erwachsenen in der attischen Gesellschaft, in: VON DEN HOFFT, RALF/ STEFAN SCHMIDT (Hrsg.), Konstruktionen von Wirklichkeit, Stuttgart 2001, 173–181.
ENGELS, DONALD, The Problem of Female Infanticide in the Greco-Roman World, in: CPh 75, 1980, 112–120.
EYBEN, EMIEL, Family Planning in Graeco-Roman Antiquity, in: AncSoc 11, 1980, 5–82.
GOLDEN, MARK, Children and Childhood in Classical Athens, Baltimore 1990.
GOLDEN, MARK, Did the Ancients Care when their Children Died?, in: G & R 35, 1988, 152–163.
GOLDEN, MARK, *Pais*, Child and Slave, in: AC 54, 1985, 91–104.
MARROU, HENRI-IRENÉE, Geschichte der Erziehung in der Antike, Freiburg/ München 1957 (Ndr. 1977).
OGDEN, DANIEL, The Crooked Kings of Ancient Greece, London 1997.
OLDENZIEL, RUTH, The Historiography of Infanticide in Antiquity, in: BLOK, JOSINE/PETER MASON (Hrsg.), Sexual Asymmetry, Amsterdam 1987, 87–107.
PATTERSON, CYNTHIA, „Not Worth the Rearing". The Causes of Infant Exposure in Ancient Greece, in: TAPhA 115, 1985, 103–123.
RÜHFEL, HILDE, Das Kind in der griechischen Kunst, Mainz 1984.
RÜHFEL, HILDE, Kinderleben im klassischen Athen. Bilder auf klassischen Vasen, Mainz 1984.
SCHMITZ, WINFRIED, Gewalt in Haus und Familie, in: FISCHER, GÜNTER/ SUSANNE MORAW (Hrsg.), Die andere Seite der Klassik, Stuttgart 2005, 103–128.
STRAUSS, BARRY, Fathers and Sons in Athens, London 1993.

4.3 Heirat und Ehe. Die Position der Ehefrau im Haus

POMEROY, SARAH B., Selected Bibliography on Women in Antiquity, in: Arethusa 6, 1973, 125–157.
VÉRILHAC, ANNE-MARIE/CLAUDE VIAL, La femme dans le monde méditerranéen 2. La femme grecque et romaine. Bibliographie, Lyon 1990.

ARIÈS, PHILIPPE, Liebe in der Ehe, in: DERS./ANDRÉ BÉJIN (Hrsg.), Die Masken des Begehrens und die Metamorphosen der Sinnlichkeit, Frankfurt a. M. 1984 (franz. 1982), 165–175.
BLOK, JOSINE, Sexual Asymmetry. A Historiographical Essay, in: DIES./ PETER MASON (Hrsg.), Sexual Asymmetry, Amsterdam 1987, 1–57.
BLUNDELL, SUE, Women in Ancient Greece, London 1995.

BOEGEHOLD, ALAN L., Perikles' Citizenship Law of 451/0 B.C., in: DERS./ ADELE C. SCAFURO (Hrsg.), Athenian Identity and Civic Ideology, Baltimore/London 1994, 57–66.

BROCK, ROGER, The Labour of Women in Classical Athens, in: CQ 44, 1994, 336–346.

CANTARELLA, EVA, Pandora's Daughters. The Role and Status of Women in Greek and Roman Antiquity, Baltimore/London 1987 (zuerst 1981).

CANTARELLA, EVA, *Moicheia*. Reconsidering a Problem, in: GAGARIN, MICHAEL (Hrsg.), Symposion 1990. Akten der Gesellschaft für griechische und hellenistische Rechtsgeschichte 8, Köln/Weimar/Wien 1991, 289–296.

CAREY, CHRISTOPHER, Rape and Adultery in Athenian Law, in: CQ 45, 1995, 407–417.

COHEN, DAVID, Consent and Sexual Relations in Classical Athens, in: LAIOU, ANGELIKI E. (Hrsg.), Consent and Coercion to Sex and Marriage in Ancient and Medieval Societies, Washington/Dumbarton Oaks 1993, 5–16.

COHEN, DAVID, Law, Sexuality, and Society. The Enforcement of Morals in Classical Athens, Cambridge 1991.

COHN-HAFT, LOUIS, Divorce in Classical Athens, in: JHS 115, 1995, 1–14.

COLE, SUSAN G., Greek Sanctions against Sexual Assault, in: CPh 79, 1984, 97–113.

COX, CHERYL A., Household Interests. Property, Marriage Strategies, and Family Dynamics in Ancient Athens, Princeton 1998.

DOBLHOFER, GEORG, Vergewaltigung in der Antike, Stuttgart/Leipzig 1994.

EBOTT, MARY, Imagining Illegitimacy in Classical Greek Literature, Lanham 2003.

FITTON BROWN, ANTHONY D., The Contribution of Women to Ancient Greek Agriculture, in: LCM 9, 1984, 71–74.

GOULD, JOHN, Law, Custom and Myth: Aspects of the Social Position of Women in Classical Athens, in: JHS 100, 1980, 38–59.

HARTMANN, ELKE, Heirat, Hetärentum und Konkubinat im klassischen Athen, Frankfurt a. M./New York 2002.

HARTMANN, ELKE, Heirat und Bürgerstatus in Athen, in: SPÄTH, THOMAS/ BEATE WAGNER-HASEL (Hrsg.), Frauenwelten in der Antike, Stuttgart/ Weimar 2000, 16–31.

HUMPHREYS, SALLY C., The Family, Women and Death. Comparative Studies, Ann Arbor ^{2}1993.

HUMPHREYS, SALLY C., The Nothoi of Kynosarges, in: JHS 94, 1974, 88–95.

HUMPHREYS, SALLY C., Women in Antiquity, in: DIES., Family, 33–57.

JUST, ROGER, Women in Athenian Law and Life, London 1989.

KOSMOPOULOU, ANGELIKI, "Working women": Female Professionals on Classical Attic Gravestones, in: ABSA 96, 2001, 281–319.

LEDUC, CLAUDINE, Heirat im antiken Griechenland, in: SCHMITT-PANTEL, PAULINE (Hrsg.), Geschichte der Frauen 1, Frankfurt a. M. 1997 (ital. 1990), 263–320.
LEFKOWITZ, MARY R., Die Töchter des Zeus. Frauen im alten Griechenland, München 1992 (engl. 1986).
LEFKOWITZ, MARY R./M. B. FANT, Women in Greece and Rome, Toronto 1977.
LÖHR, CHRISTOPH, Griechische Familienweihungen, Rahden 2000.
LORAUX, NICOLE, L'invention d'Athènes, Paris 1981.
MACDOWELL, DOUGLAS, The *Oikos* in Athenian Law, in: CQ 39, 1989, 10–21.
OGDEN, DANIEL, Greek Bastardy in the Classical and Hellenistic Periods, Oxford 1996.
OGDEN, DANIEL, Rape, Adultery and the Protection of Bloodlines in Classical Athens, in: DEACY, SUSAN/KAREN F. PIERCE (Hrsg.), Rape in Antiquity, London 1997, 25–41.
OMITOWOJU, ROSANNA, Rape and the Politics of Consent in Classical Athens, Cambridge 2002.
PATTERSON, CYNTHIA B., Marriage and the Married Woman in Athenian Law, in: POMEROY, SARAH B. (Hrsg.), Women's History and Ancient History, Chapel Hill 1991, 48–72.
PODLECKI, ANTHONY J., Pericles and his Circle, London u. a. 1998.
RAWSON, BERYL, From ‚Daily Life' to ‚Demography', in: HAWLEY, RICHARD/ BARBARA LEVICK (Hrsg.), Women in Antiquity. New Assessments, London/New York 1995, 1–20.
REINSBERG, CAROLA, Ehe, Hetärentum und Knabenliebe im antiken Griechenland, München ²1993.
SCHAPS, DAVID M., Economic Rights of Women in Ancient Greece, Edinburgh 1979.
SCHEER, TANJA, Forschungen über die Frau in der Antike, in: Gymnasium 107, 2000, 143–172.
SCHMITT-PANTEL, PAULINE, Die Differenz der Geschlechter, in: PERROT, MICHELLE (Hrsg.), Geschlecht und Geschichte, Frankfurt a. M. 1989, 199–252 (franz. 1984).
SCHMITZ, WINFRIED, Die antiken Menschen in ihren Nahbeziehungen. Griechenland, in: WIRBELAUER, ECKHARD (Hrsg.), Oldenbourg Geschichte Lehrbuch. Antike, München 2004, 143–161.
SCHMITZ, WINFRIED, Der *nomos moicheias* – Das athenische Gesetz über den Ehebruch, in: ZRG 114, 1997, 45–140.
SCHNURR-REDFORD, CHRISTINE, Frauen im klassischen Athen. Sozialer Raum und reale Bewegungsfreiheit, Berlin 1996.
SEALEY, RAPHAEL, Women and Law in Classical Greece, Chapel Hill 1990.
VÉRILHAC, ANNE-MARIE/CLAUDE VIAL, Le mariage grec du VIe siècle av. J.-C. à l'époque d'Auguste, Athen/Paris 1998.

VERNANT, JEAN-PIERRE, Mythos und Gesellschaft im alten Griechenland, Frankfurt a. M. 1987 (franz. 1974).
VERSNEL, HENDRIK S., Wife and Helpmate. Women of Ancient Athens in Anthropological Perspective, in: BLOK, JOSINE/PETER MASON (Hrsg.), Sexual Asymmetry, Amsterdam 1987, 59–86.
VESTERGAARD, TORBEN u. a., A Typology of the Women Recorded on Gravestones from Attica, in: AJAH 10, 1985, 178–190.
VIAL, CLAUDE, La femme athénienne vue par les orateurs, in: VÉRILHAC, ANNE-MARIE (Hrsg.), La femme dans le monde méditerranéen 1. Antiquité, Lyon 1985, 47–60.
WATSON, PATRICIA A., Ancient Stepmothers. Myth, Misogyny and Reality, Leiden u. a. 1994.
WIEMER, HANS-ULRICH, Die gute Ehefrau im Wandel der Zeiten – von Xenophon zu Plutarch, in: Hermes 133, 2005, 424–446.
ZOEPFFEL, RENATE, Aufgaben, Rollen und Räume von Mann und Frau im archaischen und klassischen Griechenland, in: MARTIN, JOCHEN/RENATE ZOEPFFEL (Hrsg.), Aufgaben, Rollen und Räume von Frau und Mann, Freiburg/München 1989, 819–914.
ZOEPFFEL, RENATE, Geschlechtsreife und Legitimation zur Zeugung im Alten Griechenland, in: MÜLLER, ERNST WILHELM (Hrsg.), Geschlechtsreife und Legitimation zur Zeugung, Freiburg/München 1985, 319–401.

4.4 Erbrecht und Besitzweitergabe

CORBIER, MIREILLE (Hrsg.), Adoption et fosterage, Paris 1999.
FOX, ROBIN L., Aspects of Inheritance in the Greek World, in: HPTh 6, 1985, 208–232.
KARABÉLIAS, EVANGELOS, L' épiclérat attique, Athen 2002.
KARABÉLIAS, EVANGELOS, La succession *ab intestat* en droit attique, in: FERNÁNDEZ NIETO, FRANCISCO J. (Hrsg.), Symposion 1982. Vorträge zur griechischen und hellenistischen Rechtsgeschichte, Köln/Wien 1989, 41–63.
PATTERSON, CYNTHIA B., Those Athenian Bastards, in: ClAnt 9, 1990, 40–73.
RUBINSTEIN, LENE, Adoption in Classical Athens, in: CORBIER, Adoption, 45–62.
RUBINSTEIN, LENE, Adoption in Fourth Century Athens, Kopenhagen 1993.
RUSCHENBUSCH, EBERHARD, Διατίθεσθαι τὰ ἑαυτοῦ. Ein Beitrag zum sogenannten Testamentsgesetz des Solon, in: ZRG 79, 1962, 307–311.
RUSCHENBUSCH, EBERHARD, Bemerkungen zum Erbtochterrecht in den solonischen Gesetzen, in: NENCI, GIUSEPPE/GERHARD THÜR (Hrsg.), Symposion 1988. Vorträge zur griechischen und hellenistischen Rechtsgeschichte, Köln/Wien 1990, 15–20.

WOLFF, HANS JULIUS, Die Grundlagen des griechischen Eherechts, in: BER-
NEKER, ERICH (Hrsg.), Zur griechischen Rechtsgeschichte, Darmstadt
1968, 620–654 (zuerst 1952).
WOLFF, HANS JULIUS, Art. προίξ, in: RE 23,1 (1957) 133–170.

4.5 Die alten Eltern

EYBEN, EMIEL, Old Age in Greco-Roman Antiquity and Early Christianity.
An Annotated Select Bibliography, in: FALKNER/DE LUCE, Old Age,
230–251.
SUDER, WIESLAW, Geras. Old Age in Greco-Roman Antiquity. A Classified
Bibliography, Warschau 1991.

BAKHOUCHE, BÉATRICE (Hrsg.), L'ancienneté chez les anciens 1. La vieillesse
dans les sociétés antiques: La Grèce et Rome; 2. Mythologie et Religion,
Montpellier 2003.
BALTRUSCH, ERNST, An den Rand gedrängt. Altersbilder im Klassischen
Athen, in: GUTSFELD/SCHMITZ, Altersbilder, 57–86.
BERNARD, NADINE, Les femmes âgées au sein de la famille et de la cité
classique, in: BAKHOUCHE, Ancienneté 1, 61–82.
BOLKESTEIN, HENDRIK, Wohltätigkeit und Armenpflege im vorchristlichen
Altertum. Ein Beitrag zum Problem von Moral und Gesellschaft, Utrecht
1939 (Ndr. 1967).
BREMMER, JAN N., The Old Women of Ancient Greece, in: BLOK, JOSINE/
PETER MASON (Hrsg.), Sexual Asymmetry, Amsterdam 1987, 191–215.
BYL, SIMON, Les facultés mentales du vieillard dans la litterature grecque, in:
Bulletin de l'Association Guillaume Budé 2, 2003, 27–49.
BYL, SIMON, Vieillir et être vieux dans l'Antiquité, in: Les Études Classiques
64, 1996, 261–271.
CORVISIER, JEAN-NICOLAS, Les grands-parents dans le monde grec ancien,
in: Annales de démographie historique 1991, 22–31.
CORVISIER, JEAN-NICOLAS, La vieillesse dans l'Antiquité: le point du vue du
démographe, in: BAKHOUCHE, Ancienneté 1, 9–22.
CORVISIER, JEAN-NICOLAS, La vieillesse en Grèce ancienne d'Homère à
l'époque hellénistique, in: Annales de démographie historique 1985,
53–70.
FALKNER, THOMAS M./JUDITH DE LUCE (Hrsg.), Old Age in Greek and Latin
Literature, New York 1989.
FINLEY, MOSES I., Introduction. The Elderly in Classical Antiquity, in:
FALKNER/DE LUCE, Old Age, 1–20 (zuerst 1981).
GADAMER, HANS-GEORG, Das Vaterbild im griechischen Denken, in: TEL-
LENBACH, HUBERTUS (Hrsg.), Das Vaterbild in Mythos und Geschichte,
Stuttgart 1976, 102–116.

GNILKA, CHRISTIAN, Art. Altersversorgung, in: RAC Suppl. 1/2 (1985), 266–289
GNILKA, CHRISTIAN, Art. Greisenalter, in: RAC 12 (1983), 995–1094.
GUTSFELD, ANDREAS/WINFRIED SCHMITZ (Hrsg.), Am schlimmen Rand des Lebens? Altersbilder in der Antike, Köln u. a. 2003.
HENDERSON, JEFFREY, Older Women in Attic Old Comedy, in: TAPhA 117, 1987, 105–129.
HERZIG, HEINZ E., Der alte Mensch in der griechisch-römischen Antike, in: BURASELIS, KOSTAS (Hrsg.), Unity and Units of Antiquity, Athen 1994, 169–179.
HUBBARD, THOMAS K., Old Men in the Youthful Plays of Aristophanes, in: FALKNER/DE LUCE, Old Age, 90–113.
MAGDELAINE, CAROLINE, Vieillesse et médecine chez les médecins grecs d'Hippocrate à Galien, in: BAKHOUCHE, Ancienneté 1, 61–82.
MARTIN, JOCHEN, Zur Stellung des Vaters in antiken Gesellschaften, in: SÜSSMUTH, HANS (Hrsg.), Historische Anthropologie. Der Mensch in der Geschichte, Göttingen 1984, 84–109.
MATTIOLI, UMBERTO (Hrsg.), Senectus. La vecchiaia nel mondo classico 1. Grecia, Bologna 1995.
MENU, MICHEL, Jeunes et vieux chez Lysias, Rennes 2000.
PARKIN, TIM, Ageing in Antiquity. Status and Participation, in: PAUL JOHNSON/PAT THANE (Hrsg.), Old Age from Antiquity to Post-Modernity, London/New York 1998, 19–42.
PFISTERER-HAAS, SUSANNE, Ältere Frauen auf attischen Grabdenkmälern, in: MDAI(A) 105, 1990, 179–196.
PFISTERER-HAAS, SUSANNE, Darstellungen alter Frauen in der griechischen Kunst, Bern 1989.
ROHLFES, JOACHIM, Alt sein in historischer Perspektive, in: GWU 52, 2001, 388–405.
WÖHRLE, GEORG, Der alte Mensch im Spiegel der antiken Medizin, in: HERRMANN-OTTO, ELISABETH (Hrsg.), Die Kultur des Alterns von der Antike bis zur Gegenwart, St. Ingbert 2004, 19–31.

4.6 Sklaven

AMELING, WALTER, Landwirtschaft und Sklaverei im klassischen Attika, in: HZ 266, 1998, 281–315.
ANASTASIADIS, VASILIS I./PANAGIOTIS N. DOUKELLIS (Hrsg.), Esclavage antique et discriminations socio-culturelles, Bern u. a. 2005.
CARTLEDGE, PAUL, The Political Economy of Greek Slavery, in: DERS./ EDWARD E. COHEN/LIN FOXHALL (Hrsg.), Money, Labour and Land, London/New York 2002, 156–166.
COHEN, EDWARD E., The Athenian Nation, Princeton 2000.

FINLEY, MOSES I., Die Sklaverei in der Antike, München 1981 (engl. 1980, ²1998).
FLAIG, EGON, Den Untermenschen konstruieren, in: VON DEN HOFF, RALF/ STEFAN SCHMIDT (Hrsg.), Konstruktionen von Wirklichkeit, Stuttgart 2001, 27–49.
GARLAN, YVON, Slavery in Ancient Greece, Ithaca/London 1988 (franz. 1982).
JAMESON, MICHAEL H., Agriculture and Slavery in Classical Athens, in: CJ 73, 1977/78, 122–145.
KLEES, HANS, Sklavenleben im klassischen Griechenland, Stuttgart 1998.
KYRTATAS, DIMITRIS J., The Competition of Slave and Free Labour in the Classical Greek World, in: ANASTASIADIS/DOUKELLIS, Esclavage, 69–76.
MORRIS, SARAH, The Architecture of Inequality in Ancient Greece, in: ANASTASIADIS/DOUKELLIS, Esclavage, 147–155.
MORRIS, SARAH/J. K. PAPADOPOULOS, Greek Towers and Slaves: Towards an Archaeology of Exploitation, in: AJA 109, 2005, 155–225.
WIEDEMANN, THOMAS, Greek and Roman Slavery, London 1981 (Ndr. 1997).
WIEDEMANN, THOMAS, Slavery, Oxford 1992.
WOOD, ELLEN M., Agricultural Slavery in Classical Athens, in: AJAH 8, 1983, 1–47.

4.7 Tod und Bestattung

BREUER, CHRISTINE, Reliefs und Epigramme griechischer Privatgrabmäler. Zeugnisse bürgerlichen Selbstverständnisses vom 4. bis 2. Jh. v. Chr., Köln/Wien 1995.
CLAIRMONT, CHRISTOPH W., Gravestone and Epigram. Greek Memorials from the Archaic and Classical Period, Mainz 1970.
HANNESTAD, LISE, Death on Delos, in: 6.2: BILDE, Values, 285–302.
HIMMELMANN, NIKOLAUS, Attische Grabreliefs, Opladen/Wiesbaden 1999.
HOUBY-NIELSEN, SANNE, Grave Gifts, Women, and Conventional Values in Hellenistic Athens, in: 6.2: BILDE, Values, 220–262.
MEYER, MARION, Gesten der Zusammengehörigkeit und Zuwendung: zum Sinngehalt attischer Grabreliefs in klassischer Zeit, in: Thetis 5–6, 1999, 115–132.
MINTSI, EFTHYMIA, Hypnos et Thanatos sur les lécythes attiques à fond blanc, in: REA 99, 1997, 47–61.
OLIVER, GRAHAM J. (Hrsg.), The Epigraphy of Death: Studies in the History and Society of Greece and Rome, Liverpool 2000.
PFOHL, GERHARD, Grabinschrift (griechisch), in: RAC 12 (1983), 467–514.
SCHMALTZ, BERNHARD, Griechische Grabreliefs, Darmstadt 1983.
SCHOLL, ANDREAS, Die attischen Bildfeldstelen des 4. Jh. v. Chr., Berlin 1996.

SCHOLL, ANDREAS, Geschlossene Gesellschaft: Die Bewohner des klassischen Athen in den Bildern und Inschriften ihrer Grabdenkmäler, in: Die griechische Klassik. Idee oder Wirklichkeit, Mainz 2002, 179–189.

SHAPIRO, HARVEY A., The Iconography of Mourning in Athenian Art, in: AJA 95, 1991, 629–656.

STEARS, KAREN E., Spinning Women: Iconography and Status in Funerary Sculpture, in: HOFFMANN, GENEVIÈVE (Hrsg.), Les pierres de l'offrande, Zürich 2001, 107–114.

STEARS, KAREN E., Women and the Family in the Funerary Ritual and Art of Classical Athens, London 1993.

VERMEULE, EMILY T., Aspects of Death in Early Greek Art and Poetry, Berkeley u. a. 1979.

4.8 Das Haus. Wohnung und Arbeitsstätte

AULT, BRADLEY A., „Koprones" and Oil Presses at Halieis. Interactions of Town and Country and the Integration of Domestic and Regional Economies, in: Hesperia 68, 1999, 549–573.

AULT, BRADLEY A., Living in the Classical Polis. The Greek House as a Microcosm, in: CW 93, 1999–2000, 483–496.

HOEPFNER, WOLFRAM u. a., Die Epoche der Griechen, in: DERS. (Hrsg.), Geschichte des Wohnens 1, 5000 v. Chr. – 500 n. Chr., Stuttgart 1999, 123–608.

HOEPFNER, WOLFRAM/ERNST L. SCHWANDNER, Haus und Stadt im klassischen Griechenland, München ²1994.

KIDERLEN, MORITZ, *Megale Oikia*. Untersuchungen zur Entwicklung aufwendiger griechischer Stadthausarchitektur von der Früharchaik bis ins 3. Jh. v. Chr., Hürth 1995.

KIDERLEN, MORITZ, Zum gesellschaftlichen Kontext und zur schichtspezifischen Zuordnung großer Stadthäuser des 4. und 3. Jahrhunderts v. Chr., in: 6.7: HOEPFNER/BRANDS, Basileia, 76–83.

LOHMANN, HANS, Die Chora Athens im 4. Jh. v. Chr. Festungswesen, Bergbau und Siedlungen, in: EDER, WALTER (Hrsg.), Die athenische Demokratie im 4. Jh. v. Chr., Stuttgart 1995, 515–553.

NEVETT, LISA C., House and Society in the Ancient Greek World, Cambridge 1999.

SPARKES, BRIAN A., The Greek Kitchen, in: JHS 82, 1962, 121–137.

SPARKES, BRIAN A., Illustrating Aristophanes, in: JHS 95, 1975, 122–135.

WALKER, SUSAN, Women and Housing in Classical Greece, in: CAMERON, AVERIL/AMÉLIE KUHRT (Hrsg.), Images of Women in Antiquity, London/Canberra 1983, 81–91.

WALTER-KARYDI, ELENA, Die Nobilitierung des griechischen Wohnhauses in der spätklassischen Zeit, in: 6.7: HOEPFNER/BRANDS, Basileia, 56–61.

WALTER-KARYDI, ELENA, Die Nobilitierung des Wohnhauses. Lebensform und Architektur im spätklassischen Griechenland, Konstanz 1994.
ZIMMER, GERHARD, Handwerkliche Arbeit im Umfeld des Wohnens, in: HOEPFNER, Griechen, 561–586.

4.9 Die Integration des Hauses in die Gesellschaft

ARNAOUTOGLOU, ILIAS, Associations and Patronage in Ancient Athens, in: AncSoc 25, 1994, 5–17.
BLUNDELL, MARY W., Helping Friends and Harming Enemies, Cambridge 1989.
CONNOR, W. ROBERT, The New Politicians of Fifth-Century Athens, Princeton 1971.
DAMSGAARD-MADSEN, AKSEL, Attic Funeral Inscriptions, in: Studies in Ancient History and Numismatics Presented to Rudi Thomsen, Aarhus 1988, 55–68.
DENIAUX, ÉLIZABETH/PAULINE SCHMITT PANTEL, La relation patron-client en Grèce et à Rome, in: Opus 6/8, 1987/89, 147–163.
ENGELS, JOHANNES, Zur Entwicklung der attischen Demokratie in der Ära des Eubulos und des Lykurg (355–322 v. Chr.) und zu Auswirkungen der Binnenwanderung von Bürgern innerhalb Attikas, in: Hermes 120, 1992, 425–451.
FITZGERALD, JOHN T., Friendship in the Greek World prior to Aristotle, in: DERS. (Hrsg.), Greco-Roman Perspectives on Friendship, Atlanta 1997, 13–34.
HANSEN, MOGENS HERMAN u. a., The Demography of the Attic Demes, in: Analecta Romana Instituti Danici 19, 1990, 25–44.
HEDRICK, CHARLES W., The Decrees of Demotionidai, Atlanta 1990.
HUBBARD, THOMAS K., Pederasty and Democracy. The Marginalization of a Social Practice, in: DERS. (Hrsg.), Greek Love Reconsidered, New York 2000, 1–11.
HUMPHREYS, SALLY C., *Oikos* and *Polis*, in: 4.3: DIES., Family, 1–21.
HUMPHREYS, SALLY C., Public and Private Interests in Classical Athens, in: 4.3: DIES., Family, 22–32 (zuerst: CJ 73, 1977/78, 97–104).
HUNTER, VIRGINIA J., Policing Athens. Social Control in the Attic Lawsuits, 420–320 B.C., Princeton 1994.
JONES, NICHOLAS F., The Associations of Classical Athens, New York u. a. 1999.
LAMBERT, STEPHEN D., The Phratries of Attica, Ann Arbor ²1999.
PANGLE, LORRAINE SMITH, Aristotle and the Philosophy of Friendship, Cambridge 2002.
ROY, J., *Polis* and *Oikos* in Classical Athens, in: G & R 46, 1999, 1–18.
SCHMITT-PANTEL, PAULINE, La cité au banquet. Histoire des repas publics dans les cités grecques, Paris 1992.

SCHOFIELD, MALCOLM, Political Friendship and the Ideology of Reciprocity, in: CARTLEDGE, PAUL (Hrsg.), Kosmos. Essays in Order, Conflict, and the Community in Classical Athens, Cambridge 1998, 37–51.
SISSA, GIULIA, Die Familie im griechischen Stadtstaat, in: BURGUIÈRE, ANDRÉ u. a. (Hrsg.), Geschichte der Familie 1. Altertum, Frankfurt a. M./New York 1996, 237–276 (frz. ²1994).
WHITEHEAD, DAVID, The Demes of Attica 508/7–ca. 250 B.C. A Political and Social Study, Princeton 1986.

5. Sparta

CARTLEDGE, PAUL, Spartan Reflections, Berkeley 2001.
CARTLEDGE, PAUL/ANTONY SPAWFORTH, Hellenistic and Roman Sparta, London ²2002.
CLAUSS, MANFRED, Sparta. Eine Einführung in seine Geschichte und Zivilisation, München 1983.
DREHER, MARTIN, Athen und Sparta, München 2001.
FIGUEIRA, THOMAS J. (Hrsg.), Spartan Society, Swansea 2004.
FLOWER, MICHAEL A., The Invention of Tradition in Classical and Hellenistic Sparta, in: POWELL/HODKINSON, Sparta, 191–218.
FÖRTSCH, REINHARD, Kunstverwendung und Kunstlegitimation im archaischen und frühklassischen Sparta, Mainz 2001.
HODKINSON, STEPHEN, The Development of Spartan Society and Institutions in the Archaic Period, in: MITCHELL, LYNETTE G./PETER J. RHODES (Hrsg.), The Development of the *Polis* in Archaic Greece, London/New York 1997, 83–102.
HODKINSON, STEPHEN, Lakonian Artistic Production and the Problem of Spartan Austerity, in: FISHER, NICK/HANS VAN WEES (Hrsg.), Archaic Greece, London 1998, 93–117.
HODKINSON, STEPHEN/ANTON POWELL (Hrsg.), Sparta. New Perspectives, London 1999.
HOOKER, JAMES T., Sparta. Geschichte und Kultur, Stuttgart 1982 (engl. 1980).
LÉVY, EDMOND, Sparte, Paris 2003.
LINK, STEFAN, Das frühe Sparta, St. Katharinen 2000.
LINK, STEFAN, Der Kosmos Sparta, Darmstadt 1994.
LIPKA, MICHAEL, Xenophon's *Spartan Constitution*. Introduction, Text, Commentary, Berlin/New York 2002.
LUTHER, ANDREAS u. a. (Hrsg.), Das Frühe Sparta, Stuttgart 2006.
MACDOWELL, DOUGLAS M., Spartan Law, Edinburgh 1986.
MEIER, MISCHA, Aristokraten und Damoden, Stuttgart 1998.
NAFISSI, MASSIMO, La nascita del *kosmos*, Perugia/Neapel 1991.

POWELL, ANTON (Hrsg.), Classical Sparta. Techniques Behind her Success, London 1989.
POWELL, ANTON/STEPHEN HODKINSON (Hrsg.), Sparta. Beyond the Mirage, London 2002.
REBENICH, STEFAN, Xenophon. Die Verfassung der Spartaner (hrsg., übers. und erläutert), Darmstadt 1998.
STIBBE, CONRAD M., Das andere Sparta, Mainz 1996.
THOMMEN, LUKAS, Lakedaimonion politeia. Die Entstehung der spartanischen Verfassung, Stuttgart 1996.
THOMMEN, LUKAS, Sparta. Verfassungs- und Sozialgeschichte einer griechischen Polis, Stuttgart/Weimar 2003.

5.1 Die wirtschaftliche Grundlage des Hauses

ALCOCK, SUSAN, A Simple Case of Exploitation? The Helots of Messenia, in: CARTLEDGE, PAUL/EDWARD E. COHEN/LIN FOXHALL (Hrsg.), Money, Labour and Land. London/New York 2002, 185-199.
CARTLEDGE, PAUL, Raising Hell? The Helot Mirage – A Personal Review, in: LURAGHI/ALCOCK, Helots, 12-30.
DUCAT, JEAN, Aspects de l'hilotisme, in: AncSoc 9, 1978, 5-46.
DUCAT, JEAN, Les hilotes, Paris 1990.
DUCAT, JEAN, Le mépris des hilotes, in: Annales ESC 29, 1974, 1451-1464.
FIGUEIRA, THOMAS J., The Demography of the Spartan Helots, in: LURAGHI/ALCOCK, Helots, 193-239.
FIGUEIRA, THOMAS J., The nature of the Spartan klēros, in: 5: DERS., Spartan Society, 47-76.
HODKINSON, STEPHEN, Property and Wealth in Classical Sparta, London 2000.
HODKINSON, STEPHEN, Servile and Free Dependants of the Classical Spartan ‚oikos', in: MOGGI, MAURO/GIUSEPPE CORDIANO (Hrsg.), Schiavi e dipendenti nell'ambito dell'oikos e della famiglia, Pisa 1997, 45-71.
HODKINSON, STEPHEN, Spartiates, Helots, and the Direction of the Agrarian Economy, in: LURAGHI/ALCOCK, Helots, 248-285.
KENNELL, NIGEL M., *Agreste genus*: Helots in Hellenistic Laconia, in: LURAGHI/ALCOCK, Helots, 81-105.
LURAGHI, NINO, Helotic Slavery Reconsidered, in: 5: POWELL/HODKINSON, Sparta, 227-248.
LURAGHI, NINO/SUSAN E. ALCOCK (Hrsg.), Helots and their Masters in Laconia and Messenia, Cambridge, Mass./London 2003.
PARADISO, ANNALISA, Gli iloti e l'oikos, in: MOGGI, MAURO/GIUSEPPE CORDIANO (Hrsg.), Schiavi dipendenti nell'ambito dell'oikos e della famiglia, Pisa 1997, 73-90.
PLÁCIDO, DOMINGO, Hilotes et Messéniens, in: 4.6: ANASTASIADIS/DOUKELLIS, Esclavage, 59-68.

SCHEIDEL, WALTER, Helot Numbers: A Simplified Model, in: LURAGHI/ ALCOCK, Helots, 240–247.
WEES, HANS VAN, Conquerors and Serfs: Wars of Conquest and Forced Labour in Archaic Greece, in: LURAGHI/ALCOCK, Helots, 33–80.

5.2 Kindheit, Jugend und Erziehung

BORING, TERRENCE A., Literacy in Ancient Sparta, Leiden 1979.
BRULÉ, PIERRE/LAURENT PIOLOT, Womens' Way of Death: Fatal Childbirth or hierai?, in: 5: FIGUEIRA, Society, 151–178 (franz. in: REG 115, 2002, 485–517).
CALAME, CLAUDE, Choruses of Young Women in Ancient Greece, Lanham 2001.
CARTLEDGE, PAUL, Literacy in the Spartan Oligarchy, in: JHS 98, 1978, 25–37 (überarbeitet in: 5: DERS., Spartan Reflections, 39–54).
CARTLEDGE, PAUL, The Politics of Spartan Pederasty, in: PCPhS 207, 1981, 17–36 (überarbeitet in: 5: DERS., Spartan Reflections, 91–105).
CARTLEDGE, PAUL, A Spartan Education, in: 5: DERS., Spartan Reflections, 79–90 (zuerst 1992).
DAVID, EPHRAIM, Laughter in Spartan Society, in: 5: POWELL, Classical Sparta, 1–25.
DAVID, EPHRAIM, Sparta's Kosmos of Silence, in: 5: HODKINSON/POWELL, Sparta, 117–146.
DUCAT, JEAN, Crypties, in: Cahiers du Centre Gustave Glotz 8, 1997, 9–38.
DUCAT, JEAN, L'enfant spartiate et le renardeau, in: REG 117, 2004, 125–140.
DUCAT, JEAN, Perspectives on Spartan Education in the Classical Period, in: 5: HODKINSON/POWELL, Sparta, 43–66.
ENGELS, JOHANNES, Das Training im Gymnasium als Teil der Agoge des hellenistischen Sparta, in: KAH, DANIEL/PETER SCHOLZ (Hrsg.), Das hellenistische Gymnasion, Berlin 2004, 97–102.
HANDY, MARKUS, Bemerkungen zur spartanischen *krypteia*, in: STROBEL, KARL (Hrsg.), Die Geschichte der Antike aktuell: Methoden, Ergebnisse und Rezeption, Klagenfurt u. a. 2005, 99–120.
HODKINSON, STEPHEN, Social Order and the Conflict of Values in Classical Sparta, in: Chiron 13, 1983, 239–281 (wiederabgedruckt in: WHITBY, MICHAEL [Hrsg.], Sparta, Edinburgh 2002, 104–130).
HODKINSON, STEPHEN, An Agonistic Competition in Archaic and Classical Spartan Society, in: 5: DERS./POWELL, Sparta, 147–187.
KENNELL, NIGEL M., The Gymnasium of Virtue. Education and Culture in Ancient Sparta, Chapel Hill/London 1995.
LÉVY, EDMOND, La kryptie et ses contradictions, in: Ktèma 13, 1988, 245–252.
LÉVY, EDMOND, Remarques préliminaires sur l'éducation spartiate, in: Ktèma 22, 1997, 151–160.

LINK, STEFAN, Der geliebte Bürger. *Paideia* und *paidika* in Sparta und auf Kreta, in: Philologus 143, 1999, 3–25.
LINK, STEFAN, Snatching and Keeping: The Motif of Taking in Spartan Culture, in: 5: FIGUEIRA, Society, 1–24.
LINK, STEFAN, Zur Aussetzung neugeborener Kinder in Sparta, in: Tyche 13, 1998, 153–164.
LINK, STEFAN, Zur Entstehungsgeschichte der spartanischen Krypteia, in: Klio 88, 2006, 34–43.
LUPI, MARCELLO, L'ordine delle generazioni. Classi di età e costumi matrimoniali nell'antica Sparta, Bari 2000.
LUPI, MARCELLO, Sparta Compared: Ethnographic Perspectives in Spartan Studies, in: 5: POWELL/HODKINSON, Sparta, 304–322.
MEISTER, RICHARD, Die spartanischen Altersklassen vom Standpunkt der Entwicklungspsychologie betrachtet, Wien u. a. 1963.
MILLENDER ELLEN G., Spartan Literacy Revisited, in: ClAnt 20, 2001, 121–164.
SCHMITZ, WINFRIED, Altersklassen in Sparta?, in: TASSILO SCHMITT/WINFRIED SCHMITZ/ALOYS WINTERLING (Hrsg.), Gegenwärtige Antike – antike Gegenwarten. Kolloquium zum 60. Geburtstag von Rolf Rilinger, München 2005, 105–126.
SCHMITZ, WINFRIED, Die Macht über die Sprache. Kommunikation, Politik und soziale Ordnung in Sparta, in: 5: LUTHER u. a., Sparta, 89–111.
TAZELAAR, C. M., Παῖδες καὶ ἔφηβοι. Some Notes on the Spartan Stages of Youth, in: Mnemosyne 20, 1967, 127–153.

5.3 Heirat, Ehe und Besitzübertragung. Frauen in Sparta

BOGINO, LIANA, Note sul matrimonio a Sparta, in: Sileno 17, 1991, 221–233.
CARTLEDGE, PAUL, Spartan Wives. Liberation or license?, in: CQ 31, 1981, 84–105 (überarbeitet in: 4: DERS., Spartan Reflections, 106–126).
DETTENHOFER, MARIA H., Die Frauen von Sparta: Gesellschaftliche Position und politische Relevanz, in: Klio 75, 1993, 61–75.
DEVEREUX, GEORGE, Greek Pseudo-homosexuality and the Greek Miracle, in: SO 42, 1967, 69–92.
DUCAT, JEAN, La femme de Sparte et la cité, in: Ktèma 23, 1998, 385–406.
FANTHAM, ELAINE, Spartan Women, in: DIES. u. a., Women in the Classical World, New York/Oxford 1994, 56–67.
HERRMANN-OTTO, ELISABETH, Verfassung und Gesellschaft Spartas in der Kritik des Aristoteles, in: Historia 47, 1998, 18–40.
HODKINSON, STEPHEN, Female Property Ownership and Empowerment in Classical and Hellenistic Sparta, in: 5: FIGUEIRA, Society, 103–136.
HODKINSON, STEPHEN, Inheritance, Marriage and Demography, in: 5: POWELL, Classical Sparta, 79–121.

HODKINSON, STEPHEN, Land Tenure and Inheritance in Classical Sparta, in: CQ 36, 1986, 378–406.
KUNSTLER, BARTON, Family Dynamics and Female Power in Ancient Sparta, in: SKINNER, MARILYN (Hrsg.), Rescuing Creusa. New Methodological Approaches to Women in Antiquity, Lubbock 1986, 31–48
MILLENDER, ELLEN G., Athenian Ideology and the Empowered Spartan Women, in: 5: HODKINSON/POWELL, Sparta, 355–391.
MOSSÉ, CLAUDE, Women in the Spartan Revolutions of the Third Century B. C., in: POMEROY, SARAH B. (Hrsg.), Women's History and Ancient History, Chapel Hill 1991, 138–153.
PARADISO, ANNALISA, Osservazioni sulla cerimonia nuziale spartana, in: Quaderni di Storia 12, 1986, 137–153.
PERENTIDIS, STAVROS, Réflexions sur la polyandrie à Sparta dans l'antiquité, in: Revue historique de droit français et étranger 75, 1997, 7–31.
POMEROY, SARAH B., Spartan Women, Oxford 2002.
SCHMITZ, WINFRIED, Die geschorene Braut. Kommunitäre Lebensformen in Sparta?, in: HZ 274, 2002, 561–602.
THOMMEN, LUKAS, Spartanische Frauen, in: MH 56, 1999, 129–149.

5.4 Die Syssitien und die Stellung der Alten

DAVID, EPHRAIM, Old Age in Sparta, Amsterdam 1991.
LINK, STEFAN, „Durch diese Tür geht kein Wort hinaus!" (Plut. Lyk. 12,8). Bürgergemeinschaft und Syssitien in Sparta, in: Laverna 9, 1998, 82–112.
SCHMITZ, WINFRIED, Nicht ‚altes Eisen', sondern Garant der Ordnung – Die Macht der Alten in Sparta, in: 4.5: GUTSFELD/SCHMITZ, Altersbilder, 57–81.
SINGOR, HENK W., Admission to the *Syssitia* in Fifth-Century Sparta, in: 5: HODKINSON/POWELL, Sparta, 67–89.
THOMMEN, LUKAS, Der spartanische *kosmos* und sein „Feldlager" der *homoioi*, in: ROLLINGER, ROBERT/CHRISTOPH ULF (Hrsg.), Griechische Archaik, Berlin 2004, 127–141.

6. Haus und Familie im hellenistischen Griechenland

6.1 Die wirtschaftliche Grundlage des Hauses

DEPAUW, MARK, A Companion to Demotic Studies, Brüssel 1997.
GEHRKE, HANS-JOACHIM, Geschichte des Hellenismus, München ²1995.
MANNING, JOSEPH G., Land and Power in Ptolemaic Egypt, Cambridge 2003.
ROSTOVTZEFF, MICHAEL, Gesellschafts- und Wirtschaftsgeschichte der hellenistischen Welt, 3 Bde., Darmstadt 1984 (engl. 1941).

SCHULER, CHRISTOF, Ländliche Siedlungen und Gemeinden im hellenistischen und römischen Kleinasien, München 1998.
VAN DER SPEK, R. J., Grondbezit in het Seleucidische Rijk, Amsterdam 1986.

6.2 Die Familienstruktur

BILDE, PER u. a. (Hrsg.), Conventional Values of the Hellenistic Greeks, Aarhus 1997.
BREMEN, RIET VAN, Family Structures, in: ERSKINE, ANDREW (Hrsg.), A Companion to the Hellenistic World, Oxford 2003, 313–330.
BRULÉ, PIERRE, Enquête démographique sur la famille grecque antique. Étude de listes de politographie d'Asie mineure d'époque hellénistique (Milet et Ilion), in: REA 92, 1990, 233–258.
CLARYSSE, WILLY, Counting the People in Hellenistic Egypt, Cambridge 2005.
FRISCH, PETER, Die Inschriften von Ilion, Bonn 1975.
GÜNTHER, LINDA-MARIE, Zur Familien- und Haushaltsstruktur im hellenistischen Kleinasien, in: Studien zum hellenistischen Kleinasien 2, Bonn 1992, 23–42.
GÜNTHER, WOLFGANG, Milesische Bürgerrechts- und Proxenieverleihungen der hellenistischen Zeit, in: Chiron 18, 1988, 383–419.
HOMBERT, MARCEL/CLAIRE PRÉAUX, Recherches sur le recensement dans l'Égypte romaine, Paris 1952.
OGDEN, DANIEL, Polygamy, Prostitutes and Death. The Hellenistic Dynasties, London 1999.
PETROPOULOU, ANGELIKI, Beiträge zur Wirtschafts- und Gesellschaftsgeschichte Kretas in hellenistischer Zeit, Frankfurt a. M. u. a. 1985.
POMEROY, SARAH B., Family Values. The Uses of the Past, in: BILDE, Values, 204–213.

6.3 Kindheit, Jugend und Erziehung

BRESSON, ALAIN, Règles de nomination dans la Rhodes antique, in: DHA 7, 1981, 345–362.
DREYER, BORIS, Die Neoi im hellenistischen Gymnasium, in: KAH, DANIEL/ PETER SCHOLZ (Hrsg.), Das hellenistische Gymnasium, Berlin 2004, 211–236.
GAUTHIER, PHILIPPE, Notes sur le rôle du gymnase dans les cités hellénistiques, in: WÖRRLE, MICHAEL/PAUL ZANKER (Hrsg.), Stadtbild und Bürgerbild im Hellenismus, München 1995, 1–11.
GAUTHIER, PHILIPPE/MILTIADES B. HATZOPOULOS, La loi gymnasiarchique de Beroia, Athen 1993.

HERRMANN, JOHANNES, Die Ammenverträge in den gräko-ägyptischen Papyri, in: DERS., Kleine Schriften zur Rechtsgeschichte, München 1990, 194–203 (zuerst 1959).
LE DINAHET, MARIE-THÉRÈSE, L'image de l'enfance à l'époque hellénistique: la valeur de l'exemple délien, in: HOFFMANN, GENEVIÈVE (Hrsg.), Les pierres de l'offrande, Kilchberg 2001, 90–106.
POMEROY, SARAH B., Infanticide in Hellenistic Greece, in: CAMERON, AVERIL/AMÉLIE KUHRT (Hrsg.), Images of Women in Antiquity, London 1983, 207–222.
POMEROY, SARAH B., *Technikai kai mousikai*. The Education of Women in the Fourth Century and in the Hellenistic Period, in: AJAH 2, 1977, 51–68.

6.4 Heirat und Ehe. Die Stellung der Frau im Haus

BREMEN, RIET VAN, The Limits of Participation. Women and Civic Life in the Greek East in the Hellenistic and Roman Periods, Amsterdam 1996.
BREMEN, RIET VAN, Women and Wealth, in: CAMERON, AVERIL/AMÉLIE KUHRT (Hrsg.), Images of Women in Antiquity, London/Canberra 1983, 223–242.
COLE, SUSAN G., Could Greek Women Read and Write?, in: FOLEY, HELENE P. (Hrsg.), Reflections of Women in Antiquity, New York 1981, 219–245.
FANTHAM, ELAINE, Sex, Status and Survival in Hellenistic Athens. A Study of Women in New Comedy, in: Phoenix 29, 1975, 44–74.
HÄGE, GÜNTHER, Ehegüterrechtliche Verhältnisse in den griechischen Papyri Ägyptens bis Diokletian, Köln/Graz 1968.
HERTER, HANS/CHARLOTTE SCHUBERT/JÖRG-DIETER GAUGER, Art. Frau, in: SCHMITT, HATTO H./ERNST VOGT (Hrsg.), Lexikon des Hellenismus, Wiesbaden 2005, 336–347.
KONSTAN, DAVID, Premarital Sex, Illegitimacy, and Male Anxiety in Menander and Athens, in: BOEGEHOLD, ALAN L./ADELE C. SCAFURO (Hrsg.), Athenian Identity and Civic Ideology, Baltimore/London 1994, 217–235.
MOSSÉ, CLAUDE, La société athénienne à la fin du IVe siècle. Le témoinage du théâtre de Menandre, in: MACTOUX, MARIE-MADELEINE/ÉVELYNE GENY (Hrsg.), Mélanges Pierre Lévêque 3, Paris 1989, 255–267.
POMEROY, SARAH B., Women in Hellenistic Egypt from Alexander to Cleopatra, New York 1984.
ROESCH, PAUL, Les femmes et la fortune en Béotie, in: VÉRILHAC, ANNE-MARIE (Hrsg.), La femme dans le monde méditerranéen 1. Antiquité, Lyon 1985, 71–84.
RUPPRECHT, HANS-ALBERT, Kleine Einführung in die Papyruskunde, Darmstadt 1994.
SHIPLEY, GRAHAM, The Greek World after Alexander 323–30 BC, London/New York 2000.

SMITH, H. S., Marriage and the Family in Ancient Egypt, in: GELLER, MARKHAM J./HERWIG MAEHLER (Hrsg.), Legal Documents of the Hellenistic World, London 1995, 46–57.
VATIN, CLAUDE, Recherches sur le mariage et la condition de la femme merié à l'époque hellénistique, Paris 1970.
WILES, DAVID, Marriage and Prostitution in Classical New Comedy, in: SEGAL, ERICH (Hrsg.), Oxford Readings in Menander, Plautus, and Terence, Oxford 2001, 42–52.
YIFTACH-FIRANKO, URI, Marriage and Marital Arrangements. A History of the Greek Marriage Document in Egypt. 4th Century BCE – 4th Century CE, München 2003.

6.5 Besitzübertragung und die Stellung der Alten im Haus

ÉTIENNE, ROLAND, Les femmes, la terre et l'argent à Ténos à l'époque hellénistique, in: VÉRILHAC, ANNE-MARIE (Hrsg.), La femme dans le monde méditerranéen 1. Antiquité, Lyon 1985, 61–70.
GÜNTHER, LINDA-MARIE, Witwen in der griechischen Antike. Zwischen Oikos und Polis, in: Historia 42, 1993, 308–325.
RICE, ELLEN E., Adoption in Rhodian Society, in: DIETZ, SØREN/IOANNIS PAPACHRISTODOULOS (Hrsg.), Archaeology in the Dodecanese, Kopenhagen 1988, 138–143.
VIAL, CLAUDE, Délos indépendante (314–167 avant J.-C.), Athen/Paris 1984.
WEBER, GREGOR, Art. Alter, in: SCHMITT, HATTO H./ERNST VOGT (Hrsg.), Lexikon des Hellenismus, Wiesbaden 2005, 61–63.
WEBER, GREGOR, Zwischen Macht und Ohnmacht. Altersbilder in hellenistischer Zeit, in: 4.5: GUTSFELD/SCHMITZ, Altersbilder, 113–137.
WITTENBURG, ANDREAS, Il testamento di Epikteta, Triest 1992.
WOLFF, HANS JULIUS, Hellenistisches Privatrecht, in: ZRG 90, 1973, 63–90.

6.6 Sklaven im Haus

ADAMS, BERTRAND, Paramoné und verwandte Texte, Berlin 1964.
ALBRECHT, KARL-DIETER, Rechtsprobleme in den Freilassungen der Böoter, Phoker, Dorier, Ost- und Westlokrer, Paderborn 1978.
BLAVATSKAJA, TATJANA V./ELENA S. GOLUBCOVA/ALEKSANDRA I. PAVLOVSKAJA, Die Sklaverei in den hellenistischen Staaten im 3.-1. Jh. v. Chr., Wiesbaden 1969 (russ. 1969).
DARMEZIN, LAURENCE, Les affranchissements par consécration en Béotie et dans le monde grec hellénistique, Nancy 1999.
HERRMANN, JOHANNES, Personenrechtliche Elemente der Paramone, in: DERS., Kleine Schriften zur Rechtsgeschichte, München 1990, 221–233 (zuerst 1963).

SCHOLL, REINHOLD, Corpus der ptolemäischen Sklaventexte, 3 Bde., Stuttgart 1990.

TUCKER, C. WAYNE, Women in the Manumission Inscriptions at Delphi, in: TAPhA 112, 1982, 225-236.

WEILER, INGOMAR, Eine Sklavin wird frei. Zur Rolle des Geschlechts bei der Freilassung, in: BELLEN, HEINZ/HEINZ HEINEN (Hrsg.), Fünfzig Jahre Forschungen zur antiken Sklaverei an der Mainzer Akademie 1950-2000, Stuttgart 2001, 113-132.

YOUNI, MARIA, Maîtres et esclaves en Macédoine hellénistique et romaine, in: 4.6: ANASTASIADIS/DOUKELLOS, Esclavage, 183-195.

6.7 Haus und Siedlung

HOEPFNER, WOLFRAM/GUNNAR BRANDS (Hrsg.), Basileia. Die Paläste der hellenistischen Könige, Mainz 1996.

LAUTER, HANS, Architektur des Hellenismus, Darmstadt 1986.

RAEDER, JOACHIM, Vitruv, De architectura VI 7 und die hellenistische Wohnungs- und Palastarchitektur, in: Gymnasium 95, 1988, 316-368.

REBER, KARL, Aedificia Graecorum. Zu Vitruvs Beschreibung des griechischen Hauses, in: AA 1988, 653-666.

Abkürzungen

AA	Archäologischer Anzeiger
ABSA	Annual of the British School at Athens
AC	L'antiquité classique
AJA	American Journal of Archaeology
AJAH	American Journal of Ancient History
AJPh	American Journal of Philology
AncSoc	Ancient Society
Annales ESC	Annales Économies, Sociétés, Civilisations
ASNP	Annali della Scuola Normale Superiore di Pisa
BICS	Bulletin of the Institute of Classical Studies of the University of London
C & M	Classica et Mediaevalia
CJ	Classical Journal
ClAnt	Classical Antiquity
CPh	Classical Philology
CQ	Classical Quarterly
CW	Classical World
DHA	Dialogues d'histoire ancienne
DNP	Der Neue Pauly
EMC	Échos du monde classique
G & R	Greece & Rome
GWU	Geschichte in Wissenschaft und Unterricht
HSPh	Harvard Studies in Classical Philology
HZ	Historische Zeitschrift
JbDAI	Jahrbuch des Deutschen Archäologischen Instituts
JHS	Journal of Hellenic Studies
JRS	Journal of Roman Studies
LCM	Liverpool Classical Monthly
LEC	Les études classiques
MDAI(A)	Mitteilungen des Deutschen Archäologischen Instituts, Athenische Abteilung
MH	Museum Helveticum

PCPhS	Proceedings of the Cambridge Philological Society
RAC	Reallexikon für Antike und Christentum
RE	Paulys Realencyclopädie der classischen Altertumswissenschaft
REA	Revue des études anciennes
REG	Revue des études grecques
RELO	Revue de l'organisation internationale pour l'étude des langues anciennes par ordinateur
SO	Symbolae Osloenses
TAPhA	Transactions and Proceedings of the American Philological Association
ZPE	Zeitschrift für Papyrologie und Epigraphik
ZRG	Zeitschrift der Savigny-Stiftung für Rechtsgeschichte, Romanistische Abteilung

Register

Personenregister

ADAMS, Bertrand 151
Agis IV. 54, 134
AHLBERG, Gudrun 88
ALBRECHT, Karl-Dieter 151
ALCOCK, Susan 121
Alexander 55, 57
ALEXIOU, Margaret 88
Alkaios 83
Alkman 45, 81, 118
AMELING, Walter 102, 109, 117f.
AMOURETTI, Marie-Claire 76f., 93, 110
Anakreon 83
ANDREEV, Jurij V. 78–80, 82, 85, 90–92
Andrewes, A. 92
ANDRONIKOS, Manolis 88
ARIÈS, Philippe 98
Aristophanes 36f., 94, 109, 114, 132
Aristophanes von Byzanz 123f.
Aristoteles 37, 51f., 96, 120, 130–132
ARNAOUTOGLOU, Ilias 118
ARTHUR, Marylin B. 82f.
AULT, Bradley A. 115

Bachofen, J. J. 69
BAGNALL, Roger S. 71–73, 75, 139–141, 143
BALTRUSCH, Ernst 106, 108
BEAUCHET, Ludovic 67
BECK, Frederick A. G. 96
BERINGER, Walter 86
BERNARD, Nadine 105, 107, 110
BISEL, Sara C./Jane BISEL 74
BLANCK, Horst 68
BLOK, Josine 101
BLÜMNER, Hugo 68
BLUNDELL, Mary W. 115
BLUNDELL, Sue 96, 98, 102, 105, 145–147
BOARDMAN, John 87f., 111
BOEGEHOLD, Alan L. 98
BOGINO, Liana 128f., 131, 133
BOLKESTEIN, Hendrik 106
BORING, Terrence A. 125
Bourriot, Felix 80, 92
BOYAVAL, Bernard 70
BRANDT, Hartwin 85, 106f., 149

BRAUN, Thomas 77
BREMEN, Riet van 141f., 145–148
BREMMER, Jan N. 91, 107
BRESSON, Alain 73f., 141
BREUER, Christine 112f.
BROCK, Roger 102
BRULÉ, Pierre 127, 138–141, 143
BURFORD, Alison 77, 85f.
BYL, Simon 84, 106

CALAME, Claude 83f., 124, 126f.
CANTARELLA, Eva 102f., 144, 146f.
CAPASSO, Luigi 74
CAREY, Christopher 103
CARTLEDGE, Paul 109f., 119–121, 123, 125f., 128, 131, 133, 135
CHANDEZON, Christophe 78, 94
CLAIRMONT, Christoph W. 113
CLARYSSE, Willy 139
CLAUSS, Manfred 70, 118, 122
COHEN, David 101–103
COHEN, Edward E. 110
COHN-HAFT, Louis 102
COLE, Susan G. 103, 143, 147
CONNOR, W. Robert 116
CONTIADES-TSITSONI, Eleni 81
CORVISIER, Jean-Nicolas 70, 76, 105f.
Cox, Cheryl Anne 99f.

DAMSGAARD-MADSEN, Aksel 117
DARMEZIN, Laurence 151
DAVID, Ephraim 122, 125, 134
DEISSMANN-MERTEN, Marieluise 67, 95
Demetrios von Phaleron 40, 113
Demosthenes 38
DENIAUX, Élizabeth 118
DEPAUW, Mark 139
DETTENHOFER, Maria H. 132, 134
DEVEREUX, George 128
Diogenes Laertios 149
Diomedon von Kos 64
DOBLHOFER, Georg 103, 143
DREHER, Martin 118f., 123f., 129, 132f., 135

DREYER, Boris 141
DUCAT, Jean 121f., 124–127, 132, 134

EHRENBERG, Victor 69, 94, 109
ENGELS, Donald 75, 95
ENGELS, Johannes 88f., 113, 117, 125
Epameinondas 46
Epikteta aus Thera 63f., 148
Epitadeus 52
ERDMANN, Walter 67
ÉTIENNE, Roland 142, 146f.
EYBEN, Emiel 95f., 141

FALKNER, Thomas M. 106
FANTHAM, Elaine 138, 143
FATHEUER, Thomas 86
FERNÁNDEZ NIETO, Francisco J. 86
FIGUEIRA, Thomas J. 118, 120f., 130
FINLEY, Moses I. 78, 81, 87, 92
FISCHER, Josef 77
FITTON BROWN, Anthony D. 102
FITZGERALD, John T. 115
FLACELIÈRE, Robert 68
FLAIG, Egon 82, 110
FLOWER, Michael A. 118
FORBES, Hamish 77f.
FÖRTSCH, Reinhard 118
FOXHALL, Lin 77f., 89, 93, 109, 117
FRIER, Bruce W. 70–75, 139f., 141, 143
FRISCH, Peter 139

GADAMER, Hans-Georg 108
GALLANT, Thomas W. 76–78, 81, 109
GARLAND, Robert 69f., 87f., 106–108, 113, 122
GARNSEY, Peter 77, 94
GAUTHIER, Philippe 141
GEHRKE, Hans-Joachim 136, 143
GERNET, Louis 67, 92
GNILKA, Christian 106, 147
GOLDEN, Mark 70, 73, 95–97
GOULD, John 100f.
GRASSL, Herbert 102
GSCHNITZER, Fritz 69, 86, 94
GÜNTHER, Linda-Marie 138f., 141, 143, 146, 148
GÜNTHER, Wolfgang 141f.

HÄGE, Günther 144
HANDY, Markus 126
HANNESTAD, Lise 112
HANSEN, Mogens Herman 117
HANSON, Victor Davis 85, 89
HARRIS, Edward M. 94
HARRISON, Alick R. W. 67, 92
HARTMANN, Elke 69, 81, 97–101

HATZOPOULOS, Miltiades B. 141
HENDERSON, Jeffrey 107
HENNIG, Dieter 78
HERFST, Pieter 102
HERMAN, Gabriel 91, 115
HERMANN, Karl Friedrich 67
Herodot 51
HERRMANN, Johannes 141, 151
HERZIG, Heinz E. 108
Hesiod 10, 13–15, 82, 85, 87, 90
HIMMELMANN, Nikolaus 111
HÖCKER, Christoph 114
HODKINSON, Stephen 78, 94, 118–123, 125–127, 129–136
HOEPFNER, Wolfram u.a. 90, 113–115, 151f.
HÖLKESKAMP, Karl-Joachim 92
HOMBERT, Marcel 71, 139
HOOKER, James T. 118
HOPKINS, Keith 70f.
HOUBY-NIELSEN, Sanne 111
HUBBARD, Thomas K. 91, 108, 116
HUMPHREYS, Sally C. 97, 101, 111, 116–118
HUNTER, Virginia J. 100f., 104, 115

ISAGER, Signe 76–78, 94, 115

JAMESON, Michael H. 76, 86, 89, 93, 109, 121

Kajanto, I. 70
KARABÉLIAS, Evangelos 92, 104
KENNELL, Nigel M. 123–125, 135
Kephalos 38
KIDERLEN, Moritz 115
KLEES, Hans 109f.
Kleisthenes 43, 116
Kleomenes III. 54, 122–124, 135
KNIGGE, Ursula 87, 111, 113
KONSTAN, David 91, 115f., 143
KRAUSE, Jens-Uwe 69f.
KUNSTLER, Barton 131
KURTZ, Donna C. 87
Kylon 21
KYRTATAS, Dimitris J. 110

LACEY, Walter K. 67, 69, 81, 92, 99, 104–106, 108, 117, 127f.
Laertes 85
LAMBERT, Stephen D. 117
LANG, Franziska 89f., 113
LASSÈRE, Jean-Marie 72
LE DINAHET, Marie-Thérèse 141
LEDUC, Claudine 79f., 99f., 105
LEFKOWITZ, Mary R. 98, 101
LENCMAN, Jakov A. 87

Personenregister

LÉVY, Edmond 118, 120–123, 126f., 129f., 133, 136
LINK, Stefan 118–122, 125–127, 129–131, 133f.
LIPKA, Michael 123
LO CASCIO, Elio 71
LOHMANN, Hans 89, 93, 115
LÖHR, Christoph 101
LORAUX, Nicole 97
DE LUCE, Judith 106
Lukian 123
LUPI, Marcello 124, 128f.
LURAGHI, Nino 121
LUTHER, Andreas 118
Lysandros 54

MACDOWELL, Douglas M. 131
MACMULLEN, Ramsay 70
MAGDELAINE, Caroline 106
MANNING, Joseph G. 137
MARROU, Henri-Irenée 96, 124
MARTIN, Jochen 84, 92, 108, 119, 127, 134f.
MARTINA, Antonio 92
MATTIOLI, Umberto 106
MAURITSCH, Peter 82f.
Mauss, Marcel 81
Megakles 21
MEIER, Mischa 118f., 121, 135
MEISTER, Richard 124
Menander 25, 58f., 69, 138, 143, 149
MEYER, Elizabeth 70
MEYER, Marion 112
MILLENDER, Ellen G. 125, 132f.
MILLETT, Paul 90
MINOIS, Georges 84, 107f., 149
MINTSI, Efthymia 113
MOMMSEN, Heide 88f., 111
MORRIS, Ian 72–74, 76, 111
MORRIS, Sarah 115
MOSSÉ, Claude 133, 135f.
MÜLLER, Iwan von 68
MURRAY, Oswyn 91

Nabis 54
NAEREBOUT, Frits G. 84
NAFISSI, Massimo 118f., 134
NEALE, Walter C. 87
Nestor 80
NEVETT, Lisa C. 113f., 152
NOACK-HILGERS, Beate 77
Nordberg, H. 70

OAKLEY, John H. 81
Odysseus 82
OGDEN, Daniel 95, 97, 103, 138
OLDENZIEL, Ruth 95

OMITOWOJU, Rosanna 102f., 143
OSBORNE, John 76, 89, 93
OSBORNE, Robin 93, 116

PAINE, Richard R. 71, 73f.
PANGLE, Lorraine Smith 115
PARADISO, Annalisa 122, 128
PARKIN, Tim G. 70–73, 85, 106–108
PATTERSON, Cynthia B. 69, 79–81, 92, 95, 99, 101–104, 138, 145
Pausanias 123, 125
Peisistratos 21
Penelope 82
PERCY, William A. 91
Perikles 28, 97f.
PERYSINAKIS, Ioannis Nikolaos 79
PETROPOULOU, Angeliki 138, 140f., 143
PFISTERER-HAAS, Susanne 82, 107
PFOHL, Gerhard 113
PIOLOT, Laurent 127
Platon 67, 96, 123
Plutarch 118, 122–125, 128, 130f., 133, 135
PODLECKI, Anthony J. 98
POMEROY, Sarah B. 69, 81, 88f., 115, 118, 122, 127f., 137–140, 142, 144–149
POWELL, Anton 118
PRÉAUX, Claire 71, 139
PREISSHOFEN, Felix 84
Priamos 80

QUERBACH, Carlyn A. 85

RAAFLAUB, Kurt A. 78f., 90
RAEDER, Joachim 114f., 152
RAEPSAET, Georges 75
RAWSON, Beryl 101
REBENICH, Stefan 120, 123, 125, 134, 136
REINSBERG, Carola 69, 82
RICE, Ellen E. 147
RICHTER, Will 78
Riddle, J. 74
ROESCH, Paul 146
ROHLFS, Joachim 107
ROSTOVTZEFF, Michael 136f., 151
Roussel, Denis 80, 92
ROY, J. 115
RUBINSTEIN, Lene 103
RÜHFEL, Hilde 95
RUPPRECHT, Hans-Albert 144
RUSCHENBUSCH, Eberhard 92, 104f.

SALLARES, Robert 76, 119
SALMON, Pierre 71, 74
SAMUEL, A. E. 70f.
Sappho 81, 83f.
SARPAKI, Anaya 77

SCANLON, Thomas F. 91
SCHAPS, David M. 146f.
SCHEER, Tanja 69, 101
SCHEIDEL, Walter 70–76, 86, 102, 109, 121
SCHMALTZ, Bernhard 112
SCHMITT-PANTEL, Pauline 101, 118, 133
SCHMITZ, Winfried 80–93, 96f., 100–105, 107–109, 115–119, 122, 125, 129, 131, 133f.
SCHNEIDER, Helmuth 77
SCHNEIDER, Thomas 92
SCHNURR-REDFORD, Christine 98, 101
SCHOLL, Andreas 111f.
SCHOLL, Reinhold 144, 149
SCHULER, Christof 93, 137, 152
SCHUMACHER, Leonhard 87, 109f.
SCHWANDNER, Ernst L. 113f.
SCOBIE, Alex 73f.
SEAFORD, Richard 88
SHAPIRO, Harvey A. 111
SHAW, Brent D. 74f.
SHIPLEY, Graham 145
SINGOR, Henk W. 134
SINOS, Rebecca H. 81
SISSA, Giulia 104f., 117
SIURLA-THEODORIDOU, Vasiliki 95
SKYDSGAARD, Jens E. 76–78, 94, 115
SMITH, H. S. 137, 144f.
SNODGRASS, Anthony M. 75f., 79
Solon siehe Orts- und Sachregister, Gesetzgebung
SPAHN, Peter 90f.
SPARKES, Brian A. 114
SPAWFORTH, Antony 135
Sphairos von Borysthenes 124
STEARS, Karen E. 112
STEHLE, Eva 84
STEIN-HÖLKESKAMP, Elke 90, 92
STIBBE, Conrad M. 118
STOREY, Glenn R. 71, 73f.
STRAUSS, Barry 95–97, 106–108
Szilágyi, J. 70

TANDY, David W. 87
TAZELAAR, C. M. 124
THALHEIM, Theodor 67
Theagenes von Megara 21

THOMMEN, Lukas 118f., 122–130, 132–134
TODD, Stephen C. 67, 103
TOHER, Mark 88
TUCKER, C. Wayne 151
Tyrtaios 118, 121

ULF, Christoph 79, 85, 90

VÉRILHAC, Anne-Marie 97, 99, 143
VERMEULE, Emily T. 113
VERNANT, Jean-Pierre 98
VERSNEL, Hendrik S. 101
VESTERGAARD, Torben u.a. 70
VIAL, Claude 97–99, 143, 146f.
VIRLOUVET, Catherine 71f.

WAGNER-HASEL, Beate 79, 81, 101
WALKER, Susan 114
WALTER-KARYDI, Elena 115
WATSON, Patricia A. 100
WEBER, Gregor 148f., 151
WEBER, Max 68
Wees, Hans van 121
WEILER, Ingomar 86, 110, 144, 148, 150f.
WEINSANTO, Marc 79–81
WEISS, Egon 67
WESTERMANN, William L. 87, 140, 149–151
WHITEHEAD, David 116f.
WICKERT-MICKNAT, Gisela 79–83, 85–87
WIEMER, Hans-Ulrich 101
WIERSCHOWSKI, Lothar 70, 75
WINTERLING, Aloys 91
WITTENBURG, Andreas 148
WÖHRLE, Georg 106
WOLFF, Hans Julius 67, 105, 142, 144
WOOD, Ellen M. 93, 109

Xenophon 48, 51f., 109, 122–125, 133

YIFTACH-FIRANKO, Uri 143–145
YOUNI, Maria 151

Zenon 65
ZIMMER, Gerhard 94, 114
ZOEPFFEL, Renate 69, 101, 109
ZSCHIETZSCHMANN, Willy 88, 111

Orts- und Sachregister

Abtreibung 7f., 74f., 95
Ackerbau 9f., 13, 21f., 38, 55, 76–78, 93f., 109, 115, 136f.
Adel (*áristoi*) 1f., 9, 14–17, 20, 45, 82f., 85–88, 90–92, 119
Adoption 8, 11, 20, 23, 25, 30, 32–34, 62, 92, 103–105, 130, 147
agélai 47f.
agogé 47f., 54, 122–127
Ägypten 5, 56–58, 60f., 65, 70–75, 137–141, 143f., 147, 151
Ahnenkult 17f., 21, 108
Alte, (hohes) Alter 14, 84f., 148f.
– in Athen 35–37, 106–108
– demographisch 4–8, 71, 74, 105f.
– Pflicht zur Versorgung 30, 34–36, 45, 63, 65, 106, 148, 151
– Sklaven 39, 110, 151
– in Sparta 2, 45, 52f., 134f.
Amme 5, 25f., 39, 64f., 112, 122, 141
andrón 19, 41f., 66, 114, 152
apophorá 38, 45, 110, 122
Arbeitskalender 10, 15, 75f.
Argolis 76
Aussetzung 7f., 24f., 58, 75, 95, 122, 140f.

Bastarde (*nóthoi*) 13–16, 25, 75, 79–81, 92, 104, 122, 139, 143
Beroia 141
Berufe 22f., 30, 38, 56, 68, 94
Bestattungsgesetze 17, 40, 64, 88f., 111, 113
Blutrache 21, 80
Boiotien 146, 148
Brache 9f., 76
Brautgeschenke (des Ehemanns) 12, 56, 79, 81, 105
Brautgüter 12, 14f., 34, 79–81
Brautraub 11f., 28, 48f., 52, 81, 103, 128f.
Brautwerbung 11f., 14, 28, 51f., 60, 81f., 84, 129
búai/buagós 124
Bürgerrecht 2, 28, 43f., 57, 60, 97f., 111f., 117, 138–140, 142, 150

Delos 56, 66, 136, 147, 152
Delphi 61, 63, 150f.
Démoi/Dorfgemeinden 25, 43f., 116–118
Dura Europos 66

Ehe 10–12, 15, 27–33, 56–58, 59–62, 67–69, 79, 81f., 97–102, 137f., 142f.
– monogame 10, 12, 57, 84
– in Sparta 45f., 48–52, 127–129

Ehebruch 31, 49, 69, 92, 102f.
Ehelosigkeit 1, 16, 30, 98
Eheverbote 28, 50, 99, 104
Eheverträge 60f., 143f.
eirén 47–49, 124, 126
Emotionalität 1, 3, 11, 23, 26f., 30f., 34, 60–63, 82f., 90f., 96–98, 112, 141, 143f.
Endogamie (lokale) 20, 60, 97, 142
Enterbung 33, 36, 52
Epheben 59, 124, 141
epigamía 60, 142
Erbrecht 8, 11, 14, 20, 31–35, 45, 49–52, 62f., 67, 103–105, 129–131, 147f.
– avunkolineares 50f., 131, 133
Erbtochter 11, 20, 32–34, 51, 59f., 62f., 103–105, 131, 147
Ernährung 9f., 21, 30, 53, 55, 65, 68, 76–78, 125
Erythrai 66, 146
Erziehung 25–27, 59, 68, 83, 91, 96, 141f., 147
– in Sparta 2, 46–48, 51, 53f., 122–127, 135
Eugenik 133
Exodoulie 15
Exogamie 56, 142f.

Familienstrukturen 10, 23, 45, 56–58, 68, 79f., 84, 137–140
– Dreigenerationenfamilien 11, 57, 106, 139
– erweiterte Familien 10, 15, 57, 80, 139f.
– Groß-/Klanfamilien 10, 21, 58, 79f., 139
– Kernfamilien 10, 57, 79f.
– Stammfamilien 80
Feste 13, 21, 24f., 29, 45, 82–84, 147
Frauenspott 13f., 83, 100
Freigelassene/Freilassung 15, 22, 38f., 46, 54, 61, 63, 85, 86, 101, 110, 150f.
frérèches 139f.
Freundschaft 20, 42f., 90f., 115f.

Gastfreundschaft 20, 43, 82, 91
Gastmähler (Symposien) 14, 20, 41, 43, 45, 66, 83f., 91, 100, 152
– Syssitien 48–54, 122, 133–135
Geburt 4, 7f., 23–25, 46, 75
Generationskonflikte 35f., 60, 97, 100, 107f., 128, 134
geschlechtsspezifische Arbeitsteilung 10, 13f., 30, 42f., 58, 82–84, 101f., 114
Geschwisterehe 56f.

Gesetzgebung 98
- drakontische 12
- solonische 2, 9, 11-13, 17, 19f., 28-30, 32, 34-36, 89, 92, 104, 111
Gesinde 9f., 15f., 85-87, 89, 108
Gewalt 103, 107f., 143
Gortyn 51, 67, 130
Großeltern 11, 58, 106, 141
Gymnasion 2, 26, 59, 112, 117, 141, 149
gynaikón 19, 41f., 114, 152
gynaikonómos 146f.

Händler/Handwerker 9, 22f., 28, 38f., 55f., 65, 94, 110, 112, 114, 136
Hausübergabe 10f., 14, 29, 35f., 80, 85, 104, 108
hausväterliche Gewalt 12-15, 23-25, 28-30, 34-36, 49f., 58-61, 63, 82, 100f., 105, 133, 145f.
Hebamme 24
Heiratsallianzen 12, 20f., 28, 81, 92, 97, 99, 135, 137f.
Heiratsalter 8, 10-12, 27, 29, 58f., 74f., 81, 95, 99f., 140, 143, 145
Heiratsvermittler 99
Heloten 45f., 48, 53f., 119-122, 126f., 135
Herd 1, 24, 29
Hetairien/Hetairoi 20, 43, 90f., 135
Hetären 27, 31, 61, 100f.
Hochzeit 11-14, 23f., 28f., 81, 98f.
- in Sparta 45, 48-52, 127-129
Homogamie 20f., 60, 99, 143
Homosexualität 48, 84, 127-129

ílai 47
Ilion 58, 138-140, 148
Intestaterbrecht 33, 63, 104, 115

Jagd 14, 27, 46, 53, 57

Keszthely-Dobogó 72
Kinderlosigkeit 11f., 23, 30, 50, 52, 61, 63, 98, 102, 128
Kindersterblichkeit 4-8, 72, 75, 96, 138
Kindstötung 122, 141
Kinderzahl 7f., 11, 58, 74, 96, 138, 140
Klagefrauen 16f., 88
Kleidung 9, 13, 18, 30, 65, 68, 81, 83, 101
Kleruchien/Kolonien 22, 137
Konkubinen 31, 33, 56, 61, 64, 79, 98, 101, 105, 137, 140
Krankheiten 4, 6f., 37, 68, 73-75, 96, 106
Kreta 57, 67, 126, 130
krypteía 48, 126f.
kyrieía s. hausväterliche Gewalt

Larisa 150
Latmos 142
Legitimität der Kinder 12-15, 25, 29, 58, 60, 79-81, 83, 97f., 100, 102-104, 133, 137

Matriarchatstheorien 69, 80
matrilokale Ehen 14, 80, 82, 105
Messenien 45f., 48-51, 53, 119-122, 126f., 130f., 135
Metöken 22, 28, 40, 60, 112f., 142
Migration 7f., 55-57, 62, 116f., 138, 140, 145, 148f.
Milet 57, 63, 138-140, 142f., 146, 148
Mitgift 28, 34f., 52, 56, 60-63, 99, 105, 130-132, 143-145

Nachbarschaft 1, 19f., 28, 42-44, 68, 90, 99f., 116f.
Namengebung 24, 39, 141
Nebenfrau 12f., 30, 50
Neuaufteilung des Landes 46, 54, 120, 122, 135

obaí 135
Oberschicht 2, 20f., 30, 38, 40-43, 46, 56, 62f., 66, 83, 91, 93, 97, 107, 109, 114f., 136, 146-148, 151f.
Oliganthropie 53f., 130, 135
Olynth 41, 113
Opfer 16f., 21, 29, 64, 149

Pacht 22, 55, 93, 137
Päderastie 27, 59, 61, 91, 116
- in Sparta 48f., 126, 128f.
paidagogoí 39, 64
paidonómos 48, 59, 126, 147
Palaistra 26, 59, 112, 141
pallaké 12, 30, 100
paramoné-Verpflichtung 65, 147, 150f.
Patrilinearität 11, 15, 34, 45, 49-52, 58, 62f., 80, 84, 92, 104, 130f., 138, 147
Patri-/Virilokalität 12, 14, 30, 45, 58, 80
patronómos 124
patroúchos 51, 131
Pella 66, 151
Pergamon 151
perikleisches Bürgerrechtsgesetz 28, 97f.
Periöken 54
Pflug 77
Phratrien 21, 25, 44, 64, 80, 92, 117, 149
Phylen 21, 44, 80, 92, 135
Phylenälteste 46, 49, 122, 135
Pidasa 142f.
Polis 2, 19f., 44, 90, 92, 97f., 111f., 114, 117-119, 126, 138, 145f.

Polyandrie 50f., 133
Polygamie 12, 56, 61, 133, 137f.
Priene 66, 146
Proxenie 43

Realteilung 11, 22, 32, 103, 130
Renten 35, 148
Rhodos 56, 136, 142
Rügebräuche 19f., 82, 117

Scheidung 30f., 33f., 61, 102, 105, 143–145
Schenkung 52, 130, 135f.
Schuldner/Verschuldung 9, 20, 22, 54, 86, 121, 151
Schulen 26f., 36, 47, 96, 125, 141f.
Sexualität 13, 27, 30f., 48, 61, 82–84, 98, 100, 102f.
Siedlungsstruktur 1, 18f., 44, 55, 66, 89f., 93, 109, 121, 152
Sitifis 72
Sklaven 5, 9, 15f., 25, 35, 38f., 42, 56, 58f., 61–65, 85–87, 93f., 108–110, 112, 122, 144, 149–151
– hausgeborene 64, 150
Söldner 1, 57, 140, 143, 148
Sport 14, 26f., 47f., 59, 85, 91, 96, 125, 127, 132, 141
Stiftungen 2, 59, 62, 64, 136, 146, 149
Subsistenzwirtschaft 9, 19, 21, 77, 90, 93f., 109

Tagelöhner 15, 22, 38, 56, 86f., 94, 102, 109
Testament 20, 33, 39, 52, 60–65, 92, 103f., 110, 115, 130, 147–149

Theten 9, 15f., 85
Thysdrus 72
Trauersitten 16f., 40, 64, 88f., 111
Tyrannen 21, 81, 92

Unterschicht 9, 15f., 46, 56, 85–87, 94

Vergewaltigung 28, 60, 103, 143
Vermögensfähigkeit der Frau 30, 32, 34f., 50–52, 62f., 105, 130–132, 136, 145–148
Verwandtenehe 27f., 32, 57, 84, 99, 131, 143
– Ehe unter Halbgeschwistern 28, 50, 59, 99, 104, 131, 143
Verwandtschaft 11, 16, 21, 24, 27f., 32f., 59, 62, 64, 79, 104f., 115, 149
Viehzucht 9f., 55, 78, 89, 94
vorehelicher Geschlechtsverkehr 15, 25, 31, 60, 63, 83, 102f., 143

Waise 7, 10
Wettkämpfe 40, 47, 54, 88, 125, 127, 132
Wiederverheiratung 7, 23, 28, 30f., 61, 63, 82, 100, 102
Witwen 7, 10, 12, 28, 31, 62f., 99f., 139f., 145, 148
Wollverarbeitung 13, 30, 39, 42, 81, 83, 101, 112

Zensusdokumente 5, 58, 71f., 139–141, 145
Züchtigungen
– in Haus und Schule 26, 96
– von Sklaven 39, 110, 149
– in Sparta 48, 54, 125

Enzyklopädie der griechisch-römischen Antike

Band 1
Winfried Schmitz
Haus und Familie im antiken Griechenland
2007. X, 191 S.
ISBN 978-3-486-58376-2

Band 2
Winfried Schmitz
Haus und Familie im antiken Rom

Band 3
Aloys Winterling
Die griechische Gesellschaft

Band 4
N.N.
Die römische Gesellschaft

Band 5
Hartmut Leppin
Politische Organisation im klassischen Griechenland

Band 6
Monika Bernett
Politische Organisation im republikanischen Rom

Band 7
Ernst Baltrusch
Außenpolitik, Bünde und Reichsbildung in der Antike
2007. Ca. 220 S.
ISBN 978-3-486-58401-1

Band 8
Gregor Weber
Antike Monarchie

Band 9
Christian Mann
Antikes Militär

Band 10
Sitta von Reden
Antike Wirtschaft

Band 11
Tanja Scheer
Antike Geschlechterverhältnisse

Band 12
Bernhard Linke
Antike Religion

Band 13
Tassilo Schmitt
Das frühe Christentum

www.ingramcontent.com/pod-product-compliance
Lightning Source LLC
Chambersburg PA
CBHW030826230426
43667CB00008B/1403

9 7 8 3 4 8 6 5 8 3 7 6 2